D1695460

Volker Rühle

Abenteuer eines Skippers

Segeln auf Nord- und Ostsee

Paul Soberg Verlag

Bibliografische Informationen der Deutschen Bibliothek
Die Deutsche Bibliothek verzeichnet diese Publikation
in der Deutschen Nationalbibliografie; detaillierte bibliografische Daten
sind im Internet über dnb.ddb.de abrufbar

Mit freundlicher Unterstützung und im Auftrag
der Fugo-Consult Gmbh

1. Auflage
ISBN 3-00-017354-4
© Paul Soberg Verlag Dr. Bernhard Maleck, Berlin 2005

Gestaltung: Lilia Fraedrich
Fotos: Volker Rühle,
Fenja Hausö, Foto Schutzumschlag hintere Klappenseite
Illustrationen: Jörg Pommer
Druck und Bindung: Triggeragent productions, Berlin
Printed in Germany 2005

Alle Rechte vorbehalten

Paul Soberg • Verlag • Dr. Bernhard Maleck
Lichtenberger Strasse 9, 10178 Berlin
Tel.: 030-2425103 / Fax: 030-24723640
Email: info@paul-soberg-medien.de

Inhalt

Kapitel 1 5
Kapitel 2 25
Kapitel 3 41
Kapitel 4 87
Kapitel 5 153
Kapitel 6 197
Kapitel 7 253
Epilog 285
Literatur 287

Für Ine und Carola

I

Die Entscheidung nach vielen Jahren der Abstinenz wieder ein Segelschiff anzuschaffen fiel sozusagen aus heiterem Himmel und – man kann es fast kaum glauben – ohne dass wir vorher auch nur ein einziges Mal ernsthaft darüber gesprochen hatten. Wir wohnten bereits seit elf Jahren wieder in Süddeutschland, als wir im Sommer 1994 von Geschäftsfreunden zu einer Motorbootfahrt auf dem Oberrhein eingeladen wurden. Es muss wohl auch an der ausgezeichneten Stimmung und dem angenehmen Ambiente gelegen haben, dass diese Bootsfahrt unser bisheriges Leben in erheblichem Maße verändern sollte. In Wirklichkeit aber wird wohl unsere geheime Sehnsucht den Ausschlag für unsere Entscheidung gegeben haben und es bedurfte nur noch des Auslösers dafür.

Seit vielen Jahren hatten wir kein eigenes Boot mehr. Von sporadischen Chartertörns im Mittelmeer und zwei Jahren allerdings relativ intensiver Segelei auf dem Bodensee abgesehen, waren wir dem Segeln mittlerweile erheblich entwöhnt. Wenn ich ehrlich bin, hatte ich das Kapitel „Seesegeln auf eigenem Kiel" für mich bereits endgültig abgeschlossen. Fünfzehn Kilometer südlich von Ulm wohnten wir schlichtweg auf dem falschen Breitengrad! Wie sollte das gehen, bei mehr als achthundert Kilometern bis zur Ostsee und mehr als sechshundert Kilometern bis zu einem akzeptablen Hafen im Mittelmeer?

Wir hatten uns auf besagter Motorbootfahrt für eine Weile auf das Oberdeck zurückgezogen und genossen die wunderschöne Aussicht auf den Kaiserstuhl, als uns das Thema „Segelschiff" aus heiterem Himmel ansprang. Um zu der endgültigen Entscheidung zu gelangen, trotz aller widriger Umstände wieder ein Segelschiff anzuschaffen, bedurfte es dann letztendlich aber höchstens einer viertel Stunde. Da muss sowohl bei Ine, meiner Frau, als auch bei mir der geheime Wunsch nach „einem Leben, wie in alten Tagen" latent vorhanden gewesen sein. Sonst wird man solch eine Entscheidung wohl nicht so ad hoc treffen können. Als wir vom Oberdeck zurück zu unseren Freunden auf das

Achterdeck herabstiegen, war die Frage des „Ob" jedenfalls geklärt. Es ging nur noch um die Frage des „Wie".

Nach Hause zurückgekehrt, ließ uns das Thema nicht mehr los! Nach über zehn Jahren Abstinenz musste ich mir in erster Linie, und zwar möglichst schnell, das nötige Fachwissen wieder aneignen. Ich las alles an Büchern, was mir unter die Finger kam. Fachzeitschriften wurden abonniert und Kontakte zu Seglern gesucht, um „Necktar zu saugen". Parallel dazu mussten wir uns darüber klar werden, was wir überhaupt wollten. Wir dachten zunächst an einen Motorsegler. Unklar waren Dinge wie: Größe, Slup oder Ketsch, gebraucht oder neu, welches Revier, und viele Dinge mehr.

Die Wahrheit ist aber auch, dass eine sehr schöne Zeit begann. Ich vergrub mich in mein Arbeitszimmer und studierte den Gebrauchtbootemarkt, legte Listen mit den verschiedensten Kriterien in meinem PC an und versuchte mit allen Mitteln, mein Defizit an Sachkenntnis aus den letzten Jahren wieder auszugleichen. Von Haus aus bin ich kein besonders schneller Leser. Ich lese selbst bei normaler Unterhaltungslektüre häufig ganze Passagen sogar zwei Mal, wenn ich feststelle, dass ich in Gedanken abgeschweift bin und den Inhalt nicht verinnerlicht habe. Das war für meine veränderten Ansprüche nicht mehr effektiv genug. Ich lernte, sehr schnell und „diagonal" zu lesen, um in möglichst kurzer Zeit möglichst viele neue Erkenntnisse zu erwerben. Keine Frage, dass ich Vieles aus meiner aktiven Zeit noch wusste und nur auffrischen musste. Aber meine Erkenntnis war schon auch die, dass sich zwischenzeitlich im Bootsbau einiges verändert hatte. Viel zu viele der angebotenen Bootstypen kannte ich überhaupt nicht.

Ich musste aufpassen, dass ich mir nicht zu viel vornahm, denn ein „Zehnjahresplan" sollte unsere Bootsanschaffung nicht werden. Wir hatten für die Terminplanung mittlerweile relativ konkrete Vorstellungen: Zu Ostern 1996, also nach eineinhalb Jahren, sollte unser Schiff im Wasser liegen. Das Revier war noch offen, aber wir beide konnten unsere Herkunft bei der Bewertung der Möglichkeiten nicht verleugnen. Und so wurde es immer konkreter, dass wir uns, zumindest zu Beginn unseres neuen Abenteuers, wohl eher in der Ostsee aufhalten wollten.

In unseren vielen abendlichen Diskussionen wurde es auch immer deutlicher, dass wir uns gedanklich mehr und mehr von einem Gebrauchtboot entfernten. Das hatte leider die natürliche Folge, dass wir unseren ursprünglich angepeilten Etat in keiner Weise würden einhalten können. Aber wir hatten angefangen, uns in Gedanken unser Traumschiff zu bauen, mit dem wir uns sogar die Option für eine Weltumsegelung offen halten wollten. Auf jeden Fall sollte es unseren Ansprüchen für ausgedehnte Reisen genügen. Und auf solche wollen wir uns im fortgeschrittenen Alter, also spätestens nach dem Arbeitsleben, begeben. Ein Motorsegler fiel auch durch unser „Kriteriensieb". Wir hatten ganz offensichtlich zu lange Zeit auf das Segeln verzichtet, so dass wir beide unter einem „Nachhol-Syndrom" litten. Obwohl wir an unserem „Endschiff" bastelten, schlich sich immer häufiger die Ausrede ein, dass wir auch noch später auf einen Motorsegler umsteigen könnten. Irgendwann war das Thema dann durch.

Die gedankliche Verabschiedung von meiner geträumten „so richtig schiffigen Ketsch" fiel mir dann schon wesentlich schwerer. Ine hatte sich diesbezüglich nicht so festgelegt. Aber mein Traum-Schiffstyp war nun mal eine Ketsch, und kuttergetakelt sollte sie sein. Es wurde dann eine Slup. Aber mit einem Deckslayout – so richtig nach meinem Geschmack. Aber soweit sind wir noch nicht. Der Reihe nach!

Unseren Sommerurlaub verlebten wir in einer einsamen Bucht auf Korsika. Ein wunderschönes Fleckchen Erde, dessen Wirkung auf mich nur unter dem Nachteil litt, dass wir diese Idylle nicht von See aus erobert hatten. Plötzlich konnte ich mich nicht mehr mit den Badegästen um mich herum identifizieren. Ich hatte mich innerlich bereits in das Lager der Segler begeben, deren Traumschiffe fast täglich die Bucht besuchten. Die Lektüre meiner Bücher unterbrach ich gerne, wenn wieder einer dieser wunderschönen Träume weit draußen in der Bucht vor Anker ging. Falls der letzte „Kick" für die Entscheidung bisher noch nicht gefallen gewesen sein sollte, so wurde mir mit jedem Tag unseres Aufenthaltes mehr klar, dass ich aus dieser Bucht als zukünftiger Schiffseigner abreisen würde.

Bis zum Herbst 1994 war nicht klar, welche Werft unser Schiff bauen würde. Unsere Unsicherheit war beträchtlich und sie wurde größer statt kleiner. Die Erlösung überraschte uns dann aber bereits auf der ersten Bootsmesse, die wir als angehende Schiffseigner besuchten. Auch wenn wir uns nicht definitiv und sofort entschieden, so schaffte dieser Messebesuch doch annähernd die herbei gesehnte Klarheit.

Mit müden Beinen und irgendwo auch enttäuscht, dass selbst unter einem solch großen Angebot „unser" Schiff anscheinend nicht zu finden war, strebten wir bereits wieder dem Ausgang zu. Wir waren bepackt mit Unterlagen jeder Art und trösteten uns bereits mit der Möglichkeit eines erneuten Messebesuches, ein paar Monate später. Mir war die Enttäuschung wohl anzusehen, als Ine meinte:

„Lass' es uns morgen nochmals probieren. Wir haben bestimmt eine Halle übersehen!"

Wir mussten am nächsten Tag nicht wiederkommen. Als ungeübte Messebesucher hatten wir eine Halle in der Tat bisher ausgelassen und spazierten gerade mitten durch sie hindurch. Und, was soll ich sagen, gleich beim ersten Anblick hatten wir den Eindruck, dass wir hier unser Schiff gefunden haben könnten. Wir erklommen erwartungsvoll die Stufen bis auf Deckshöhe. Die Zeit war fortgeschritten und die Besucher verließen bereits wieder die Ausstellung, daher mussten wir nicht warten. Schuhe aus, „Puschen" an und nichts wie rauf auf die „Contest 43" von Conyplex.

An eine „Contest" hatten wir bei allen unseren Überlegungen niemals gedacht. Wir hatten sie geradezu ausgeklammert. Unsere Meinung über diese Werft rührte aus unserer Zeit von vor fast fünfzehn Jahren, als wir mit unserer Phantom 30 auf dem Ysselmeer segelten. Wir hatten Bekannte, die seinerzeit eine „32-Fuß-Contest" segelten. Wir empfanden sie als „Bakelit-Dampfer", verglichen mit der „Hallberg Rassy 352" unserer holländischen Freunde. So kann man sich täuschen! Conyplex hatte zweifelsfrei zwischenzeitlich seine gesamte Konzeption geändert: Vom unauffälligen Gebrauchsschiff zum soliden Edelschiff, wobei die Preisklasse in etwa der von „Hallberg Rassy", „Najad" oder auch „Malö" entspricht.

Unsere wesentlichsten Kriterien wurden samt und sonders erfüllt, das sahen wir auf den ersten Blick: Mittelcockpit, ästhetische Rumpfform, Anordnung der Pantry, zwei Bäder – davon eines mit getrennter Dusche und vor allem eine geräumige Achterkajüte. Auch, dass es keine Deckshaus-Version war, war ein Kriterium für uns. Jeder hat so seine eigene Geschmacksrichtung; wir sind in Sachen Segelschiff offensichtlich stockkonservativ. Von einem Flügelkiel zum Beispiel wollten wir zunächst gar nichts wissen.

Als wir nach einer ausführlichen Besichtigung und einer gemeinsamen Tasse Kaffee mit dem Werftbesitzer den Messestand verließen, wussten wir, dass wir unser Schiff gefunden hatten. Die Konzeption entsprach exakt unseren Vorstellungen. Vor der endgültigen Entscheidung wollten wir aber in jedem Fall noch die Segeleigenschaften testen, insbesondere das Handling. Wir wollten sicher sein, dass wir ein Schiff kaufen würden, das von zwei Personen, trotz seiner Länge über alles von 13,26 m und seiner Breite von 4,00 m, gut zu segeln sein würde. An die Segeleigenschaften stellte ich die Anforderung, dass die Yacht eine vernünftige Höhe laufen konnte. Die Geschwindigkeit war für mich nicht ausschlaggebend. Heute wissen wir, dass unser Schiff zwar keine „Rennziege" ist, aber ab vier Windstärken ganz gut mithalten kann. Und das bei immerhin fast vierzehn Tonnen Leergewicht. Im Klaren waren wir uns auch darüber, dass wir sowohl am Innenausbau als auch am Deckslayout und im technischen Bereich diverse Details nach eigenen Ideen verändern wollten. Das ist bei Conyplex kein Problem. Man berücksichtigt dort gerne Sonderwünsche der Auftraggeber. Für uns war das eine Bedingung für den Kauf. Heute wissen wir, dass das nicht jede Werft akzeptiert.

Nur einige Wochen später, am herbstlichen Bußtag desselben Jahres, fuhren wir nach Medemblik zu dem vereinbarten Probeschlag. Außer der die Kleider durchdringenden Kälte und den unbequemen, handbetriebenen Winschen ist mir hiervon nicht mehr viel in Erinnerung geblieben. Mir fallen aber die Bemühungen ein, uns unbedingt zeigen zu wollen, wie exakt das Schiff auch bei Rückwärtsfahrt auf das Ruder reagiert. Der angekündigte Vollkreis gelang aber weniger gut und uns wurde erklärt, dass man künftig den Drehpunkt des Ruderblattes um einige Zentimeter nach achtern versetzen wollte und damit eine noch bessere Ruderwirkung erreichen würde. Das leuchtete mir ein und ich kann bestätigen, dass sich unser Schiff, wenn man rückwärts in die Box einfährt, sehr genau steuern lässt.

Im Januar 1995 haben wir dann unser Schiff in Auftrag gegeben. Auslieferungstermin: Ostern 1996. Warum so spät? Wir wollten uns ganz bewusst viel Zeit lassen. Nicht zuletzt auch deswegen, weil wir die Details in aller Ruhe festlegen wollten und uns die Ideen hierfür im Augenblick einfach noch fehlten. Einen Liegeplatz hatten wir auch noch nicht. Im Gegenteil: Ich bemerkte bereits bei meinen ersten Kontaktversuchen, wie schwierig sich die Suche danach noch gestalten würde. Es sollte nämlich unbedingt ein Liegeplatz in der Kieler Förde sein. Erstens wegen der guten Autobahnanbindung und zweitens wegen der guten Ausgangsposition für Segeltörns in jede Richtung.

Bis zum Baubeginn im August 1995 vergingen demzufolge noch einige Monate, was uns aber in keiner Weise beunruhigte. Dagegen entstand unser neues Schiff, langsam aber sicher, in unseren Köpfen. Die Abstimmungstermine in Medemblik machten uns viel Freude. Sie hatten nur den Nachteil, dass die Yacht teurer und teurer wurde. Uns fielen immer wieder zusätzliche Ausrüstungsgegenstände oder Detailveränderungen ein. Das Ergebnis war dann aber auch ein ganz individuelles Schiff. Womit wir den Beweis führten, dass das auch mit einem Serienschiff möglich ist. Dabei möchte ich hervorheben, dass wir von unserem Gesprächspartner ausgesprochen fair behandelt wurden. Niemals hatten wir den Eindruck, dass wir zu etwas überredet werden sollten. Er lenkte uns kompetent und mit viel Diplomatie und Sachverstand durch diese Phase der Planung. Obwohl ihm natürlich klar war, dass hier ein „Endschiff" und daher wohl auch ein

„Traumschiff" im Entstehen war, was auch für ihn verführerisch gewesen sein muss. Mit dem Flügelkiel hat er sich durchgesetzt, wofür wir ihm heute noch dankbar sind.

Von den drei seitlichen Bullaugen in der Achterkajüte, die wir leider ohne Öffnungsmechanismus bestellt hatten, haben wir später zwei in öffenbare umgetauscht. Das hat dann ungefähr das Dreifache von dem ursprünglichen Aufpreis gekostet…

So entstand denn in aller Ruhe unsere UTHÖRN IV auf dem Papier. Ein solides und ästhetisch ansprechendes Fahrtenschiff der sportlich eleganten Art. Eine Ketsch ist es nicht geworden, umso mehr Wert habe ich bei unserer Planung auf das Deckslayout gelegt. Ich wollte ein Segelschiff haben, das nicht nur gut zu handhaben, sondern daneben auch noch „schiffig" und ästhetisch aussehen sollte. Der Kenner wird wissen, dass diese beiden Anforderungen nicht leicht in Einklang zu bringen sind.

Ich entschloss mich zu einem Rigg des Herstellers Proctor. Die Nähte des Alu-Mastes sind geschweißt und er besticht, trotz seiner Länge von 18,5 m über Deck, durch seine ansprechende Schlankheit. Wie der Bootskörper, so wurde auch das Rigg in dunkelblauer Farbe ausgeführt, was uns dazu inspirierte, die Schlankheit des Mastes durch zwei schmale weiße Längsstreifen noch zu betonen. Er verjüngt sich auf den letzten Metern, was eine Trimmfähigkeit über den Achterstagspanner ohne großen Kraftaufwand zulässt. Ich entschloss mich für ein zweites Vorstag. Dieses wurde um ungefähr 1,50 m zum Mast hin versetzt und als Kutterstag ausgeführt. Die Kuttertakelung hatte zur Folge, dass wir unser Schiff mit Backstagen ausstatten mussten, was meinem ästhetischen Empfinden, und natürlich der Trimmfähigkeit, wiederum sehr entgegen kam. Das Rigg hat sich als so stabil erwiesen, dass die Backstage, bei Nutzung des Kuttersegels, erst ab sechs Windstärken beansprucht werden. Aber keine Frage, bei Sturmbesegelung sind sie notwendig und es ist darauf zu achten, dass sie stramm durchgeholt werden.

Das Kutterstag war zunächst nicht als Rollsegel konzipiert. Es war an einem Decksbeschlag mit einem massiven „Pelikanschnabel" befestigt, der es ermöglichte, das Stag problemlos zu spannen oder bei Nichtverwendung auf einfache Weise vom Decksbeschlag zu lösen und an den Mast heranzuziehen, damit es bei einem Wendemanöver der Genua nicht im Wege ist. Das Kutterstag haben wir mittlerweile, zugunsten der Sicherheit aber zu Lasten der Handigkeit beim Wenden, gegen eine Rollfock ausgetauscht.

Lange haben wir uns mit der Frage beschäftigt, ob wir unser Schiff mit einem Roll-Großsegel ausrüsten sollten. Ich halte so ein „Stowaway"-Segel für eine sehr vernünftige Einrichtung. Aber dann hätten wir die Idee mit dem schlanken Mast vergessen können. Außerdem hatte ich wohl zu lange „abstinent" gelebt. Mein Nachholbedarf ließ dieses bequemere aber von der Optik her gewöhnungsbedürftige Segel einfach noch nicht zu. So entschlossen wir uns zu einem durchgelatteten Groß und rüsteten es mit „Lazy-Jacks" und einer Patenttreff-Einrichtung aus, die es uns ermöglicht, das Großsegel vom Cockpit aus zu reffen. Zum Durchholen der Reffleinen haben wir links und rechts des Niedergangluks kleine Handwinschen montieren lassen. Das hat sich bei vielen Gelegenheiten bestens bewährt. Bei den Rutschern am Mast haben wir nicht gespart und uns für ein kugelgelagertes System entschieden. So richtig zufrieden sind wir aber nicht mit dem Zusammenfallen des Großsegels, wenn wir es einholen. Ich vermute, dass ein zu starkes Tuch verwendet wurde.

Zweckmäßig sind die sehr langen Führungsschienen auf den Seitendecks, auf denen die Rutscher für die Holepunkte, sowohl für die Genua als auch für das Kuttersegel, laufen. Sie ermöglichen die Veränderung der Holepunkte vom Cockpit aus. Das kommt der Segelstellung durchaus zu Gute. Jedenfalls gibt es keine Entschuldigung dafür, bei ruppigem Wetter das Cockpit nicht verlassen zu wollen und lieber ein killendes Vorsegel in Kauf zu nehmen. Selbst an die Führungsschienen auf den Scheuerbordleisten für die Passatsegel haben wir gedacht. Wir haben das Schiff mit acht Winschen ausrüsten lassen: Zwei großen Elektro-Arbeitswinschen; zwei kleineren Elektrowinschen, die wir hauptsächlich für den Trimm des Großsegels einsetzen, zwei Winschen für die Reffeinrichtung und zwei Winschen am Mast.

Letztere waren zunächst nicht geplant. Aber die am Mast werkseitig vorgesehenen Montageplatten haben die Optik doch sehr gestört, und noch während der Übernahme ließ ich diese zwei Winschen zusätzlich montieren. Genutzt werden sie allerdings in der Tat sehr selten.

Statt mit dem standardmäßigen 62-PS-Dieselmotor haben wir unser Schiff mit einem 100-PS-Volvo-Turbo ausrüsten lassen. Und zwar nicht, weil wir aus der UTHÖRN IV ein „Motorboot mit Hilfsbesegelung" machen wollten, sondern auch diese Entscheidung fiel ausschließlich aus Sicherheitsgründen. Das Schiff ist relativ schwer und wir wussten von unserer UTHÖRN III noch sehr gut was es heißt, keine Reserven bei der Motorleistung zu haben. Bereits bei der Überführungsfahrt erlebten wir eine Episode, bei der wir froh waren, dass wir eine kräftige Maschine zur Verfügung hatten.

An Elektronikgeräten ließen wir einbauen, was bei Yachten dieser Größe heute wohl üblich ist: Ein GPS von Philips, ein Radargerät von FURUNO, einen Wetterkartenschreiber und die vielen gängigen Anzeigegeräte über dem Niedergang, versorgt von dem Muttergerät im Navigationseck. Ein Flop war unser Kartenplotter. Wir, und auch andere, haben ihn nie zum Arbeiten bringen können. Wir haben uns nicht lange herumgeärgert und wendeten weiterhin die gute alte Methode des Mitkoppelns „von Hand" an. Den Kartenplotter verwendeten wir lediglich als Befestigungsmöglichkeit für die Seekarten. Das war natürlich nicht der Weisheit letzter Schluss.

Mittlerweile haben wir einen voll elektronischen Kartenplotter nachgerüstet.

Selbstverständlich wurde das Schiff aber von Anfang an mit einem Seefunkgerät ausgerüstet. Die Zweckmäßigkeit dieser Verständigungsmöglichkeit konnten wir schon häufig bestätigen, einmal sogar in einem richtigen Notfall. In diesem Zusammenhang finde ich es sehr bedauerlich, dass der Service für diese segensreiche Einrichtung so sehr zurückentwickelt wurde.

Die gesamte Ausrüstungspalette wurde bei unseren verschiedenen Besuchen in Medemblik, gemeinsam mit unserem Berater, festgelegt. Von Süddeutschland nach Holland waren jeweils 780 km zurückzulegen, was einen gehörigen Zeitaufwand bedeutete. Aber wir haben das gerne getan und die Zeit genossen, in der unser Schiff in unseren Ideen und in der Werft mehr und mehr seine endgültige Form annahm.

Die weiten Entfernungen sowohl zur Werft, als auch später zum Liegeplatz, spielten in unseren Überlegungen von Anfang an eine wesentliche Rolle. Während wir die Fahrten nach Holland nur übergangsweise auf uns nehmen mussten, war es klar, dass unser Segelalltag immer mit weiten Autofahrten verbunden sein würde. Klar war daher auch, dass wir bei unseren zukünftigen Segelwochenenden immer den Freitag würden mit einbeziehen müssen, weil die Entfernung bis an die Ostsee für ein kurzes Wochenende einfach zu groß ist.

Ine ist Oberstudienrätin an einem Gymnasium in Ulm und würde es mit ihrem halben Lehrauftrag wohl einrichten können, den Freitag als unterrichtsfreien Tag zu erhalten. Schwieriger würde es bei mir sein. Ich arbeite in der Geschäftsführung eines großen Unternehmens und es ist selbstverständlich, dass ich keinen Acht-Stunden-Tag habe.

Allerdings bin ich für den Vertrieb zuständig und sehr viel unterwegs. Das bedeutet, dass ich meine Aufgaben sowieso fast ausschließlich von unterwegs aus erledige. Es war also klar, dass wir unser Schiff mit den nötigen Kommunikationsmitteln würden ausrüsten müssen, damit ich auch von Bord aus aktiv und erreichbar sein konnte. Mit der heutigen Technik ist das ohne weiteres machbar und die Praxis hat später bewiesen, dass mein Job nicht darunter gelitten hat.

Endlich war Baubeginn und es war ein erhebendes Gefühl, als wir zum ersten Mal auf unserem Schiff standen. Es stand im Rohbau in der Montagehalle. Zwar noch in der Standardfarbe Weiß, aber immerhin schon mit dem Teakstabdeck versehen. Selbst erkennen konnte ich es schon deswegen nicht, weil es auf einem Flügelkiel stand, den wir überhaupt nicht bestellt hatten. Er wurde uns dann nicht berechnet und damit war die Angelegenheit für uns erledigt.

Wir waren offensichtlich keine der typischen Auftraggeber, die die Werft unter Zeitdruck setzten. Wir hatten keine besondere Eile und den Eindruck, dass dieser Umstand der gesamten Abwicklung ganz dienlich war. Zu Ostern 1996 wollten wir das Schiff übernehmen und das hat dann auch funktioniert. Wegen des außergewöhnlich starken Winters wurde die Sache aber doch noch knapp: Das Ysselmeer war zugefroren und es war lange Zeit nicht möglich, die notwendige Probefahrt zu machen. Selbst als das Eis endlich aufbrach, konnte es nicht gleich losgehen, weil der vorherrschende Nordostwind die Eisschollen in die Bucht vor Medemblik trieb, wo sie sich zeitweise zu regelrechten Eisbergen auftürmten.

Die Übernahme zu Ostern war für uns insofern wichtig, als Ine an die Schulferien gebunden ist und wir die Ferientage für Probefahrten und das erste Eingewöhnen nutzen wollten. Aber gegenüber dem Wettergott hatten wir offensichtlich die schlechteren Karten. Nun, gerade noch rechtzeitig, drehte der Wind auf Südwest und innerhalb von wenigen Tagen war die Bucht eisfrei! Uns fiel ein Stein vom Herzen, als der ersehnte Anruf aus Medemblik kam.

Eine kalte Angelegenheit wurde es allemal, und wir genossen in den ersten Tagen auf unserem Schiff vor allem die Heizung.

Der Tag der Schiffsauslieferung nahte und mit ihm natürlich auch der Tag der Schiffstaufe. Für uns war die Schiffstaufe eine Selbstverständlichkeit und wir waren umso mehr überrascht, als der Werftbesitzer uns erklärte, dass das vor uns noch kein Eigner gemacht hätte. Ich nehme mal an, dass viele Auftraggeber ihr Schiff erst im Heimathafen, zusammen mit Freunden und vor heimischer Kulisse taufen.

Am Abend vor dem vereinbarten Termin trafen wir in Medemblik ein. Wir nahmen in unserem Hotel Quartier, in dem wir von unseren früheren Besuchen her gut bekannt waren. Ostern war in diesem Jahr recht früh und es wehte eine frische und kalte Brise, die einen Gedanken an eine Schiffsübernahme eigentlich nicht aufkommen ließ. Aber wir ließen uns die Stimmung nicht verderben, suchten unser chinesisches Restaurant auf, nicht weit von unserem Hotel, und bestellten bei der sprichwörtlich freundlichen asiatischen Bedienung unsere übliche Chinesische Reistafel. Dazu gehörte natürlich ein Reisschnaps. Mit dem Standard-Bier in Holland habe ich so meine Probleme. Ich mag es lieber bitter! Daher ließen wir uns mit einer Flasche Weißwein aus der Pfalz verwöhnen. Auf dem Rückweg ins Hotel kamen uns die Umstände schon gar nicht mehr so unfreundlich vor.

Den ersten Anblick unserer schwimmenden Yacht am nächsten Morgen werden wir beide nicht vergessen: Sie erschien uns geradezu unheimlich groß, was sich später, zugegebenermaßen, relativierte. Auch die Masthöhe erschreckte uns zunächst mehr, als dass sie uns erfreute. Aber schön lag sie da in ihrem Marineblau bei strahlendem Sonnenschein, festgemacht mit schneeweißen Leinen! Unsere Aufregung schlug bald in eine gewisse Beklemmung um, und erst ganz langsam löste sich unsere Anspannung und verkehrte sich in einen unendlichen Besitzerstolz.

Endlich hatten wir wieder ein Segelschiff! Und was für eines!

Die Werftmannschaft tat in diesen ersten Minuten das einzig Richtige: Als sie unsere Befangenheit bemerkte, ließ sie uns diese Momente des stillen Glücks ganz für uns allein auskosten. Keine Glückwünsche, keine Erklärungen, nichts. Und so war es richtig! Ine und ich fanden uns irgendwann allein im Salon wieder – und genossen diesen Augenblick. Spätestens jetzt wussten wir, was uns dieses Schiff bedeuten würde.

Eine nette Geste der Werft: Der Salon war mit einem wunderschönen Blumengesteck geschmückt. Unsere holländischen Freunde waren zur Schiffstaufe gekommen, um uns zu unserer neuen UTHÖRN zu beglückwünschen und uns mit kleinen Geschenken für das Schiff zu erfreuen. Einer von ihnen ist Ton, ein Freund, wie man ihn sich nur wünschen kann und wie er leider immer seltener anzutreffen ist. Er ist Elektroingenieur und er hatte bei der Planung die Aufgabe übernommen, sich um den „elektrischen Part" zu kümmern. Und das tat er mit der ihm eigenen Gründlichkeit! Ihm haben wir unsere große Stromkapazität an Bord zu verdanken. Acht Batterien mit je 180 ah und vier verschiedene Stromkreise hatte er uns verordnet. Er selbst segelt seit langem und wusste also aus eigener Erfahrung, wovon er sprach. Diese große Stromkapazität gestattet uns auf unseren Törns eine Unabhängigkeit vom Landstrom von locker vier Tagen, bei uneingeschränktem Bordleben. Verzweifeltes Suchen nach Steckdosen ist uns fremd. Ton ließ es sich auch nicht nehmen, die Schiffsabnahme kritisch zu begleiten. Aber wir mussten beide zugeben, dass hier ein ausgereiftes und qualitativ hochwertiges Segelschiff zur Übergabe bereit lag.

Ine hatte derweil für einen improvisierten Tisch für die Champagnergläser gesorgt. In meiner Aufregung hatte ich die erste Flasche viel zu früh geöffnet und ich erinnere mich, dass ich nun ziemlich hilflos dastand und krampfhaft versuchte, den Korken wieder reinzudrücken... So ein Schwachsinn! Tons lästerliche Bemerkungen klingen mir heute noch in den Ohren. Der Leser möge daraus seine Schlüsse über meine Aufregung während dieser Zeremonie ziehen. Wie gut, dass ich Ine hatte. Sie stand wie ein Fels in der Brandung und zelebrierte, als erwartungsvolle Ruhe einkehrte, unsere Schiffstaufe, als ob sie Ähnliches alle Tage machen würde.

Die Champagnergläser waren gefüllt, und während Ine eines davon in der Hand hielt, sprach sie, ohne Zittern in der Stimme, was ich nicht gekonnt hätte, den folgenden Taufspruch:

„Liebe UTHÖRN,

diese persönliche Anrede an Dich, ein Schiff,
scheint mir in Deinem speziellen Falle
in ganz außerordentlicher Weise angemessen zu sein.

Denn schließlich bist Du nicht nur ein Schiff,
sondern Du bist etwas ganz Besonderes: Du bist
die Erfüllung eines lang gehegten Jugendtraumes, der
mit Dir und in Dir seine schönste Gestalt angenommen hat.

Du bist also ein richtiges Traumschiff!

Und dass dieser Traum nicht zum Alptraum wird,
dafür scheint mir Dein Eigner und Skipper,
mein lieber Mann Volker, der beste Garant zu sein.

Ich taufe Dich also hiermit auf den Namen Uthörn IV
und wünsche Dir auf Deinen künftigen Traumreisen
allzeit gute Fahrt und immer eine Handbreit Wasser
unter dem – Flügelkiel!"

Während der letzten Worte leerte sie das Glas mit dem Champagner über dem Heck des Täuflings aus. Auf das Zerschlagen des Glases an einem Decksbeschlag verzichtete sie. Jeder macht das auf seine Weise. Nach dem gemeinsamen Anstoßen auf eine gute Zukunft für die UTHÖRN IV und das Eignerpaar ließ es der Werftbesitzer sich nicht nehmen, eine kleine Ansprache zu halten, in der er sich für die gute Zusammenarbeit mit uns bedankte. Für die Handwerker und Büroangestellten hatten wir kalte Platten und Getränke kommen lassen und es wurde noch ein sehr schöner Nachmittag.

Aber es war offensichtlich alles zu glatt gegangen. Beim Einräumen unserer Schiffsklamotten ereilte mich dann doch noch das Schicksal. Bepackt mit einem Seesack und einer riesigen Tasche wollte ich viel zu hektisch, aber vor allem verkehrt herum, nämlich vorwärts, den Niedergang hinuntersteigen, und da passierte es: Gleich die erste Stufe wurde mir zum Verhängnis und ich stürzte mitsamt meinem Gepäck auf den Boden des Salons. Das ist eine ganz ordentliche Höhe! Ich erlitt an meinem rechten Fuß eine üble Verstauchung, die mich noch einige Tage beschäftigen sollte.

Zunächst war es gar nicht so dramatisch, aber mein Fußgelenk schwoll in kurzer Zeit erheblich an und von Minute zu Minute konnte ich schlechter auftreten. Und das bei dem Gepäckgebirge auf dem Anleger... Seit diesem Malheur ist „das richtige Hinabsteigen über den Niedergang" ein fester Bestandteil meiner Einweisung, wenn wir Gäste an Bord haben.

Die technische Einweisung dauerte ganze zwanzig Minuten, und das war deutlich zu wenig! Wie gesagt, wir hatten ein Schiff bauen lassen, das von der Instrumentierung und sonstigen Ausrüstung her annähernd für eine Weltumsegelung geeignet ist. Da steckt so viel Technik drin, dass man für die Einweisung, ich spreche nicht von Beherrschung der Geräte, mindestens einen halben Tag Zeit hätte investieren müssen. Aber wahrscheinlich stand ich noch unter dem Schock des ersten Eindrucks, dass ich so gut wie keine Fragen gestellt habe. Im Grunde genommen haben wir zwei Segelperioden gebraucht, um die Technik des Schiffes wirklich kennenzulernen – und auch zu beherrschen. Mit den Segeleigenschaften verhielt sich das nicht viel anders.

Es war klar, dass am ersten Abend die Kombüse kalt bleiben würde. Zur Feier des Tages wollten wir schön essen gehen und die Übernahme unserer neuen UTHÖRN gebührend in einem angenehmen Rahmen feiern. Dazu mussten wir in das vielleicht drei Kilometer entfernte Zentrum von Medemblik fahren. Der Tag ging zu Ende und außer uns waren keine Menschen mehr auf dem Werft-Gelände. Wir hatten vormittags unser Auto möglichst nahe am Schiff abgestellt, damit wir unser Gepäck nicht so weit tragen mussten.

Der Kofferraumdeckel war die ganze Zeit über geöffnet, was leider zur Folge hatte, dass die Kofferraumbeleuchtung die Batterie soweit „ausgelutscht" hatte, dass der Anlasser keinen Muckser mehr tat. Und kein Mensch da, der uns eben hätte fahren können! So quälte ich mich denn mit meinem geschwollenen und schmerzenden Fuß, am Arm meiner Frau, zu unserem Restaurant und verfluchte die Technik, meine Schusseligkeit und wer weiß was noch alles. Am nächsten Morgen hatte die Batterie sich wieder erholt und wir konnten unser erstes Frühstück an Bord mit frischen Brötchen genießen, die ich per Auto eingekauft hatte.

Die finanzielle Abwicklung mit der Werft verlief reibungslos. Der Preis war ausgehandelt, die Zahlungsmodalitäten standen fest. Ich bin einer angelesenen Empfehlung gefolgt und habe meine Zahlungen durch eine Bankbürgschaft absichern lassen. Das hat sich im nachhinein als überflüssig erwiesen, aber dafür konnte ich ruhig schlafen und viel gekostet hat es, im Vergleich zur Gesamtsumme, nicht. Lange vor der Fertigstellung, mittlerweile war es klar, dass es keine Probleme geben würde, habe ich auf die Bank-Bürgschaft verzichtet.

An der Mehrwertsteuer hatte ich weit weniger Gefallen. Bei einem Autokauf denkt kein Mensch über die Mehrwertsteuer nach. Aber kaufen Sie einmal ein Schiff im Ausland! Da gehen Ihnen plötzlich in Sachen Mehrwertsteuer die seltsamsten Gedanken durch den Kopf. Und die abenteuerlichsten Empfehlungen bekommen Sie von allen möglichen Leuten, wie man diese Steuer einsparen kann. Meine Frau ist schließlich ganz brav zu unserem Wohnsitzfinanzamt gegangen und hat einen Scheck in erschreckender Höhe abgegeben und dafür die entsprechende Bescheinigung bekommen. Alles andere wäre für mich viel zu kompliziert gewesen.

Jahre später durften wir dann übrigens doch noch erleben, dass wir mit unserer Steuerehrlichkeit richtig lagen: Bei schönstem Sommerwetter genossen wir gerade die Hafenidylle in unserem Heimathafen, als zwei schwarz uniformierte junge Männer zu uns an Bord kamen und nach dem Baujahr des Schiffes fragten. Uns war sofort klar, was die Uhr geschlagen hatte! Und mit unverhohlenem Triumph holte Ine die Steuerbescheinigung unseres Wohnsitz-Finanzamtes hervor und zeigte sie den Zöllnern. In einem sehr freundlichen Gespräch wurden wir darüber aufgeklärt, dass nach zehn Jahren für den Zoll, im Falle einer Steuerhinterziehung, nichts mehr zu holen gewesen wäre. Eine Wiederholung der Kontrolle wurde ausgeschlossen, weil unsere Daten ab sofort im Zollcomputer gespeichert würden.

Mit der Werft waren wir so verabredet, dass wir unsere Yacht bis Pfingsten im Yachthafen von Medemblik liegen lassen konnten. Das hatte den Vorteil, dass eventuell nötige Nacharbeiten problemlos von der Werft durchgeführt werden könnten. Wir nutzten die Zeit, um unser Schiff kennen zu lernen und die ersten Schläge hinaus auf das Ysselmeer zu machen. Es bedurfte schon einiger Übung, um mit der ungewohnten Schiffsgröße fertig zu werden. Insbesondere das Einfahren in die Box und das Belegen der Leinen haben wir geübt. Selbst die Handhabung des Bugstrahlruders wollte gelernt sein. Dabei haben wir uns von Anfang an bemüht, unsere Manöver besonnen und in aller Ruhe zu fahren. Das haben wir mittlerweile zu einer gewissen Perfektion gebracht und man wird bei uns niemals ein lautes Wort während eines Anlege- oder Ablegemanövers hören. Während unserer Charterzeit haben wir zu viele abschreckende Beispiele erlebt.

Die Liegeplatzfrage hatte ich im vorangegangenen Winter geklärt. Zufälle und Verbindungen eines meiner Geschäftsfreunde gaben wohl den Ausschlag. Aber um einen ausführlichen

Bewerbungsbrief kam auch ich nicht herum und ich gebe zu, dass ich mir hierbei sehr viel Mühe gegeben und eine stichhaltige Argumentation aufgebaut habe. Im Weg stand dem Vereinsvorstand nämlich vordergründig die große Entfernung zwischen unserem Wohnsitz und dem Vereinshafen in Schilksee. Das leuchtete mir sogar ein: Wie sollten wir bei einer Distanz von mehr als achthundert Kilometern aktiv am Vereinsleben teilnehmen können? Wir haben den Liegeplatz schließlich bekommen und die Vereinsführung ist mit unseren vereinsinternen Aktivitäten auch ganz zufrieden.

Bevor wir uns mit dem neuen Schiff auf die Nordsee wagten, waren einige Törns auf dem überschaubaren Ysselmeer für die Übung unserer Segelfertigkeit ganz angebracht. Außerdem bewegten wir uns hier in unserem früheren Heimatrevier, als unsere damalige Phantom 30 ihren Liegeplatz in Lemmer hatte. Das waren seinerzeit drei schöne Jahre und wir nutzten jetzt die Gelegenheit, unsere damaligen Lieblingshäfen wie Enkhuizen oder Hoorn noch einmal zu besuchen. Auch der Insel Marken im Markermeer statteten wir noch einen Besuch ab. An sie hatten wir besonders schöne Erinnerungen.

In Urk, ehemals eine Insel in der Zuidersee, standen wir regelmäßig, und immer wieder aufs Neue betroffen, vor der Gedenkstätte für die vielen verschollenen Fischer. Mehrere Generationen sind teilweise auf ein und demselben Fischkutter untergegangen! Dabei musste ich an meine eigenen Vorfahren denken, die als holländische Fischer ein eher karges Leben führten. Bei den Frauen hatte die Sorge um die Männer auf See immer eine wesentliche Rolle gespielt. Und obwohl die See diese Familien doch ernährte, haben die Frauen wegen ihrer ständigen Sorge um das Leben ihrer Männer das Meer geradezu gehasst.

Es war ein erhebendes Gefühl, diese Häfen, in denen wir wunderschöne Stunden verlebt hatten, jetzt mit unserem neuen Schiff anzulaufen.

Dabei erinnere ich mich an eine Episode während eines unserer ersten zaghaften Probetörns: Bei leichtem Wind und voller

Besegelung waren wir bereits wieder auf dem Rückweg nach Medemblik, als ich weit achteraus einen Segler gleicher Größe, mit gleicher Fahrtrichtung, in unserer Kiellinie entdeckte. Er war wohl eine Meile von uns entfernt und ich beachtete ihn zunächst nicht weiter.

Aber die meisten Segler reagieren wie elektrisiert, wenn sie ein fremdes Segelschiff in ihrem Kielwasser entdecken. So schließlich auch ich. Und die Welt bleibt für einen Segler nur dann in Ordnung, wenn die Distanz sich vergrößert – und nicht verkleinert.

Beim zweiten Blick bereits bemerkte ich, dass die Distanz sich in unserem Fall ganz offensichtlich verkleinerte. Wie das!? Ich hatte doch ein Superschiff gekauft! Ich wusste von dem unerschütterlichen Glauben meiner Segelgefährtin an meine Segelfertigkeiten. Hatte ich doch früher so manche Regatta gesegelt und meine Erfolge auch entsprechend selbst gewürdigt. Peinlich, peinlich! Aber bei solchen Gelegenheiten ist Verlass auf meine Mannschaft:

„Das Schiff ist ja auch viel größer als unseres!" war Ines Kommentar und gut gemeinter Trost für mich.

Ich konnte an den Segeln fummeln, soviel ich wollte, der kam weiter auf... Verdammt, da hatte ich ein Schiff der oberen Preisklasse gekauft, und nun das. Der Holländer in seiner Hallberg Rassy war mittlerweile gleichauf und ich ließ unser erstes „Überholt-werden-Manöver" gottergeben über mich ergehen. Der Knabe dort drüben saß doch tatsächlich wie die personifizierte Provokation an seiner Steuerbordwinsch und zwar, wie es schien, mit einem Suppentopf in der linken Hand, und spielte mit der freien Hand immer wieder mal in einer geradezu aufreizenden Lässigkeit an seiner Großschot herum, während er in einem Abstand von vielleicht gerade mal zehn Metern an uns vorbeizog. Der zeigte mir, wie gesegelt wird!

Während auch Ine erkannte, dass das Schiff unseres Gegners man gerade zwei Fuß länger war als unseres, – von wegen „Länge läuft" –, grüßte ich freundlich hinüber und machte eine höfliche Bemerkung zu dem „schnellen Schiff". Die arrogante, um nicht zu sagen blasierte Erwiderung machte mich dann doch noch zum moralischen Gewinner dieses kleinen Duells.

„Der braucht das für seinen Seelenfrieden", war mein Kommentar gegenüber meiner Vorschoterin. Mir fällt es mittlerweile leicht, mit unserem Schiff unterlegen zu sein. Ab fünf Windstärken geschieht das unter vergleichbaren Schiffen auch kaum noch. Zurück im Werfthafen musste unser Werftbesitzer sich aber die Bemerkung von mir gefallen lassen:

„Ich dachte, dass ich ein schnelles Schiff bei Ihnen gekauft hätte!"

Er glaubte, meinen Rivalen zu kennen und erklärte mir, dass der für sein schnelles Schiff und seinen Ehrgeiz in der Gegend bekannt sei.

„Der steht im Verdacht, dass er seine Yacht, um Gewicht zu sparen, vollkommen ausgeräumt hat".

Mein Gesprächspartner stand bei mir wiederum im Verdacht, dass ihm diese Ausrede gerade noch rechtzeitig eingefallen war. Aber seine Antwort war in Ordnung: Er hatte wohl erkannt, dass ich dringend seines Trostes bedurfte.

II

Zu Pfingsten 1996 verabschiedeten wir uns von der Conyplex- Mannschaft und starteten, mit ein wenig Wehmut im Herzen, zu unserer Überführungsfahrt nach Kiel-Schilksee. Die Route sollte uns über Vlieland, Helgoland, Cuxhaven und durch den Nordostsee-Kanal führen. Die Eingewöhnungsphase war vorbei und wir freuten uns auf unseren ersten richtigen Seetörn. Wir hatten uns mit dem Schiff vertraut gemacht und fühlten uns durchaus sicher genug, auch eine Nachtfahrt ohne Probleme durch zu stehen. Von Vlieland nach Helgoland mussten wir die Nacht durch fahren, wenn wir nicht Borkum anlaufen wollten. Und weil die erste Nachtfahrt sowieso irgendwann fällig ist, haben wir sie umgehend eingeplant.

Hinter der Schleuse von Den Oever erlebten wir erstmals mit unserem neuen Schiff die typischen „Nordseewasser-Schaumstreifen" in unserem Kielwasser, ein Anblick, der mich in der Nordsee immer wieder fasziniert. Wir hielten uns sauber an die ausgetonnte Fahrrinne und konnten bei herrlichem Sonnenschein Den Helder südlich von uns ausmachen. Wir umrundeten die Südspitze von Texel, wo wir unsere Besegelung wegen des aufgekommenen Nordwestswindes verkleinerten und die Genua später ganz wegnahmen.

Der Himmel zog sich zu und nichts war es mehr mit dem schönen Segelwetter. Im Gegenteil, es wurde jetzt richtiggehend ungemütlich, und als wir die Südspitze von Texel vollends umrundet hatten, wurden wir, für uns noch ungewohnt, mit einem ganz ansehnlichen Schwell konfrontiert.

Die Wellen zeigten Schaumkämme und gischteten über das Vorschiff. Der Wind und die See standen direkt von vorn, deswegen startete ich den Motor und nahm auch das Großsegel weg. Weil der Strom gegen den Wind lief, der jetzt mit 25-30 Knoten angezeigt wurde, bauten sich recht hohe Wellen auf, die wir vierkant von vorn nehmen mussten. Wir konnten nämlich nicht abfallen, weil wir uns zwischen der kleinen Insel Noorder Haaks und der Insel Texel befanden, wodurch eine Trichterwirkung entstand, was den Ebbstrom beschleunigte und die Wellen noch weiter in die Höhe trieb. Weil ich das Schiff viel zu schnell durch diesen Seegang jagte, durfte ich mich nicht wundern, dass irgendwann einmal ein Wellental zu kurz war und eine Welle unser Schiff geradezu überlief. Sie staute sich an der Windschutzscheibe und schlug über mir, der ich am Ruder stand, zusammen. So hatte ich meine erste kräftige Dusche weg, war pudelnass und musste für mich feststellen, dass der Mensch sich an die See anzupassen hat – und nicht umgekehrt. Zum Glück war das Niedergangsluk annähernd geschlossen und es schwappte kein Wasser in den Salon.

Wir liefen weiter unter Maschine. Erst querab von der Nordspitze Texels, als wir ein wenig nach Osten abfallen konnten, setzten wir das einmal gereffte Groß und ließen uns vom Nordwest in den Hafen von Vlieland schieben. An diesen Hafen hatten wir gute Erinnerungen, waren aber überrascht, wie wenig Sportboote zu dieser Jahreszeit dort lagen. In Oost-Vlieland kann es in der Segelsaison schon mal passieren, dass der Hafen „knackvoll" ist und dass der Hafenmeister eine Kette quer über die Hafeneinfahrt spannt. Das war mir früher schon eine Spur zu konsequent. Denn bei Nacht oder Sturm ist die Sache gar nicht lustig. Und wenn Sie mich fragen: Ein Schiff geht immer noch rein!

Auf Vlieland wurden wir diesmal von einem ganz üblen Regenwetter heimgesucht und wir entschieden uns, diese Schlechtwetterfront auszusitzen.

Vlieland ist eine kleine holländische Insel mit gerade einmal um die tausend Einwohnern. Der Ort Oost-Vlieland besteht eigentlich nur aus einer mit prachtvollen alten Bäumen dicht bestandenen Straße. Aber in dieser Straße wird alles geboten: Geschäfte, Restaurants, Hotels, Cafes und wer weiß was alles, reihen sich aneinander und bei schönem Wetter ist jede Menge Trubel auf der Straße. Sehr angenehm ist der Umstand, dass es keine Autos gibt. Wenn man zum Weststrand fahren oder die Insel näher kennen lernen will, mietet man sich für ein paar Euro ein Fahrrad. Die Strände der Insel zählen mit zu den schönsten im gesamten Küstenbereich.

Auf unserer ersten Fahrt durch das Watt, damals noch mit unserer Phantom, hatten wir viele Jahre vorher unsere späteren holländischen Freunde Ton und Renate mit ihren Kindern Frank und Heidi getroffen. Wie so häufig, hatte ich mich damals mal wieder zu einer kleinen Wettfahrt hinreißen lassen. Dieses Mal ging es gegen eine „Hallberg Rassy 352", die sich, wie wir, in dem engen Fahrwasser zwischen den Pricken herumquälte. Vor lauter Eifer – ich hatte nur Augen für meinen Gegner – brachte ich es tatsächlich fertig, eine Tonne zu streifen. Später erfuhr ich, dass die Besatzung der „Hallberg Rassy" das ganz genau beobachtet und sich wegen meines Übereifers gehörig ins Fäustchen gelacht hatte. Hätte man mir diese Schadenfreude gezeigt, was mir Gott sei Dank erspart blieb, hätte das die Stimmung bei uns an Bord sicher noch schwieriger gemacht. Denn wenn Ine auch für Vieles Verständnis hatte, für solche Kindereien war sie überhaupt nicht zu haben. Hielt sich ihre Leidenschaft für die Segelei zu dieser Zeit doch überhaupt noch sehr in Grenzen. Was wohl nicht zuletzt auch daran lag, dass die Beschäftigung unserer damals dreijährigen Tochter Carola überwiegend Ihre Sache war.

Wahre Größe bewies der holländische Skipper ein wenig später, als er mir vor einer Wende rechtzeitig Platz machte, weil ich sonst aus dem Tonnenstrich hätte hinausfahren müssen. Das war ein reines Entgegenkommen von ihm. Nach den Wegerechtregeln wäre er dazu nicht verpflichtet gewesen.

„Endlich mal ein Skipper, der mitdenkt", war mein dankbarer Kommentar.

Im Hafen von Vlieland lagen wir dann zufällig nebeneinander im Päckchen. Bei der Aufgeschlossenheit dieses Mannes war es kein Wunder, dass wir schnell und locker ins Gespräch kamen. Ich erinnere mich noch gut an die süffisante Frage, ob ich vielleicht ein Problem gehabt hätte. Dabei warf er einen unverhohlenen Blick auf die Steuerbordseite unseres Schiffes, auf deren leuchtendem Blau eine lange rote Schramme prangte. Nun bin ich nicht der Mann, der diese Art von Humor nicht vertragen kann. Und so hatten wir gleich zu Beginn unserer Freundschaft kräftig was zu lachen – und er für lange Zeit was zu lästern. Wir hatten auf der weiteren gemeinsamen Segeltour, die uns an der holländischen Küste entlang nach Seeland führte, noch viele schöne Erlebnisse. Tons Yacht liegt in Herkingen in Seeland und wir hatten die Gelegenheit, unter der Führung von Seeland-Kennern, die schönsten Ecken dieses Segel-Reviers kennenzulernen.

Aber zurück zu unserem Überführungstörn.
Wie bereits erwähnt, ließen wir uns Zeit auf Vlieland und genossen die Gemütlichkeit in unserem Schiff. Je kälter es wurde und je heftiger der Regen herunterprasselte, desto angenehmer empfanden wir die wohlige Wärme in unserem Salon. Um unseren Zeitplan machten wir uns wenig Gedanken, halten die Regenperioden an der Nordsee doch meistens nicht lange an. Der nächste Tag erwartete uns dann, als wir uns endlich aus der Koje bequemten, auch bereits mit trockenem und wesentlich wärmerem Wetter. Am Tag zuvor hatten wir ausführlich die Seekarten und den Tidenkalender studiert. Wir wollten keinen Umweg um die Barre südlich von Terschelling fahren, denn das hätte viel Zeit gekostet. Daher warteten wir den Flutstrom ab und warfen die Leinen los.

Die See war relativ ruhig und der Wind stand günstig aus Südwest. Das richtige Wetter für eine volle Besegelung. Zunächst beließen wir es aber nur bei der Genua I, war über der Barre doch schon aus großer Entfernung deutliches Kabbelwasser zu sehen. Schließlich nahmen wir auch die Genua wieder weg und tasteten uns unter Maschine an die Untiefe heran, ständig auf eine Grundberührung gefasst. Natürlich hofften wir, dass die Wassertiefe ausreichen würde, aber unsere Berechnung mit Hilfe des Tidenkalenders litt wohl doch noch unter unserer Unerfahrenheit mit Tidengewässern. Jedenfalls rummste es irgendwann, nachdem das Echolot vorher bereits eindeutige Hinweise gegeben hatte. Ich fackelte nicht lange und machte sofort eine 180-Grad-Wendung, wobei ich zur Unterstützung das Bugstrahlruder einsetzte. Von irgendeinem Zeitpunkt an hatte ich mit dieser Entwicklung gerechnet und meine Manöver in Gedanken schon vorher festgelegt. Die Situation war von mir provoziert, aber bei auflaufendem Wasser, relativ ruhiger See und sandigem Grund absolut ungefährlich. So umfuhren wir die Barre dann doch und wunderten uns, wie weit uns dieser Umweg nach Süden versetzte.

Genau diese Untiefe wurde vor Jahren einem Ehepaar auf der Überführungsfahrt seines neuen Segelschiffes fast zum Verhängnis. Es lief bei starkem Schwell und ablaufendem Wasser mit seiner Yacht auf Grund und hoffte offensichtlich, mit Maschinenkraft doch noch rüber zu kommen, wobei das Schiff nur noch weiter auf die Untiefe gezwungen wurde. Dieses Abenteuer wäre fast tragisch und mit einem Totalschaden geendet. Vom Augenblick des endgültigen Festsitzens an hat die Crew dann wohl mehr richtig als falsch gemacht. Nachdem auch das Setzen der Segel, um die Yacht in eine Schräglage zu bringen, nichts einbrachte, haben die armen Leutchen die Schotten dicht gemacht und sich von der See stundenlang herumbeuteln lassen, derweil sie auf die Flut warteten. Sie haben es durchgestanden! Das Segelschiff hat zwar schwere Schäden erlitten, aber es ist zu keinem Wassereinbruch gekommen. Eine Spekulation über den Nervenzustand der Besatzung möchte ich nicht anstellen. Im sicheren Hafen wird wohl auch heftig die Schuldfrage diskutiert worden sein.

Endlich konnten wir eine Wende machen und Kurs Helgoland anliegen. Wir erlebten zum ersten Mal auf eigenem Kiel, wie die Inseln hinter der Kimm verschwanden und wie wir mit unserer UTHÖRN zum absoluten Mittelpunkt unserer sich rundum bis zum Horizont erstreckenden Welt wurden. Wolken waren wieder aufgezogen und der Wind war eingeschlafen. Wir hatten die Segel eingeholt, den Motor aber noch nicht gestartet, denn wir wollten diese eigenartige Stimmung, diese totale Einsamkeit auf dem fast bewegungslosen, bleigrauen Meer in uns aufnehmen. Kein Plätschern war zu hören, nicht das leiseste Geräusch. Die Stille war fast beklemmend – aber wunderschön.

Einer von uns beiden wird irgendwann die Maschine gestartet haben. Es lagen noch viele Meilen vor uns und so gut klang der Wetterbericht nun auch nicht. So lange Windstille war, ließen wir uns von unserem Faltpropeller mit einer Geschwindigkeit von ungefähr sieben Knoten vorantreiben. Bei spiegelglattem Wasser glaubt man unendlich weit sehen zu können. Vier Meilen sollen es aber nur sein, wie ich gelesen habe.

Ganz weit voraus schwamm irgendetwas auf der spiegelglatten See. Man hatte keine Vergleichsmöglichkeiten und konnte die Entfernung nicht schätzen. Aber dieses Etwas schien auf der Stelle zu stehen. Wir fuhren darauf zu, nur ein kleiner Umweg. Ine hatte das Fernglas zur Hand genommen und auf das Objekt gerichtet. Sie konnte es nicht gleich identifizieren, aber dann huschte ein Lächeln über ihr Gesicht und sie verlangsamte die Maschinenfahrt.

Mit einem:

„Das muss man gesehen haben. Das glaubt uns keiner", reichte sie mir das Glas.

Auf einem schwimmenden, ungefähr fünfzig Zentimeter langen Kantholz standen, in Reih und Glied ausgerichtet, fünf Silbermöwen, als ob sie zu einem „Schwätzle" zusammengekommen wären. Eher gelangweilt erwarteten sie unser Näherkommen und machten keine Anstalten, ihren Logenplatz zu verlassen.

„Die müssten jetzt nur noch Matrosenmützen auf dem Kopf haben".

Wir passierten diese lustige Gesellschaft in einer Entfernung von vielleicht gerade mal zwanzig Metern. Aber das brachte sie nicht aus der Ruhe. Während wir uns von ihnen weiter und weiter entfernten, griffen wir immer wieder zum Fernglas, zu lustig sah diese Idylle inmitten der See aus. Irgendwann konnten unsere Augen den winzigen Punkt nicht mehr auflösen und unsere Möwen verschwanden in dem dunstigen Übergang von der See in den Horizont aus unserem Gesichtsfeld. Sie sind bis zuletzt nicht aufgeflogen.

Ine verschwand in der Kombüse und bereitete uns ein Mittagessen zu, bei dem sie ihre Kochkunst wieder einmal unter Beweis stellte. Gut bekocht zu werden ist für einen Ehemann, aber auch für die gesamte Familie, ein ausgesprochen angenehmer Umstand, stellt aber gehörige Anforderungen an die Selbstdisziplin, wenn ein paar angefutterte Kilo wieder einmal herunter müssen.

Auf dem Windanzeiger konnte ich beobachten, dass sich wieder eine Brise zu rühren begann, außerdem fing das Wasser an, sich zu kräuseln. Wir konnten aber noch in aller Ruhe zu Ende essen, bevor es sich lohnte, die Segel wieder zu setzen. Der Wind kam jetzt aus Nordost. Er hatte sich also zu unseren Ungunsten gedreht und wir mussten gegenan kreuzen. Es briste ständig weiter auf, so dass wir den Motor abstellen konnten.

Wir kamen jetzt zügig voran und das war gut so, mussten wir doch das Fahrwasser-Trennungsgebiet bei dieser Windrichtung immer wieder queren, wenn wir einigermaßen lange Schläge segeln wollten. Damals habe ich mir über die pingelige Auslegung der Regel über „die Querung einer Fahrwasserstraße mit einem Segelschiff" noch wenig Gedanken gemacht. Mittlerweile hört man ja immer wieder von kleinlichen Ärgernissen mit der Wasserschutzpolizei: „Radarüberwachung aus einer Position hinter der Kimm!" Das war bisher das Tollste, was ich darüber gelesen habe. Die Langeweile auf einem Wasserschutzboot muss wirklich nervtötend sein.

Wir wunderten uns mal wieder, wie schnell die See sich bei entsprechendem Wind zu recht ungemütlichen Wellen aufbaut. Wir hatten es jetzt mit fünf bis sechs Windstärken zu tun, leider genau aus Richtung Helgoland, und zu allem Überfluss begann es zu regnen. Regen bei dieser Windstärke bedeutet, dass er annähernd waagerecht über das Schiff fegt und dass man sich tunlichst warm anzieht und unter die Sprayhood verkriecht. Vorausgesetzt, man hat sein Schiff mit einem Autopiloten ausgerüstet. Unsere Segel hatten wir längst verkleinert. Wir segelten in den Abend hinein und daher hatten wir das Groß vorsorglich gleich zweimal gerefft. Die Gesamtsegelfläche konnte ich sehr bequem über die Rollgenua den Gegebenheiten anpassen. Die zunächst nur sporadisch auftauchenden Schaumkronen bildeten sich jetzt auf fast jeder Welle. Mittlerweile plagten wir uns in der einfallenden Dämmerung mit sieben Windstärken herum, was eine Wellenhöhe von bis zu drei Metern bedeutete. Für unsere Begriffe war das für eine Überführungsfahrt mit einem neuen Segelschiff alles ein wenig reichlich. Aber alle Systeme funktionierten und mit der eingeschalteten Webasto-Heizung ließ sich im Schiffsinnern eine angenehme Temperatur erreichen, die ein wechselseitiges Aufwärmen erlaubte.

Ich saß wieder einmal zusammen mit Ine unter der Sprayhood, als wir Zeugen eines kleinen Dramas wurden, das uns noch lange in Gedanken verfolgte: Irgendwann fiel uns auf, dass zwei Schwalben unser Schiff umkreisten. Wir wunderten uns zwar, hier draußen Landvögel zu sehen, aber waren dann mit dem Schiff und der See beschäftigt, so dass wir sie wieder aus den Augen verloren. Einige Minuten später fielen uns die Vögel wieder auf, als sie sehr nahe an unser Schiff heran flogen und wir bemerkten, dass sie ganz offensichtlich erschöpft waren. Sie torkelten mehr in diesem Starkwind herum, als dass sie flogen. Ihr Überlebenskampf spielte sich immer dichter über den Wellen ab und es war abzusehen, was passieren würde. Eine von ihnen flog sogar bis ins Cockpit und landete auf den Grätings der Plicht. Sie kam aber nicht zur Ruhe, war völlig verängstigt, und es gelang mir nicht, sie zu greifen. Es kam, wie es kommen musste: Irgendwann verließen die Schwalben die Kräfte und ihre letzten Flügelschläge in der aufgewühlten See werden wir nie vergessen. Zwei kleine Vögel nur, aber ihr vergeblicher Überlebenskampf hat uns damals tief bewegt.

In dieser unwirtlichen Umwelt kamen auch wir uns sehr unbedeutend vor. Aber wir hatten ein Schiff unter den Füßen und dieses traurige Erlebnis mag auch ein Grund dafür gewesen sein, dass unser Vertrauen in die Seefestigkeit unserer UTHÖRN immer unerschütterlicher wurde. Mit ihrem Reisegewicht von mehr als fünfzehn Tonnen und ihrer Länge von gut dreizehn Metern über alles, aber wohl vor allem wegen ihres tiefen Schwerpunktes, nahm sie die hohen und sich immer häufiger brechenden Wellen mit einer beruhigenden Trägheit. Vielleicht wirkt sich der Flügelkiel ja doch dämpfend auf die Schiffsbewegungen aus? Nur selten steckte sie den Bug in eine Welle. Dann, so kam es mir vor, schüttelte sie sich förmlich das Wasser von ihrem Deck und bemühte sich, unser Mittelcockpit trocken zu halten.

Die Dunkelheit hatte uns jetzt eingefangen. Wir hatten den Salon bis auf die kleine rote Kartenbeleuchtung abgedunkelt, damit wir von oben aus dem Cockpit unseren mitgekoppelten Kurs auf der Karte besser verfolgen konnten. Unser Radargerät war in Betrieb und vermittelte uns mit seinen oszillierenden Markierungen der Fahrwassertonnen und Seeschiffe draußen in der Dunkelheit ein wohltuendes Gefühl der Sicherheit. Trotzdem war mir klar, dass ich mich mit der Bedienung dieses wichtigen Gerätes noch eingehend würde beschäftigen müssen. Wir hielten uns, jetzt in der Dunkelheit, nur noch zwischen den Richtungsbahnen des Verkehrstrennungsgebietes auf. Das bedeutete zwar mehr Kreuzschläge, aber erhöhte die Sicherheit. Immer wieder einmal knallte eine brechende Welle schräg von vorn gegen die Bordwand, was jeweils eine Dusche bis über die Plicht hinaus zur Folge hatte. Der Regen fetzte weiterhin waagerecht über das

Schiff. Ich hatte die Genua bis auf die Größe vier eingerollt. Wir fuhren offensichtlich die richtige Menge Tuch. Ich merkte das an den relativ wenigen Ruderausschlägen des Autopiloten und der angemessenen Schräglage unserer Yacht. Auf dem Radarschirm konnten wir sehen, dass viele Seeschiffe unterwegs waren. Wenn wir einmal in die Nähe eines solchen Riesen kamen, konnten wir die Lichter hinter den Bullaugen sehen und ich erwischte mich bei dem Gedanken, wie gemütlich es bei solch einem Sauwetter in der Kabine eines Ozeanliners wohl sein würde.

Die Dunkelheit war jetzt total und ich konnte den Bug unseres Schiffes nur noch an der immer wieder aufpeitschenden Gischt, die sofort waagerecht nach Lee weggerissen wurde, erahnen. Ine hatte sich für zwei Stunden im Salon hingelegt. So richtig schlafen konnte sie aber nicht. Ich hätte ihr eine schönere erste Nacht auf eigenem Kiel in der offenen See gewünscht.

Ich selbst hatte mit einer holländischen Crew schon einmal das zweifelhafte Vergnügen, auf einem Zehnmeter-Schiff, hoch oben in der dänischen Nordsee, ein sehr schweres Wetter absegeln zu müssen. Wir wollten unter Zeitdruck nach List auf Sylt segeln, wobei die Betonung mehr auf „Hauptsache Segeln" oder „Segeln total" lag und das Ziel nicht so wichtig war. Wir waren ein verrückter Haufen von sechs Mann, allesamt routinierte Segler. Wir segelten bereits bei Windstärke neun von Den Helder los, was mir selbst im Nachhinein ein wenig übertrieben vorkommt. Der Sturm, er legte auf Stärke zehn zu, kam aus Nordost, wodurch wir weit in die Nordsee hinausgedrängt wurden. In der Nacht mussten wir eine Sturmbö mit Stärke zwölf abwettern. Das taten wir vor Topp und Takel, wobei wir jede Menge Leinen achteraus fierten, um die Geschwindigkeit zu bremsen.

Ich erinnere mich, dass wir niemals ein Gefühl der Unsicherheit hatten, einige der Crewmitglieder aber unter Seekrankheit litten. Das war lästig, saßen wir doch zu sechst im Cockpit, auf jeder Seite drei, und wir mussten uns immer wieder einmal zur Seite beugen, damit unser Gegenüber Neptun in freier Bahn sein Opfer bringen konnte. Die Wellenberge bauten sich zu gigantischen Höhen auf! Wir waren natürlich angeleint und hatten Schwimmwesten angelegt und damit das Maximum für unsere Sicherheit getan. Aber nicht auszudenken, wenn ein ernstes Problem aufgetaucht wäre. Ich habe seinerzeit zum ersten Mal erlebt, dass die Gischt von den riesigen Wellen regelrecht weggerissen wurde und die See fast nicht mehr unter dem fliegenden Wasser zu sehen war.

In dieser Hölle sahen wir für einen Augenblick einen Fischdampfer mit voller Deckbeleuchtung schemenhaft auftauchen. Die Jungens da drüben dachten überhaupt nicht daran, ihre Arbeit zu unterbrechen. Nicht einmal während dieser Orkanbö. Eine Katastrophe, wenn wir mit der Schleppnetzleine kollidiert wären...

Sylt haben wir nicht erreicht, dafür haben wir vierundzwanzig Stunden später nach der Bewältigung dieses Sturmes ein unheimlich intensives Erfolgserlebnis auf Helgoland ausgelebt. Allerdings musste dieses Eiland erst einmal gefunden werden! Solch einen Luxus wie GPS gab es noch nicht. Nachdem wir bereits stramm an Helgoland vorbei gebrettert waren, half uns ein Fischereischutzboot über Funk mit den Koordinaten aus und zwei Stunden später hatten wir im Hafen von Helgoland fest gemacht.

Ungefähr fünfzehn Meilen vor Helgoland durchfuhren wir jetzt auf der Überführungsfahrt mit unserer UTHÖRN das Hochsee-Reedegebiet „Außenelbe-Reede" und für einen „Radar-Anfänger" war es ein besonderes Erlebnis, sich nur nach dem Radar-Bild durch die vielen Ankerlieger durchzuschlängeln. Der Starkwind hatte abgenommen und wieder einmal konnte ich die relativ schnelle Beruhigung der See nach einem Sturm beobachten. Am Horizont im Osten, also direkt voraus, bemerkte ich ein zaghaftes Nachlassen der alles verschlingenden Dunkelheit. Unsere erste Nacht auf See ging zu Ende. Ine kam ins Cockpit und genoss diese ersten Augenblicke des neuen Tages mit mir zusammen. Ungemütlich war es immer noch, alles grau in grau. Aber Wind und Seegang ließen weiter nach und die Umstände ließen es bald ohne Probleme zu, dass Ine uns einen Kaffee aufbrühen konnte.

Raumschots machten wir sechs Knoten Fahrt und spulten unsere letzten Meilen nach Helgoland ab. Irgendwann rauschten wir direkt in eine Nebelwand hinein, in der Hoffnung, dass wir die Insel später doch bei klarer Sicht anlaufen könnten. Diese Hoffnung erfüllte sich jedoch nicht. Der Wind war mittlerweile gänzlich eingeschlafen und wir bargen die Segel. Bei dem jetzt herrschenden kabbeligen Wasser eine eher unangenehme Arbeit. Ine startete die Maschine, damit wir die letzten drei Meilen zügig nach Helgoland zurücklegen konnten.

Welcher Segler mag schon gerne bei dichtem Nebel mit Maschine fahren? Aber mit dem Radargerät hatten wir unser Umfeld ganz gut unter Kontrolle. Jedenfalls bis zur ersten Spierentonne.

Aus dem Tidenkalender hatte Ine ermittelt, dass um sechs Uhr herum ein Tidenversatz von cirka zwei Knoten quer zum Tonnenstrich zur Helgoländer Hafeneinfahrt stand. Ich fühlte mich einfach noch nicht sicher genug, uns bei diesem starken Nebel – die Sicht reichte vielleicht bis fünf Meter vor den Bug – nur nach Radar am Tonnenstrich entlang zu hangeln. Ine fütterte das GPS mit den Koordinaten der Spierentonne 2 und ich stellte den Autopiloten an.

Mit Schleichfahrt näherten wir uns der Tonne, ohne sie aber zu sehen. Ein Blick auf den Radarschirm hätte mich darüber aufgeklärt, dass wir uns bereits in unmittelbarer Nähe dieser Tonne befanden. Ich war noch gar nicht auf diesen Moment sensibilisiert, als ein vermeintlich haushohes, rotes Monstrum urplötzlich direkt vor unserem Schiff auftauchte. Meine erste Reaktion, wie wild am Steuerrad zu reißen, brachte fast nichts, weil das Ruder sich bei eingeschaltetem Autopiloten nur sehr schwer bewegen lässt. Bei dann endlich ausgeschaltetem Autopiloten gelang mir das Ausweichmanöver so gerade noch und wir passierten die Tonne in maximal einem Meter Abstand.

Das hätte noch gefehlt! Unser schönes Schiff vor Helgoland gegen eine Tonne zu fahren...

Meine Verunsicherung war jetzt aber komplett und ich entschied mich, die Tonne nicht mehr aus den Augen zu lassen, bis

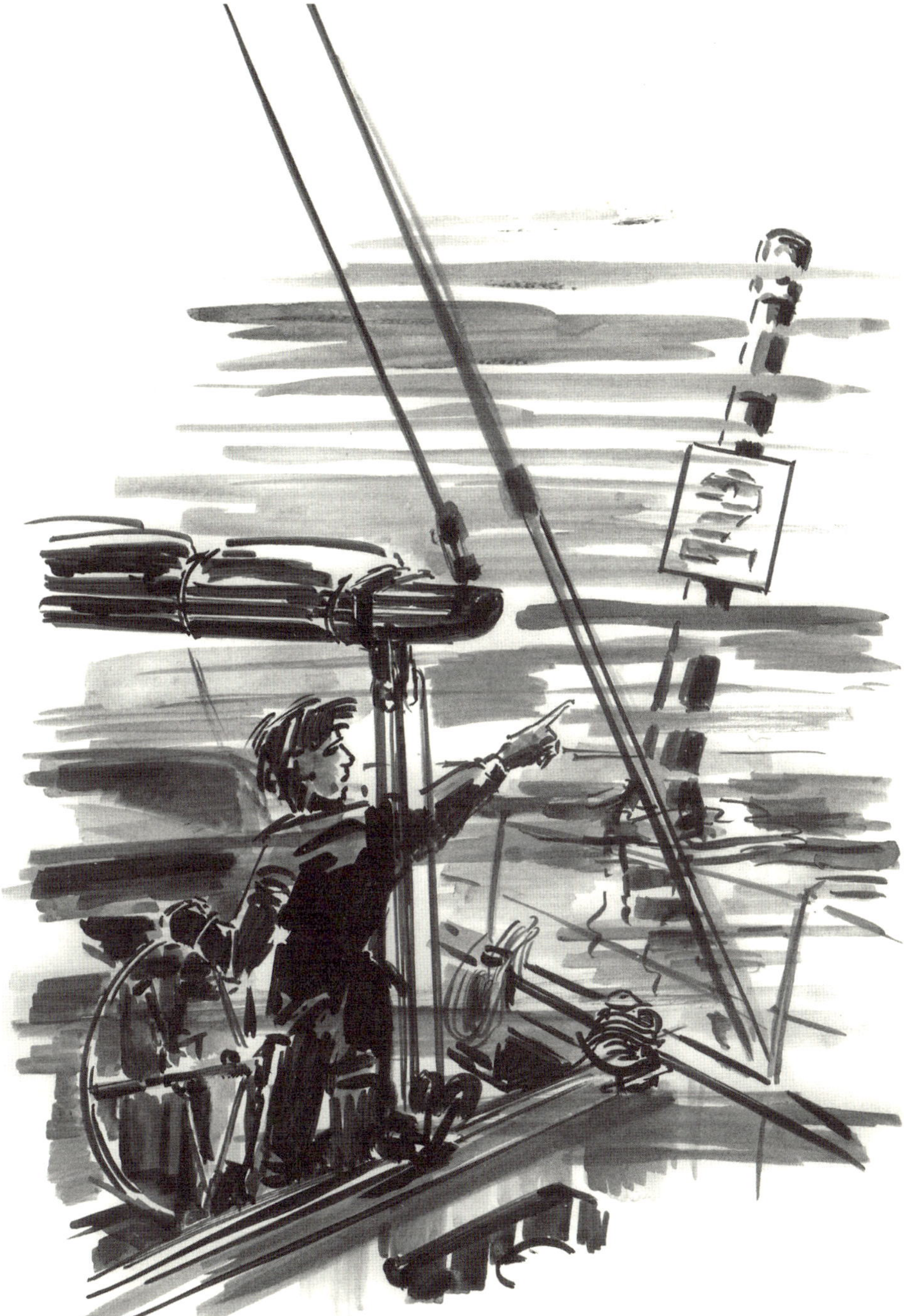

der Nebel sich verziehen würde. Günter Singer, mein Helgoländer Freund, den ich über Handy um seinen Rat bat, konnte uns auch nicht unbedingt trösten:

„Mit der steigenden Sonne wird sich der Nebel schon verziehen...", war seine „beruhigende" Auskunft.

Nach einer guten Stunde Tonnenumkreisen war es dann soweit: Ein Segelboot unter Maschine tauchte aus dem Nebel auf und Helgoland wurde schwach sichtbar, bald darauf auch der Tonnenstrich. Dabei hätten wir die komplette Ausrüstung an Bord gehabt, um im „Blindflug" den Hafen anzulaufen. Man muss die Geräte, die man sich für viel Geld anschafft, halt auch bedienen können!

Wir fuhren in den Vorhafen des Helgoländer Hafens ein und überfuhren um 07.45 Uhr die Grenzlinie zum Hoheitsgebiet des Helgoländer Hafenkapitäns, wobei wir an Backbord das Forschungsschiff UTHÖRN der Helgoländer Biologischen Anstalt passierten, welches der Namensgeber unserer Segelschiffe ist. Hundemüde wie wir waren, dachten wir an einen Scherz, als der Hafenkapitän uns nach knapp einer Stunde weckte, nur um uns mitzuteilen, wann wir die „Ziellinie" überfahren hatten und dass wir diese am nächsten Tag wieder, in entgegen gesetzter Richtung, spätestens um dieselbe Uhrzeit zu überfahren hätten, wenn wir nicht für einen weiteren vollen Tag die Liegegebühr bezahlen wollten. Punktum!

Wir haben nicht lange diskutiert, schon wegen unserer Müdigkeit, sondern sind am Morgen unseres Abreisetages, pünktlich um 7.45 Uhr, aus dem Hafen gefahren. Ein Abschiedssignal mit unserer Tute habe ich mir aber nicht verkneifen können, woraufhin unser lieber Hafenkapitän ebenfalls zur Tröte griff, zurücktutete und uns offensichtlich stantepede als pflichtbewusste Hafenlieger in seinem Computer verewigte, was sich bei späteren Besuchen als durchaus vorteilhaft herausstellen sollte.

Zwei Tage verbrachten wir bei schönem Wetter auf Helgoland im Kreise unserer Freunde. Dieses schöne Wetter sollte später fast zu einer Tradition werden: Wir sollten zukünftig bei fast jedem Helgoland-Besuch sonniges Wetter haben. Zumeist zwar windig, aber den Wind brauchen wir nun mal zum Segeln.

Wie kommt man zu Freunden auf dieser Insel? Nach einem schweren Bombenangriff wurde die Helgoländer Bevölkerung am 18. April 1945 evakuiert und über verschiedene Ortschaften in Norddeutschland verteilt. Die Biologische Anstalt wurde nach List auf Sylt „ausgelagert" und mit ihr kamen viele Helgoländer dorthin. Einer dieser „Neu-Lister" war mein späterer Jugendfreund Günter Singer, der mit seinen Eltern und vier Geschwistern in unsere Straße zog.

Als ein Ergebnis der Potsdamer Konferenz im Jahre 1945 wurden Schleswig-Holstein, Hamburg, Bremen und Niedersachsen zur „Britischen Besatzungszone" erklärt, und so wurde Helgoland, als Anhängsel von Schleswig-Holstein, von den Engländern „vereinnahmt". Damit die Insel nie wieder als „strategisch wichtiger Militärstützpunkt" genutzt werden konnte, sollte Helgoland 1947 komplett in die Luft gesprengt werden. Die vielen Luftangriffe in den Kriegsjahren 1944/1945 hatten zwar die Häuser dem Erdboden gleichgemacht, dem Felsen aber nur geringen Schaden zugefügt.

Am 18. April 1947, also genau zwei Jahre nach der Evakuierung der Helgoländer Bevölkerung, wurden auf der Insel 6.700 Tonnen Sprengstoff, der hauptsächlich in den vorhandenen Tunnelsystemen deponiert wurde, in die Luft gejagt. Den Fels hat es nicht zerbröselt, aber zurück blieb eine einzige Kraterlandschaft. Den Tag der Sprengung habe ich noch gut in Erinnerung: Selbst auf Sylt wurde die Bevölkerung aufgefordert, sämtliche Fenster zu öffnen, um eventuellen Glasbruch durch die zu erwartende Druckwelle zu vermeiden.

Die Engländer müssen von der Sprengkraft ihrer Munition ziemlich überzeugt gewesen sein; immerhin beträgt die Distanz zu List/Sylt schlappe 100 km. Wir haben seinerzeit lediglich ein fernes Donnergrollen gehört. Den heute noch sichtbaren Zeugen dieser Sprengung kennt jeder Helgoland-Besucher: Es ist der große Krater, in dem heute das Helgoländer Krankenhaus steht.

Während ich diese Zeilen schreibe, denke ich an die Gefühle der Helgoländer, die sie während der Sprengung durchlebt haben müssen...

Die „British Air Force" missbrauchte übrigens die Insel noch bis 1952 als Versuchsgelände für Bombeneinsätze.

Nach zwei sonnigen und erholsamen Tagen verabschiedeten wir uns von unseren Freunden und fuhren bei schwachem Wind, der später ganz einschlief, aus dem Hafen. Kurs Elbmündung lag an. Ohne Maschine lief später nichts mehr und weiter unter Land mussten wir auf den starken Schiffsverkehr Rücksicht nehmen, der hier aus drei Richtungen zusammenläuft. Das Wasser war spiegelglatt, was uns wohl erst in die Lage versetzte, den geschlossenen Ölfilm auf seiner Oberfläche auszumachen. Wir waren geradezu erschüttert über den Zustand der Nordsee in dieser Region. Uns drängte sich schier die Frage auf, ob ein Seeschiff vielleicht Öl abgelassen hätte. Das konnten wir uns dann aber doch nicht vorstellen. Bei so viel Schiffsverkehr, so glatter See und so dicht unter Land würde sich das doch wohl keiner trauen?

Wir liefen am frühen Nachmittag im Yachthafen von Cuxhaven ein und verließen diesen wegen der ungünstigen Tide am nächsten Tag bereits wieder im Morgengrauen. Unser Kurs führte uns unter Maschine elbaufwärts nach Brunsbüttel. Nach einer nervtötenden Kanalfahrt erreichten wir schließlich am Spätnachmittag unseren Yachthafen in Kiel-Schilksee. Mit ein wenig Herzklopfen bugsierten wir unsere UTHÖRN unter den Augen, aber auch mit der Hilfe und gut gemeinten Ratschlägen unserer neuen Vereinskameraden in die Box. Da lagen wir nun endlich in Erwartung unserer ersten Segelsaison in der Ostsee.

Bis hierher hatte alles ganz gut geklappt. Was würde die Zukunft bringen?

III

Die Entfernung von unserem Wohnort bis zum Liegeplatz unserer UTHÖRN beträgt satte 826 km! Allein aus diesem Umstand heraus war es von vornherein klar, dass sich unsere Segelwochenenden in einem vierzehntägigen Rhythmus abspielen würden. Hinzu kommt mein Beruf, der meinen ganzen Einsatz fordert. Die neuen Kommunikationstechniken ermöglichen heute allerdings einen wesentlich größeren Freiraum. Selbstverständlich befindet sich ein Handy an Bord, über das mir sogar Faxe in meinen Laptop überspielt werden können. Außerdem bemühe ich mich, einen modernen Führungsstil zu praktizieren: Delegieren von Verantwortung ist mir seit langem geläufig – und das schafft Freiraum, den man auch durchaus zu seinem eigenen Nutzen einsetzen kann. Bei ausgedehnteren Urlaubstörns pflege ich feste Zeiten für Telefonate und Fax-Übermittlungen mit meinen Mitarbeitern zu vereinbaren. Das klappt ausgezeichnet. Außerdem kann ich dann sicher sein, dass ich nicht mit Belanglosigkeiten aufgehalten werde.

Die Ostsee erlebten wir auf unseren Wochenendtörns von Anfang an als ein wunderschönes Segelrevier und wir genossen es, dass jeder Hafen, den wir anliefen, für uns Neuland war. Es übt einen ungeheuren Reiz aus, immer wieder unbekannte Häfen anzulaufen und sich mit dem relativ großen Schiff auch in engen Hafenbecken zurechtfinden zu müssen. Insbesondere in den dänischen Häfen sorgen die engen Dalbenabstände häufig für Liegeplatz-Schwierigkeiten. Da kann es schon mal passieren, dass der Dalbenabstand nach dem Verlassen einer Box ein wenig größer ist, als wir ihn vorgefunden haben. Mit einer 100 PS-Maschine und stabilen Scheuerleisten gelingt es durchaus, die Boxen ein wenig zu „weiten".

Ich erinnere mich an unser erstes diesbezügliches Abenteuer, als ich nachts von dem Gedanken nicht loskam, dass wir so ohne weiteres wohl gar nicht aus der Box wieder herauskommen würden. Es gelang natürlich doch. Aber der Vorgang hatte schon eine gewisse Ähnlichkeit mit einem Korken, der mit viel Kraft aus der

Flasche gezogen wird. Ich musste die mit hoher Umdrehungszahl rückwärts laufende Schraube sehr abrupt auf vorwärts umschalten, um das Schiff nicht über die Boxengasse hinaus in die hinter uns liegenden Schiffe zu jagen. Unsere Dalben richteten ihre Enden nach diesem Manöver deutlich sichtbar nach außen. Zuschauer dieser peinlichen Szene konnte ich nicht ausmachen, richtete ich meine Steuermannsblicke in übertriebener Konzentration doch ausschließlich auf die Hafenausfahrt. Ein Blickkontakt mit einem anderen Segler wäre mir höchst unangenehm gewesen.

Unsere erste Härteprüfung in Sachen Ostseekälte durchlebten wir auf unserem „Fünen-rund"-Törn, den wir 1997 unbedingt zu Ostern abarbeiten wollten. Vom Anfang bis zum Ende dieses Törns hatten wir schlechtes Wetter: Häufig Starkwind, Temperaturen um zwei bis vier Grad, nachts auch unter Null. Man will es fast nicht glauben, aber auch diese extremen Situationen haben uns nicht besonders stark belastet. Natürlich war unsere Bordheizung im Dauerbetrieb und diskutieren kann man darüber, ob das ewige Schwitzwasser an den Bullaugen und das Segeln mit Handschuhen nun das höchste Glücksgefühl bedeuten. Uns hat es trotzdem Spaß gemacht. Wobei sich unsere positiven Erinnerungen wohl mehr auf die leeren Restaurants und die gemütlichen Hafenabende im Salon unserer allwettertauglichen Yacht beziehen. Nicht zuletzt, weil Ine und ich immer noch den Traum verfolgen, einmal einen richtig großen Törn zu machen, bei dem auf die Wettersituation nur bedingt Rücksicht genommen werden kann, haben wir uns von Anfang an angewöhnt, bei nahezu jedem Wetter rauszufahren. Zu dieser Philosophie passte unsere erste „Fünen-rund".

Solange wir von den Schulferien abhängig sind, ist unser Standard-Urlaubsmonat der August. Bezüglich der Liegeplatzsituation in den skandinavischen Ländern ist das ganz vorteilhaft, ist doch die Urlaubszeit der Skandinavier dann bereits fast zu Ende, und damit auch das Wooling in den Yachthäfen. Auch mit den Durchschnittstemperaturen kann man im Regelfall zufrieden sein. Allerdings erlebt man häufig am Ende des Urlaubs doch

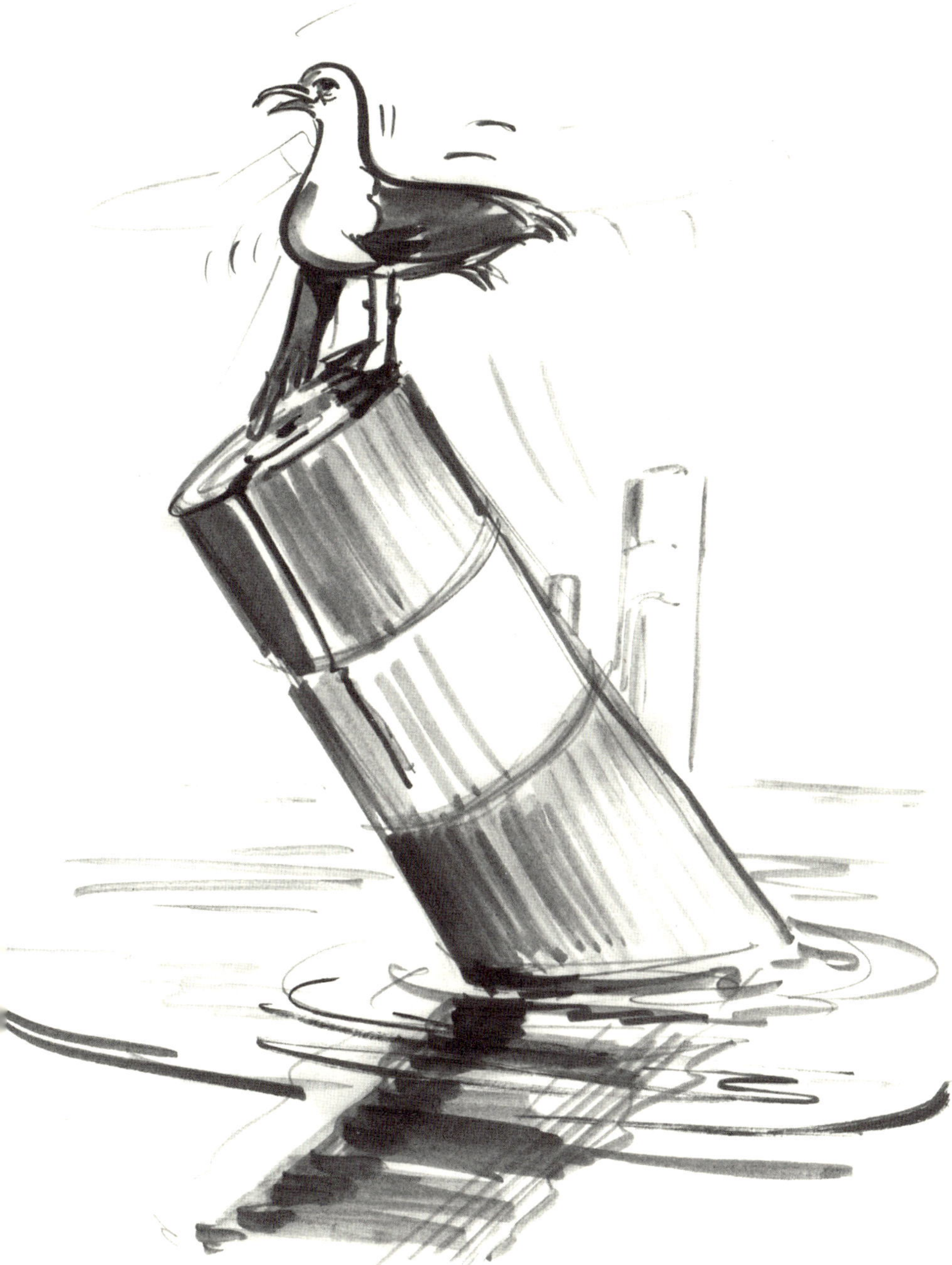

schon eine frühherbstliche Stimmung, was uns veranlasst, grundsätzlich gleich am ersten Ferientag den Urlaubstörn anzutreten.

Unser erster Sommertörn führte uns bei fast durchgängig schönem Wetter mit extrem günstigen Winden bis nach Kristianopel in den Kalmar-Sund.

Ende Juli liefen wir bei schönstem Segelwetter aus dem Yachthafen Schilksee, Kurs Heiligenhafen. Unsere 19-jährige Tochter hatte sich von ihren Eltern überzeugen lassen, wenigstens die ersten Tage mitzusegeln, mit der Option, jederzeit aussteigen und vorzeitig nach Hause fahren zu dürfen.

Wir hielten uns grob an den Kiel-Fehmarnsund-Weg, der Wind stand günstig aus Südwest und wir genossen den Törn mit unserem farbenfrohen Blister und dem einmal gerefften Groß. Carola ließ es sich nicht nehmen, immer wieder einmal das Ruder zu übernehmen. Überwiegend aber überließen wir das Kurshalten dem Autopiloten, den Ine mit den notwendigen Waypoints gefüttert hatte.

Die Sonne brannte uns von oben auf den Pelz und wir mussten Acht geben, dass wir uns nicht gleich am ersten Tag einen kräftigen Sonnenbrand einfingen. Ich selber muss wegen einer Sonnenallergie an den Beinen immer ganz besonders vorsichtig sein. Nur durch langsames Gewöhnen an die Sonne gelingt es mir, größere Probleme zu vermeiden. Mit bis zu sieben Knoten rauschten wir bei ruhiger See auf unser erstes Etappenziel zu. Bei solchen Wetterbedingungen könnte man wohl jeden von der Schönheit des Segelns begeistern. Vorbei an der Hohwachter Bucht steuerten wir unseren letzten Waypoint an, die rot-weiße „Tonne 4" des Kiel-Fehmarnsund-Weges.

Nach Heiligenhafen fährt man in einem großen Bogen um die Halbinsel Graswarder herum. Man schnappt sich die Untiefentonne „Heiligenhafen Nord", dann „Ost" und dann sieht man schon den Tonnenstrich des Fahrwassers bis in den Hafen. Erst kurz vor der Wende in das Fahrwasser nahmen wir auch das Großsegel weg und starteten die Maschine. Das Graswarder Vogelschutzgebiet ist eine Halbinsel, die ihre „zerfransten" Konturen ganz sicherlich dem Einfluss der ständigen Strömungen verdankt. Man kann sich gut vorstellen, dass Seevögel sich hier, in der ungestörten Ruhe, ausgesprochen wohl fühlen. Weiter zum Festland hin fielen uns einige sehr schöne alte Villen auf. Heute würde da kein Mensch mehr eine Baugenehmigung bekommen.

Selbstverständlich blieb aus Anlass des ersten Urlaubstages die Kombüse kalt und wir fanden Platz in dem wunderschönen Restaurant „Zum alten Salzspeicher", in dem wir uns mit einem ausgezeichneten Abendessen verwöhnen ließen.

Wir haben am nächsten Morgen nicht den Weg durch den Fehmarnsund gewählt, sondern sind um die Insel herum, zunächst nach Gedser und einen Tag später nach Rostock geschippert. Damals war uns die Brückendurchfahrt noch nicht geheuer, zumal in den Morgenstunden ein kräftiger Wind aus West wehte, der einen Schwell aufbaute. Wir lagen nicht so falsch mit unseren Bedenken. Denn dass es mit unserer Masthöhe unter der Sund-Brücke knapp zugeht, haben wir ein Jahr später „ausmessen" dürfen.

Nachmittags bedeckte sich der Himmel und es war absehbar, dass wir noch kräftige Schauer aufs Haupt bekommen würden. Wider Erwarten schafften wir es aber, trocken bis Gedser zu kommen. Pünktlich zum Anlegemanöver brach die Urgewalt dann aber über uns herein: Schwere Sturmböen und sintflutartige Regenschauer sorgten dafür, dass unserem Bugstrahlruder die Grenze seiner Leistungsfähigkeit aufgezeigt wurde und dass uns das Wasser durch unsere Kragenöffnungen literweise in die Gummistiefel lief. Dank sei dem Motorbootskipper im Nachhinein gesagt, der trotz dieses Unwetters unsere Leinen annahm und das Schiff sicher vertäute. Der Hafenmeister glänzt in meiner Erinnerung übrigens nicht unbedingt durch übertriebene Freundlichkeit.

Wir kamen hier in Gedser mit deutschen Seglern ins Gespräch, die mit ihren Familien in zwei kleineren Segelbooten unterwegs waren. Die sollten wir später, an der Ostküste von Bornholm, wiedersehen, und sie würden uns von einem besonderen Abenteuer zu berichten haben.

Bei spiegelglatter See und Sonnenschein kreuzten wir am nächsten Tag unter Maschine den stark befahrenen Kiel-Ostsee-Weg. Ein Erlebnis der negativen Art war die Begegnung mit einer aus meiner Sicht viel zu schnell fahrenden Fähre innerhalb des Gedser-Fahrwassers, wo man nun wirklich nicht weitläufig ausweichen kann. Weit draußen sahen wir verschiedentlich Katamaran-Schnellfähren in Aktion. Lustig kann man diese Entwicklung als Sportbootfahrer nicht finden.

Aus Unkenntnis über den schönen Hafen in Warnemünde sind wir seinerzeit am „Alten Strom" vorbei bis nach Rostock motort. Die Fahrt auf der Warnow war eher langweilig und die Liegemöglichkeiten in Rostock waren mit unserem großen Schiff durchaus beschränkt. Jedenfalls war der Schwimmsteg für unsere UTHÖRN viel zu klein dimensioniert. In der Stadt wurden an allen Ecken und Enden die zu DDR-Zeiten verfallenen Häuser renoviert. Es war absehbar, dass Rostock wieder eine sehr schöne Stadt werden würde. Und das hat diese geschichtsträchtige Stadt auch verdient. Carola hielt es übrigens genau vier Tage mit uns aus und verließ unser Schiff und die enttäuschten Eltern in Rostock mit den Worten:

„Das ist nicht meine Welt, vielleicht später einmal!"

Mit der Bahn ist sie nach Hause gefahren. Man kann es halt nicht „verzwingen", wie der Schwabe sagt. Abschied nehmen von einem Crew-Mitglied bedeutet für die Zurückbleibenden immer, mit der entstandenen Lücke fertig werden zu müssen. Ständig wird man durch alles Mögliche an die gemeinsame Zeit erinnert. Das erlebten wir jetzt ganz extrem, war es doch die eigene Tochter, die von Bord gegangen war.

Auf dem Rückweg vom Bahnhof versorgten wir uns mit Lektüre über Rostock, mit der wir uns auf der Weiterreise ein wenig beschäftigen wollten. Wir verließen noch am gleichen Morgen den Rostocker Hafen und liefen bei Sonne und einem leichten Südwest unter voller Besegelung an Fischland entlang nach Darßer Ort. Fest stand aber für uns, dass wir Rostock wieder besuchen würden. Mit dem Schiff würden wir wohl nur bis Warnemünde fahren, aber mit der Bahn ist man schnell in der Stadt.

Und wir sind sicher, dass Rostock zu einer der ganz schönen Städte im Norden von Deutschland werden wird.

In einer Urkunde des Slawenfürsten Niklot wird Rostock 1160 erstmalig erwähnt. Man kann also davon ausgehen, dass die Ursprünge dieser Stadt in einer Zeit weit vor diesem Jahr liegen. Wie viele andere Städte auch in dieser Zeit wächst Rostock zügig zu einer prächtigen Stadt heran und im Jahr 1259 ist Rostock dabei, als zusammen mit den Städten Lübeck, Hamburg und Wismar der Hansebund gegründet wird. Wie allen Mitgliedsstädten, auch den später hinzugekommenen, bekommt Rostock die Mitgliedschaft in der Hanse fast vierhundert Jahre lang ausgesprochen gut. In der Blütezeit der „Dudeschen Hanse" gruben die ehrenwerten Fernkaufleute dieses Bundes ihren Wettbewerbern gehörig das Wasser ab, und das durchaus nicht immer mit den feinsten Methoden. Einen ganz wesentlichen Teil ihres Geschäftes machte der Heringshandel mit dem dazu in direktem Bezug stehenden Salzhandel aus. Und lange war man sich in der späteren Beurteilung der Hanseaten nicht genau schlüssig, worin der Niedergang dieser Interessensgemeinschaft eigentlich ihren Ursprung hatte. Irgendwann kam man dann darauf, dass das Abwandern der Heringsschwärme aus den hansischen Fischgründen der Nord- und vor allem der Ostsee ganz offensichtlich ein wesentlicher Auslöser war. Neben anderen Gründen, wie dem Erstarken der Nationalstaaten und dem Bedeutungsverlust, den der Hanse-Handel erfuhr, als der transkontinentale Handel anderer Städte und Länder in den Mittelpunkt rückte und die Ostsee zu einem eher belanglosen Randmeer degradierte.

Eine wichtige Geschäftsgrundlage, Heringe waren immerhin Europas Fastenspeise „Nummer 1", wurde den Herren durch eine Fügung des Himmels entzogen. Warum die Heringsschwärme ausblieben, ist bis heute nicht sicher nachgewiesen.

Eine „Freie" Hansestadt wurde Rostock zwar nie, dafür bekam die Stadt aber 1419 eine Universität, die „Leuchte des Nordens". Sehr friedlich ging es ansonsten in den Folgejahren dort oben nicht zu. Allzu heftig kollidierten die Interessen der wohlhabenden Hansekaufleute mit denen der mittlerweile ebenfalls zu Wohlstand gelangten Handwerksmeister und ihren Zünften, die, wie überall im „Heiligen Römischen Reich Deutscher Nation", eine Beteiligung am Stadtregiment zu erstreiten suchten. Ganz fair haben sie sich ja auch nicht verhalten, die Herren Patrizier, die allein den Rat der Stadt stellten und fleißig dafür sorgten, dass nur immer ihresgleichen in denselben aufgenommen wurden. So ließen sich natürlich die eigenen Interessen trefflich verteidigen. Aber nicht nur die Handwerker, sondern auch die Landesherren versuchten hartnäckig, an den Privilegien der Räte zu knabbern.

Ganz schlitzohrig hatten sie sich ausgedacht, wie sie ihren Einfluss vergrößern könnten. Ein Domstift wollten sie für die Rostocker Geistlichkeit bauen und so das Wohlwollen dieser Herren gewinnen. Der Haken war nur, dass die Rechnung für diese edle Spende der sich heftig widersetzende Rat und die – übrigens nicht minder zahlungsunwilligen – steuerpflichtigen Bürger bezahlen sollten. Aber wie das früher so war: Bei solch störrischem Spendenverhalten wurde die Stadt flugs von dem damals amtierenden Papst Innozenz VIII. mit einem Kirchenbann belegt. Heute würde das wohl keinen mehr besonders berühren, aber damals „fiel" der Rat der Stadt „um" und beschloss – wenn auch ganz sicher zähneknirschend – den Bau des Domkollegiats. Allerdings vergaßen die hohen Räte, die Bürgerschaft darüber zu informieren.

Das mag der tiefere Grund dafür gewesen sein, dass es, als die Jacobikirche zum Dom geweiht wurde, anlässlich dieser Feierlichkeit zu einer kräftigen Keilerei kam, bei der der Dompropst sogar sein Leben ließ. Wahrscheinlich hatte er um seinen neuen Job gefürchtet und sich gar zu sehr ins Kampfgetümmel gestürzt. Natürlich haben die Bürger am Ende doch gezahlt. Das war früher nicht anders als heute. Nur die Titel der Geldeintreiber haben sich geändert!

Schon Jahrzehnte vor dem Niedergang der Hanse zeichnete sich bereits der Niedergang der Stadt Rostock ab, die allmählich in der Bedeutungslosigkeit versank. Der dreißigjährige Krieg tat sein übriges dazu und 1677 musste Rostock auch noch eine große Feuersbrunst über sich ergehen lassen. Bis ins 19. Jahrhundert dümpelte die Stadt dann nur so dahin, mehr schlecht als recht. Erst die Kriege in Europa haben für einen gewissen Aufschwung gesorgt, wurden für die Transporte der benötigten Lebensmittel aus Mecklenburg doch Schiffe gebraucht, was dem Rostocker Schiffbau zugute kam.

Als wir auf unserem ersten Sommertörn Rostock verließen, übernahm der Autopilot wieder einmal die Arbeit und ich hatte Muße, meine Gedanken abschweifen zu lassen in meine Studienzeit, als ich mit einem Segelfreund einen Törn von Bremen nach Karlskrona in Schweden gemacht habe. Rückblickend muss ich leider bekennen, dass wir mit unseren vierundzwanzig Jahren verdammt leichtsinnige Kerle waren.

Auf unserem 7m-Kimmkieler, natürlich ohne Seereling, kannten wir Schwimmwesten und Lifebelts nur vom Hörensagen. Die navigatorische Ausrüstung würde man heute schlichtweg als katastrophal bezeichnen und so war es dann auch kein Wunder, dass wir uns eines Morgens, auf dem Rückweg zum Nordostsee-Kanal, mitten in DDR-Gewässern vor Anker liegend wieder fanden. Kein Wind, kein Treibstoff für den Außenborder! Aber Gottvertrauen und ein unendlicher Optimismus zeichneten uns aus. Und das im Jahre 1966, in einer Zeit, in der Segelschiffe in solchen Situationen ohne viel Federlesens von der NVA auf den Haken genommen und nicht unbedingt wieder herausgerückt wurden. Die Personen wurden häufig erst nach wochenlangem Gefängnisaufenthalt aus der DDR abgeschoben.

Ich erinnere mich, dass wir uns paddelnderweise an einen DDR-Fischkutter heranarbeiteten, um den annähernden Standort zu erfragen. Gegen ein Päckchen Zigaretten nahmen wir noch den guten Rat mit, schnellstens zu verduften. Auf solche wie wir würden die Vopos nämlich gerade warten. Aber wie verduften, ohne Wind? Irgendwie haben wir Glück gehabt und wurden nicht geschnappt. Und irgendwann kam auch die ersehnte Brise auf und schob uns ganz langsam aus dem DDR-Hoheitsgebiet. Am Nachmittag kam ein Rahsegler unter Maschine von achtern auf und setzte seine Segel, genau querab von uns. Wir haben das damals so interpretiert, dass die Jungs eine Regatta gegen uns segeln wollten. Aber der Wind war für einen so großen Segler zu schwach und nach einer knappen Stunde wurden die Segel wieder eingeholt und unter gegenseitigem Winken fuhren unsere Freunde davon. So machten wir Bekanntschaft mit der „Wilhelm Piek", dem damaligen Schulschiff der DDR. Sympathien von Seglern untereinander waren auch damals nicht durch Grenzen oder unterschiedliche Systeme zu zerstören.

Auf dem Weg nach Darß hielten wir uns reichlich drei Meilen vom Land entfernt und empfanden den Küstenstrich eher als ein wenig eintönig. Kilometerlange Sandstrände zwar, aber keine Abwechslung im Landschaftsbild, keine Ortschaften, nur hin und wieder mal eine Ansammlung von Strandkörben. Zwischenzeitlich habe ich die Halbinsel Darß einmal mit dem Auto abgefahren und war überrascht, welch schöne Landschaft mich dort erwartete. Der Darß war ursprünglich eine der drei Inseln Fischland, Darß und Zingst, die zu einer Halbinselkette zusammengewachsen sind. Von See aus nicht sichtbar, erstreckt sich hinter der Dünenkette eine interessante Boddenlandschaft mit romantischen Ortschaften wie Ahrenshoop, Prerow oder Zingst. Bei unserem nächsten Ostseetörn werden wir versuchen, den kleinen Fischerhafen von Zingst zu erreichen. Wir müssten gerade so hineinpassen. Aber der Weg dorthin könnte verdammt flach sein und wir werden wohl ruhiges Wetter bei einer stabilen Wetterlage für diesen Versuch nötig haben.

Wir erreichten die Untiefentonne „Darßer Ort West" gegen neunzehn Uhr und steuerten unter Maschine die östliche Untiefentonne an. Ein unbekannter Hafen wartete auf uns und, wie immer in diesen Augenblicken einer „Neuentdeckung", konnten wir eine gewisse Anspannung nicht verleugnen. Außerdem war uns natürlich klar, dass es noch vor ein paar Jahren unmöglich gewesen wäre, in diesen ehemaligen militärischen Sicherheitsbereich der „Nationalen Volksarmee" einfach so hinein zu fahren. Wie hatten sich die Zeiten doch geändert! Der Ansteuerungskurs in die Hafeneinfahrt beträgt 256°, daran hielten wir uns penibel genau, fuhren wir hier doch in unbekanntem und relativ flachem Gewässer herum.

Die lange und schmale Einfahrt in diesen nur geringfügig ausgebauten Naturhafen machte einen verwahrlosten Eindruck, und weil Ine gelesen hatte, dass die Einfahrt leicht versandete, ließ ich das Echolot nicht aus den Augen. Die politische Veränderung seit 1989 konnte man in diesem kleinen Naturhafen allein daran erkennen, dass ein Rettungskreuzer der „DGzRS" an der einzigen Mole auf Station lag. Ansonsten gab es nur einen Steg entlang dem der Hafeneinfahrt gegenüber liegenden Ufer, an dem die Schiffe mit dem Heck festmachten.

Ein Ankermanöver war also angesagt und mir fiel ein, dass wir uns auf unsere Ankerwinde nicht verlassen konnten. Sie pflegte hin und wieder zu „spinnen". Sie arbeitete einfach nicht zuverlässig! Conyplex ließ es sich nicht nehmen, den Fehler selber zu beheben, was aber aus Abstimmungsgründen erst im Winter erfolgen konnte. Das half uns jetzt gar nichts.

Aber es herrschte Windstille und wir hatten alle Zeit dieser Welt, um unser Ankermanöver in aller Ruhe ausführen zu können. Was sollte schon passieren? Wir fuhren eine Runde durch den Hafen und ich stoppte die UTHÖRN zwei Schiffslängen vom Steg entfernt auf und betätigte vom Cockpit aus den Bedienungsknopf für die Winsch, nachdem ich bereits lange vorher den Sicherungssplint an der Kettenführung entfernt hatte. Die Kette ratterte los und der Anker rauschte ins Wasser.

Ich atmete auf, aber leider dauerte mein Glücksgefühl nicht sehr lange und es trat genau das ein, was ich befürchtet hatte: Unvermittelt stellte die Ankerwinsch ihren Betrieb ein, und da stand ich nun mit meinem Talent auf unserer wunderschönen Segelyacht, mit kurz über dem Grund hängendem Anker, der sich weder aufwärts noch abwärts bewegen ließ. Das kannten wir ja schon!

„Alles noch kein Grund zur Panik", sagte ich mir und übergab Ine das Ruder und damit die Verantwortung für das Schiff. Ich begab mich auf das Vorschiff und stand damit unmittelbar vor der übelsten Erfahrung, die ich hoffentlich je mit Ankerwinschen machen werde: Nachdem auch ein Drücken auf die vorderen Bedienungsknöpfe keine Wirkung zeigte, ruckelte ich, eigentlich total unsinnigerweise, an der Ankerkette in der Hoffnung, dass die Winsch wieder anspringen würde. Warum auch immer, sie tat es wirklich! Der Anker senkte sich weiter dem Grund zu. Aber die Story wäre ja hier zu Ende, wenn die Winsch nicht wieder ihren Betrieb eingestellt hätte. Es war zum Mäusemelken! Jedoch wusste ich jetzt ja, wie ich mir helfen konnte.

Mir unterlief nur ein kleiner, aber unheimlich schmerzhafter Fehler: Beim ersten Mal hatte ich die Kette mit viel Respekt vor der Unberechenbarkeit der Winde weit von dieser entfernt angefasst. Beim zweiten Mal tat ich das nicht, sondern ich ergriff sie sehr dicht an der Winde, und siehe da, diese sprang auch wieder an. Aber dieses Mal lief die Kette leider in die falsche Richtung! In Sekundenschnelle wurden mein rechter Ringfinger und der Mittelfinger zwischen Kette und Kettenrad der Winsch gezogen und zum Kettenüberfall mitgerissen. Wenn auch alles sehr schnell ging, so habe ich diesen schrecklichen Vorgang doch genau beobachtet und ich realisierte blitzartig, dass die Finger gleich durch den Kettenüberfall abgerissen werden würden. Eine ganz gemeine Situation, in der ich mich da befand! Einen Zentimeter vor dem Überfall stand die Winde, warum auch immer, plötzlich wieder still und ich riss meine Finger mit aller Kraft heraus, was natürlich schlimme Verletzungen zur Folge hatte, aber die Finger waren immerhin noch dran.

Ich hatte höllische Schmerzen, als ich mich zurück ins Cockpit schlich, wobei ich die blutende Hand über die Reling hielt, um das Teakdeck nicht zu besudeln. Mir war geradezu schlecht vor Schmerz, und während Ine das Schiff auf seiner Position hielt, erholte ich mich, auf einer Sitzbank liegend, von meinem Abenteuer. Wie gesagt, es war windstill. Ine konnte die Yacht sich selbst überlassen, um meine gequetschten Finger zu versorgen. Zehn Minuten Erholungspause brauchte ich sicherlich, bis wir uns an die endgültige Lösung unseres Problems herantrauen konnten. Nachdem das Schiff wieder in Position gebracht war, genügte ein Versuch mit dem Cockpitknopf, um den Anker wie selbstverständlich auf den Grund des Hafens zu befördern. Warum das jetzt funktionierte, wissen die Götter! Der Rest war Routine, wenn auch unter Schmerzen.

Nach diesem Erlebnis stand uns der Sinn nicht so sehr nach einem ausgedehnten Landgang. Wohin auch, in dieser verlassenen Ecke? Wir tranken eine Flasche Wein zusammen mit einem Ehepaar aus Ost-Berlin, das mit seinem selbst gebauten Segelschiff die neue Freiheit genoss. Eine Freiheit mit Möglichkeiten, von denen sie bisher nicht einmal zu träumen gewagt hätten. Es war ein netter Plauderabend in unserem gemütlichen Salon. Aber dann kam irgendwann doch der Schmerz zurück und mich drängte es in die Koje, wobei ich mich innerlich auf eine schlimme Nacht vorbereitete.

Ine wollte die Nacht lieber im Vorschiff verbringen.

„Aus Rücksicht auf Dich", sagte sie, „damit Du in Ruhe schlafen kannst".

Meine geflachste Unterstellung, dass sie sich mein Gestöhne wohl ersparen wolle, hat sie jedenfalls vehement abgestritten. So verschwand sie also in ihrem weißen Nachthemd aus unserer Achterkajüte. Aber ich sah sie, hysterisch schreiend und mit dem Outfit eines Nachtgespenstes, bereits nach zwei Stunden wieder. Was war geschehen?

Ich hatte mich endlich in den Schlaf gequält, als ich von einem unerhört lauten Rumpeln hoch geschreckt wurde. Sofort war ich im Salon und erkannte auch sehr schnell, was da los sein musste: Die Ankerwinsch hatte sich mal wieder selbsttätig in Bewegung gesetzt und es gelang mir relativ schnell, den Schalter für die Stromzufuhr aus zu schalten. Damit kehrte umgehend Ruhe im Schiff ein, vielmehr hätte einkehren können, wenn da nicht Ine im Vorschiff einen verzweifelten Kampf gegen irgendwelche bösen Mächte ausgefochten hätte. Sie hatte tief geschlafen, als direkt über ihr die Ankerkette zu rasseln anfing, was durch den Resonanzkörper des Schiffes geradezu unheimlich verstärkt wurde. Sie geriet in Panik, weil sie nicht gleich realisierte, wo sie sich befand, geschweige denn, wo ein Lichtschalter oder eine Tür war. Ich befreite sie aus ihrer Gefangenschaft und hatte ein zitterndes Etwas im Arm, das sich von diesem Schreck nur langsam erholte.

Die Ankerwinsch hatte nun aber den Anker heraufgeholt und somit wurde das Schiff vorne nicht mehr gehalten. Es war von einem leichten Wind an das an Backbord liegende Nachbarschiff getrieben worden, ohne allerdings einen Schaden zu verursachen, weil die Schiffe von den Fendern geschützt wurden. Wir misstrauten der Ankerwinde jetzt endlich vollends und verholten die UTHÖRN bei hellem Mondschein quer durch den Hafen an einen Platz an der Mole vor dem Rettungskreuzer. Das muss ein lustiges Bild gewesen sein: Ine im weißen Nachthemd klar bei Festmacher auf dem Vorschiff, und ich im Schlafanzug am Ruder. Wegen der rostigen Spundwandprofile hätten wir dringend ein Fenderbrett benötigt. Es wurde bereits wieder hell, als wir endlich, und endgültig, in Darßer Ort zur Ruhe kamen. Ein Fenderbrett wurde noch in derselben Segelsaison angeschafft.

Was hätte ich besser machen können? Zunächst sollte man wichtige Ausrüstungsgegenstände in Ordnung halten. Mir war bekannt, dass mit der Winsch etwas nicht stimmte. Auf die Möglichkeit eines Kurzschlusses war ich selbst schon gekommen, hatte die Behebung dieses Defektes aber nicht energisch genug gefordert. Niemals wieder werde ich so dicht vor einer Ankerwinsch in die Kette greifen. Den Schreck und das nächtliche Manöver hätte ich uns ersparen können, wenn ich den Schalter für die Stromzufuhr zum Anker ausgeschaltet hätte. Aber wie heißt es so schön: Fehler können passieren. Derselbe Fehler darf aber immer nur einmal gemacht werden!

Die Segelroute des nächsten Tages führte uns nach Klintholm auf der Insel Mön, von wo wir dann einen Tag später, bei traumhaftem Wetter, nach Bornholm segelten. Die Sonne brannte vom Zenit, und vor Groß und Blister rauschten wir bei rauhem Südwest mit sieben bis acht Knoten unserem Ziel entgegen. Das war Segeln der allerfeinsten Art. Der Autopilot, unser dritter Mann an Bord, hatte wieder einmal die Arbeit für uns übernommen, während wir an Deck faulenzten. In den Ecken des Heckkorbes haben wir abnehmbare Teakbretter als Sitze anbauen lassen. An

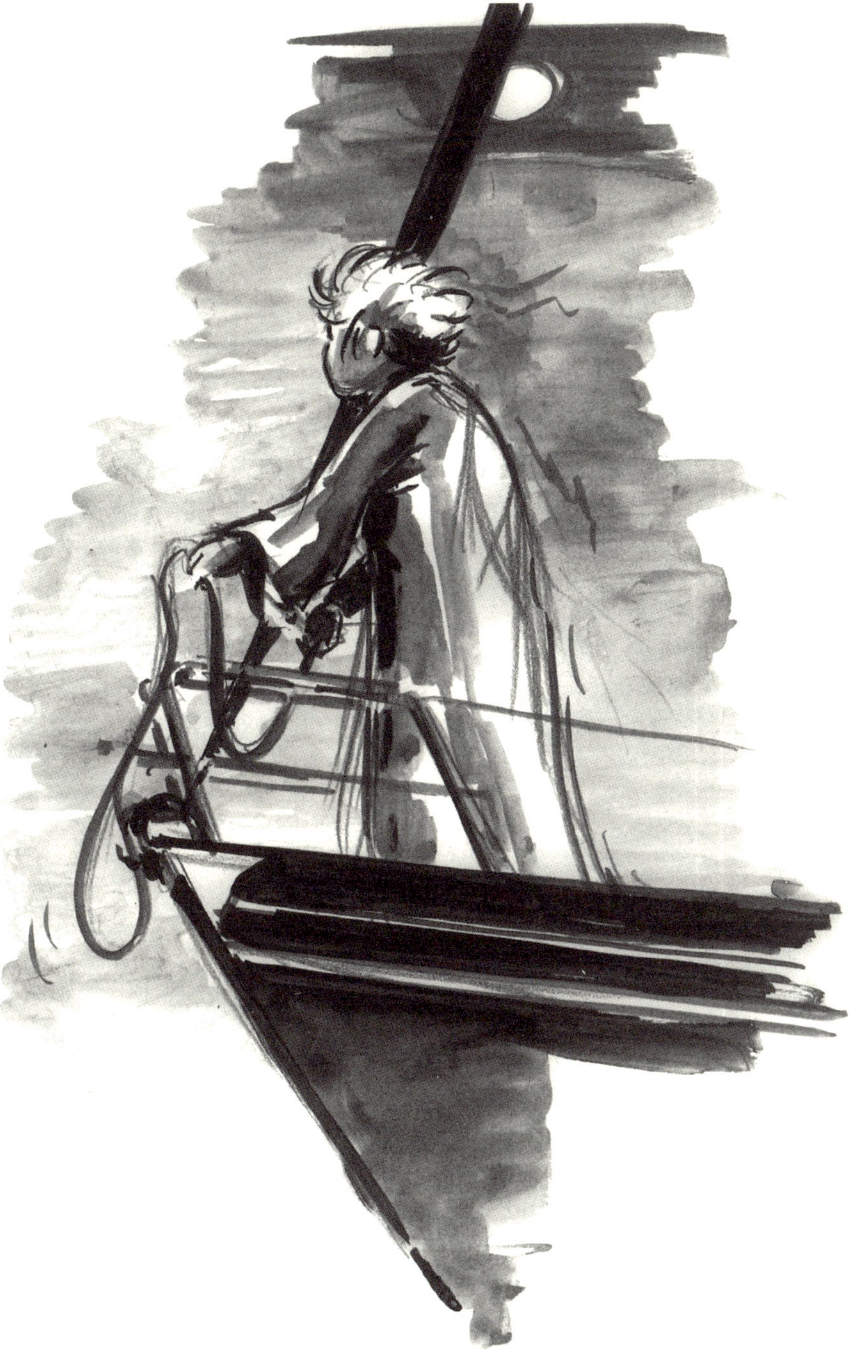

Backbord- oder Steuerbordseite, je nach Sonneneinfall, sitze ich gern bei gutem Wetter auf einem dieser Sitze und genieße das Rauschen der See, wenn die UTHÖRN die Wellen durchpflügt. Stundenlang waren wir allein auf dem Meer. Kein Land in Sicht, kein Schiff weit und breit. Erst als Rönne auf Bornholm erkennbar wurde, sahen wir zwei Segelschiffe, die, aus anderen Richtungen kommend, ebenfalls auf diesen Hafen zuhielten.

Wir ahnten noch nicht, dass Bornholm sich im Laufe der nächsten Jahre zu einem unserer beliebtesten Törnziele entwickeln würde. Eine Ostseeinsel, die sich durch ihre Vielfältigkeit in jeder Hinsicht auszeichnet:

Auf ihren 587 Quadratkilometern findet man die unterschiedlichsten Landschaftsformen wie Felder, Weiden, Seen und Moore. Dazu Spaltentäler, Heide, Laub- und Nadelwälder. Durch das „mediterrane" Klima haben selbst Feigen und Wein eine reelle Chance! An der 150 Kilometer langen Küstenlinie findet man Steilküsten, Klippen, Buchten, Schären und Sandstrände. Ganz im Süden der Insel sogar eine ausgedehnte Wanderdünenlandschaft, wie ich sie bisher nur im Norden von Sylt gesehen habe.

Erdgeschichtlich interessant ist, dass die Insel ursprünglich durch eine Landbrücke mit dem Festland verbunden war. Man vermutet, dass über sie vor 12.000 Jahren die ersten Steinzeitjäger herüber kamen. Um 4.000 v. Chr. begannen die Menschen, den Ackerbau zu entwickeln. Aus der Bronzezeit stammen Hünengräber und Felszeichnungen. Um 800 n. Chr. haben die Wikinger die Insel besetzt. Die Reste ihrer Fluchtburgen findet man heute noch in Almindingen und Gamleborg.

Bei einer Insel wie Bornholm sollte man eigentlich annehmen, dass der wichtigste Erwerbszweig der Bevölkerung der Fischfang ist. Das ist heute nicht mehr so. Nachdem über Jahrhunderte Handel, Fischerei und Landwirtschaft die wesentlichen Einkommensquellen waren, ernähren sich heute vielleicht noch 10% der Erwerbstätigen von Fischfang und Landwirtschaft. Beim Fischfang war in erster Linie der radikale Rückgang der Fangquoten die Ursache, während der Rückgang der Arbeitsplätze in der Landwirtschaft hauptsächlich eine Folge der fortschreitenden Modernisierung der Betriebe ist.

Ein Teil der Arbeitsplätze in der Fischindustrie wurde gerettet, indem man die von den osteuropäischen Fangflotten angelieferten Fische weiter verarbeitet. Der „Goldene Bornholmer" ist wohl der bekannteste Fisch auf der Insel: ein über Erlenholz geräucherter Hering. Eine ganz spezielle Insel-Delikatesse! Die Räucheröfen sieht man häufig in Hafennähe.

Außerdem spielt der Tourismus mittlerweile eine wesentliche Rolle, wobei auf einen „kontrollierten" Tourismus geachtet wird: Die Bornholmer respektieren ihre selbst aufgestellte Regel, dass nicht mehr Gäste auf der Insel verweilen dürfen, als die Insel Einwohner hat, nämlich 45.000.

Nicht zu vergessen sind die vielen ansässigen Handwerker, die häufig in künstlerischer Richtung tätig sind. Die Kunstmaler sollen die Insel bereits vor langer Zeit entdeckt haben. Ihnen gefolgt sind Töpfer, Glasbläser, Schnitzer und Goldschmiede. So verwundert es nicht, dass man auffallend viele Kunstgewerbehandlungen findet, die die auf der Insel hergestellten Gegenstände verkaufen. Die Ideenvielfalt der Bornholmer Kunsthandwerker ist auffällig, wobei natürlich auch hier eine klare Trennlinie zwischen Kunst und Kitsch nicht existieren kann.

Auch wenn heute die Arbeitslosigkeit auf Bornholm über dem dänischen Mittelwert liegt, so scheint man auf der Insel die Strukturanpassung doch geschafft zu haben!

Rönne haben wir als wenig attraktiven Fischerei- und Industriehafen in Erinnerung. Wir wollten nur die Nacht dort verbringen und haben das Schiff lediglich zum Festmachen verlassen. Offensichtlich einem Missverständnis hatten wir es zu verdanken, dass wir keine Liegegebühr bezahlen mussten. Aus unserer Frage nach einer Werkstatt für die Reparatur der Ankerwinde schloss der Hafenmeister, dass wir nur wegen eines technischen Problems seinen Hafen angelaufen hatten.

„In einem Notfall ist keine Hafengebühr zu bezahlen", glaubten wir aus seinen dänischen Worten herauszuhören. Vielleicht hatte ihn beim Anblick meines bandagierten Fingers aber auch nur das Mitleid gepackt. Uns sollte es recht sein!

Der nächste Hafen war Neksö, den wir nach einer ereignislosen, aber erholsamen Halbtagesreise erreichten. Nach einer geräuschvollen Nacht neben dem pausenlos ratternden Generator eines „Lustkutters" und dem vergeblichen Warten auf einen Monteur für unsere Ankerwinsch umrundeten wir zwei Tage später, bei immer noch wunderschönem Segelwetter „Dueodde", die Südspitze von Bornholm. Pünktlich mit der Änderung unseres Generalkurses auf Nord drehte auch der Wind mehr und mehr auf Süd und später auf Ost, wobei er kräftig auffrischte. Wir hielten uns gut frei von der Küste, fuhren wir doch auf Legerwall, was jeden Segler immer zu besonderer Vorsicht anspornt. Vor diesen Situationen habe ich zumindest immer soviel Respekt, dass ich auf einen reichlichen Abstand zur Küste achte, wobei ich auch das Echolot häufiger im Auge habe. Die Wellen wurden durch den Ostwind schneller aufgebaut, als mir lieb war, und ich steuerte unser Schiff noch weiter von Land weg.

Gudhjem war am späten Nachmittag nur schwer auszumachen. Aus der Seekarte und der entsprechenden Lektüre wussten wir, dass wir es bei dieser Wetterlage mit einer schwierigen Hafeneinfahrt zu tun haben würden. Der Wind hatte auf sechs Beaufort aufgebrist und die Wellenhöhe war entsprechend, was sich unter dem Kiel in den Wellentälern mit einer beängstigend geringen Wassertiefe auswirkte. Das Problem in Gudhjem ist, dass sich die sehr enge Hafeneinfahrt ungeschützt zur See hin öffnet und demzufolge die Wellen fast ungebremst bis in den Hafen laufen.

Wir hatten längst die Segel weggenommen und die Maschine lief natürlich, als wir die beidseitig vor der Hafeneinfahrt liegenden kleinen Felsinseln erkannten, die eine Ansteuerung bei einer steifen Ostbrise zu einem Abenteuer werden lassen. Volle Konzentration war angesagt, denn ein Zurück würde es nicht geben können. Die viel zu hohen Wellen trugen uns auf unserem Kurs von exakt 202° in den natürlichen Kanal vor der Hafeneinfahrt.

Ich musste die UTHÖRN über die Schraube gut in Fahrt halten, damit ich jederzeit Druck auf dem Ruder hatte. Erst als wir die Hafeneinfahrt durchfahren hatten, nahm ich das Gas zurück und legte ziemlich ruppig den Rückwärtsgang ein. Die überschießende Geschwindigkeit reichte aus, um weiterhin Druck auf dem Ruder zu haben und zusammen mit dem Bugstrahl gelang mir die nötige Auslaufrunde im Vorhafen.

Alles war gut gegangen und es lohnt nicht, darüber nachzudenken, was passiert wäre, wenn... Ich nahm mir vor, zukünftig solche Situationen zu meiden. Ab sechs Windstärken aus Ost sollte man an Gudhjem vorbeifahren! So steht es übrigens auch in der entsprechenden Segellektüre.

Der kleine und enge, von einer imposanten Felslandschaft eingerahmte Hafen nahm uns auf. Seltsamerweise bereitet es mir immer wieder Vergnügen, bei solch beengten Verhältnissen herumzumanövrieren. Wir fanden Platz neben einem der wenigen wirklich seegängigen Motorboote, und Ines Aktivitäten ließen bald darauf appetitliche Düfte aus der Kombüse ins Freie ziehen. Derweil trank ich meinen üblichen „Festmacherschluck" und verschaffte mir von Deck aus einen etwas genaueren Überblick über den Hafen und die vielen Hafenlieger. Dabei kam mir in den Sinn, dass wir Glück hatten, dass die Einfahrt zum kleineren Hafenbecken, in dem wir festgemacht hatten, bei dem herrschenden Schwell nicht geschlossen worden war. In diesem Fall hätte uns eine unruhige Nacht im Vorhafen erwartet.

Segelboote waren eindeutig in der Überzahl. Und das war kein Wunder bei dem herrschenden Seegang. Meiner Meinung nach werden in der Ostsee überwiegend die falschen Motorboote gefahren. Die Ostsee ist nun mal ein eher windreiches Gewässer, und Wind heißt Seegang. Und das ist der Grund, weswegen die Eigner von Gleitern oder Halbgleitern so häufig im Hafen festliegen und das Wetter verfluchen. Sollten wir jemals aus Altersgründen auf ein Motorboot umsteigen, dann werden wir uns einen seetüchtigen Verdränger zulegen. Ich möchte mir meine Freiheit durch windige Wetterlagen einfach nicht übermäßig einschränken lassen.

Gudhjem hat „Atmosphäre" und ist eine kleine und nett anzuschauende Ortschaft mit ungefähr eintausend Einwohnern. Oberhalb der in den Fels gesprengten Hafenbecken schmiegen sich die Häuser, überwiegend in Fachwerkbauweise, an den Bulkenberg.

Über allem, auf dem höchsten Platz am Orte, thront die größte „Holländer Galeriemühle" Bornholms. Die Ursprünge des Ortes gehen zurück bis in die Eisenzeit. Im späten Mittelalter dürfte auch hier die Hanse eine wichtige Rolle gespielt haben. Im auslaufenden siebzehnten Jahrhundert wurde Gudhjem als Versorgungsbasis für die zu Festungen ausgebauten „Erbseninseln" Christiansö und Frederiksö genutzt. Sie liegen ein paar Meilen nordöstlich von der Hafeneinfahrt.

Unser kurzer Abendspaziergang führte uns um den Hafen herum und leider entdeckten wir zu spät die malerischen Räucheröfen, in denen die „Bornholmer" geräuchert wurden. Bedauerlicherweise waren wir bereits abgefüttert.

Als wir von unserem Ausflug zurückkamen, sahen wir unsere Segler aus Gedser auf den Felsen oberhalb des Küstensaumes stehen. Sie hatten dort ihr Abendessen gegrillt. Wir gesellten uns ein wenig dazu und erfuhren alsbald die Story über ihre Ausfahrt aus dem Hafen von Rönne:

Bei guter Sicht, relativ ruhiger See und in bester Stimmung waren sie dicht hintereinander unter Maschine aus dem Hafen gelaufen. Die Segel waren flugs gesetzt und wahrscheinlich war damit sehr schnell die übliche „Privatregatta-Situation" entstanden. Man flachste noch eine Weile von Boot zu Boot und freute sich, dass man den vorgesehenen Kurs so gut anliegen konnte, als es bei dem vorausfahrenden Boot auch schon fürchterlich krachte und es ruckartig aus voller Fahrt zum Stehen kam. Der Skipper des hinterher fahrenden Bootes konnte gerade noch durch einen hektischen Ruderausschlag ein Ramming vermeiden, und dann widerfuhr ihm schon dasselbe Missgeschick.

Da saßen sie nun: Hoch und trocken auf einer vorgelagerten felsigen Untiefe und konnten von Glück sagen, dass an keinem der beiden Boote ein Wassereinbruch festzustellen war. Kein Mensch hatte vor dem Auslaufen auf die Seekarte geschaut, geschweige denn einen Kurs abgesteckt. Wahrscheinlich hatte sich jeder auf den anderen verlassen. Ein geradezu klassischer Fehler! Sie hatten, unmittelbar nach Passieren der Hafenausfahrt, einen Nordkurs abgesetzt und waren auf diese Weise in einem geradezu kamikazehaftem Selbstvernichtungswillen auf die Untiefe gebrettert. Und das im Angesicht der dazugehörigen Untiefentonne!

Sie stellten sehr schnell fest, dass ein Freikommen mit eigener Kraft nicht möglich war. Bei Seegang wäre daraus wohl ein richtiger Seenotfall geworden und die Sache wäre zumindest mit einem Verlust der Boote zu Ende gegangen. So aber konnten sie ein Schlauchboot flott machen und mit ihm Hilfe aus dem nahen Hafen holen. Es gelang einem Fischer, die zwei Unglückskähne frei- und in den Hafen zu schleppen. Die Maschinen hatten sie sinnvollerweise nicht gestartet, mussten sie doch mit verbogenen Schrauben oder Schraubenwellen rechnen.

Diesen Leichtsinn gab es nicht zum Nulltarif: Beide Boote mussten mit einem Autokran aus dem Wasser gehievt und auf Schäden untersucht werden. Dabei stellte sich heraus, dass der erste Glück im Unglück hatte. Außer einer tiefen Macke im Kiel und Schrammen am Unterwasserschiff war ihm nichts passiert. Der zweite hatte nicht so viel Glück: Neben einer Kerbe im Kiel war an seinem Boot die Ruderblattbefestigung beschädigt worden. Wahrscheinlich war er durch die Krängung, die durch sein Ausweichmanöver entstand, und den damit verbundenen geringeren Tiefgang noch weiter auf die Untiefe gerauscht.

Da standen sie nun, diese sympathischen Menschen, verfluchten ihren Leichtsinn und haderten mit ihrem Schicksal. Wir trösteten sie mit den üblichen Binsenweisheiten, dass Fehler immer einmal passieren können, dass man seine Lehren daraus ziehen müsse und dass derselbe Fehler eben immer nur einmal passieren darf. Jedenfalls gehörten sie nicht zu der so häufig vertretenen Sorte Wassersportler, die Fehler nicht eingestehen können oder aber zumindest tunlichst verschweigen. Es wurde noch ein netter Abend, und wir spendeten unseren Trost überwiegend in Form eines edlen „Maulbronner" Weißweins.

Etwas später als üblich erwachten wir am nächsten Morgen. Ich war ein paar Minuten lang im Zweifel, ob ich am Abend zuvor wirklich nur beim Wein geblieben war, aber die frische Seeluft brachte mich schnell wieder auf Vordermann. Unser Frühstück, mit frischen Brötchen aus dem Ort, nahmen wir im Cockpit ein.

Für Unterhaltung war dabei bestens gesorgt, bemühten sich doch die Besatzungen von gleich drei Segelschiffen, ihren Ankersalat zu klarieren. In irgendeiner Lektüre hatte Ine gelesen, dass eine Trosse auf dem Hafengrund diagonal von einer Kaimauer zur gegenüberliegenden verlaufen sollte. Die Angabe war absolut richtig, aber nicht jeder liest Hafenhandbücher so akribisch wie meine Vorschoterin! Zu beobachten war, dass offensichtlich jeweils die jüngsten männlichen Crewmitglieder in den Bach mussten, was die Betroffenen auch bereitwillig taten. Sie durften immerhin auf fast vier Meter Tiefe tauchen, und das ist nicht jedermanns Sache. Eine gute Stunde dauerten die Bemühungen, und so mancher Tauchgang war nötig, bis der Letzte seinen Anker wieder an Bord hatte.

Wir versäumten es natürlich nicht, vor dem Auslaufen einen Spaziergang durch die engen und steilen Gassen von Gudhjem zu machen, wobei wir uns von dem fast südländischen Ambiente einfangen ließen. Uns fielen die vielen Galerien und Kunstgewerbeläden auf, auch die kleinen Handwerksbetriebe, und wir nahmen uns fest vor, wieder einmal hierher zu kommen und dann mehr Zeit mitzubringen.

Der Wind hatte im Laufe des Vormittags wieder aufgefrischt. Er kam beständig aus Ost, und so liefen wir am späten Vormittag aus, um die knapp zehn Meilen bis zu den Felseninseln Christiansö, Frederiksö und Gräsholm zurückzulegen. Kurs: Nord-Ost. Das Groß wurde nicht gesetzt, die Genua I reichte aus, um uns mit fast sieben Knoten Fahrt zu dieser sehenswerten Inselgruppe zu bringen. Die Inseln konnten unproblematisch angesteuert werden, wobei wir bereits aus der Ferne links vor der Einfahrt zum Südhafen eine Untiefe ausmachen konnten, die allerdings durch ein Seezeichen gekennzeichnet war. Umso verwunderter beobachteten wir, wie ein Segler bolzgerade über diese Untiefe rauschte. Es wird tüchtig gerumpelt haben, aber von einer ernsthaften Havarie haben wir nichts gehört.

Bei der Einfahrt in den natürlichen Kanal zwischen den beiden Inseln Christiansö und Frederiksö wurden wir geradezu überwältigt von der Schönheit dieses Fleckchens Erde. Christiansö an Steuerbord ist ein kompaktes Felsmassiv, auf dem eine interessante Bebauung aus alten Tagen steht, gekrönt von einer Festungsruine. Frederiksö an Backbord ist ein etwas flacheres Felsplateau. Gräsholm, am weitesten westlich liegend, ist unbebaut und darf nicht betreten werden, weil es zum Vogelschutzgebiet erklärt wurde. Überspannt wird der Sund zwischen den bebauten Inseln von einer im Jahre 1912 erbauten Fußgängerbrücke aus Stahl, die als Drehbrücke konstruiert wurde. Mehr als zehn Personen dürfen sie gleichzeitig nicht benutzen, wie Warntafeln an den Zugängen verkünden. Und wir haben vor dem Betreten auch vorsichtshalber genau gezählt!

Wir waren mit dem Vorsegel in den schmalen Sund eingelaufen, wobei wir den Vortrieb sehr genau mit der Rollgenua auf die hierfür sinnvolle Geschwindigkeit regulieren konnten. Den Motor starteten wir nur für das Anlegemanöver, wozu der Hafenmeister aber erst Platz schaffen musste. Das ging alles ohne Hektik vor sich und schließlich lag unsere UTHÖRN mit ihrer Steuerbordseite längsseits an der Kaimauer, nur ein paar Meter entfernt von einem uralten Kasernenbau.

Die „Erbseninseln" sind ein Muss auf dem Weg in den Kalmarsund! Eine Inselgruppe, deren erdgeschichtliche Entstehung viele Millionen Jahre zurückliegt, zieht uns mit ihrem kleinen Naturhafen und der malerischen Bebauung in ihren Bann. Dominiert werden die kleinen Inseln Christiansö und Frederiksö von ihren Festungstürmen, den kilometerlangen Wehrmauern und den gelb getünchten, ein wenig zu groß erscheinenden Kasernen. 1684 baute der dänische König Christian V. Frederiksen die Inseln zu einer Festung aus. Er hatte wohl zuviel Ärger mit seinem schwedischen Erbfeind gehabt, der ihm 1658 Südschweden abgenommen hatte, und wollte dessen Flottenbewegungen in Richtung Pommern besser kontrollieren können. Der Einfachheit halber benannte man die Hauptinseln gleich nach ihm.

Der Unterhalt dieses Flottenstützpunktes war aber ein teures Unterfangen und es verwundert nicht, dass später nach einer anderen Verwendungsmöglichkeit Ausschau gehalten wurde. Und so entschloss man sich 1825, das erste und einzige dänische Staatsgefängnis für politische Häftlinge nach Christiansö zu verlegen. Der lange vor dieser Zeit auf Gräsholm errichtete Galgen, an dem manch Übeltäter aufgeknüpft wurde, dürfte zu dieser Zeit aber bereits wieder außer Betrieb gewesen sein. Erwähnenswert erscheint mir die Installation des ersten dänischen Spiegelleuchtfeuers im Jahre 1805 in dem Festungsturm auf Christiansö.

Die Inseln unterstehen auch heute noch der Marine. Die Kasernen werden von der fast 120 Mann starken Insel-Besatzung bewohnt, die aber keine militärischen Aufgaben zu erledigen hat, sondern ausschließlich für die Organisation und den Erhalt der Bebauung eingesetzt wird. Daneben leben nur noch einige Fischer und Künstler auf den Inseln, alle zur Miete; es ist unmöglich, eine Baugenehmigung, für welchen Bau auch immer, zu erhalten.

Man tut gut daran, sich als Segler beim Besuch der Erbseninseln auf eine Selbstversorgung einzustellen. Wasser ist Mangelware und die Stromversorgung lässt zu wünschen übrig. Die dänischen Wassersportler scheinen die Sicherheit beim Umgang mit elektrischem Strom recht locker zu sehen. So konnte ich auch hier wieder einmal beobachten, wie die 220-Volt-Landanschlüsse mit dünnen, zweiadrigen Kabeln angezapft wurden...

Unser ausgedehnter Spaziergang führte uns bei Sonnenschein rund um Christiansö. Für ein Felseneiland sahen wir überraschend viele Bäume, Büsche und Niedriggewächse. Wie wir später erfuhren, wurde früher immer wieder Mutterboden von Bornholm mitgebracht, um mit Hilfe des Gartenanbaus eine bescheidene Selbstversorgung in Gang zu bringen. Wir gingen über die Fußgängerbrücke nach Frederiksö und kauften am Ende unseres Ausflugs räucherfrische Heringe, die wir anschließend im Cockpit, zusammen mit herrlichem dänischen Weißbrot, gesalzener Butter und einer gut gekühlten Flasche Weißwein bei bester Laune verzehrten. So ließ sich das Leben aushalten!

Gegen Abend legte sich eine Charter-Yacht aus Maasholm neben unsere UTHÖRN. Der sympathische Skipper besuchte uns an Bord und wir hatten eine kurzweilige Unterhaltung mit ihm. Sie wollten nach Visby auf Gotland und mussten am nächsten Morgen in aller Herrgottsfrühe die Leinen los werfen.

„Unter fünf Knoten wird die Maschine angelassen", ist mir in der Erinnerung hängen geblieben. So ist das eben, wenn man mit einem Segelschiff in einer bestimmten Zeit eine vorgegebene Distanz zurücklegen muss.

Seiner Mannschaft fehlte leider das Gespür für ein Teakdeck. Wir durften ihre Spuren morgens auf unserem Vordeck beseitigen. Wieder einmal nahm ich mir vor, zukünftig eine Fußmatte auszulegen, wenn es auch komisch aussieht.

Am nächsten Morgen legten wir gegen 09.00 Uhr ab und verließen den Hafen mit ein wenig Wehmut durch die Südeinfahrt. Dieser Hafen wird uns wiedersehen, das versprachen wir uns. Wir rundeten die Südspitze der Insel in angemessenem Abstand. Auch hier sahen wir einige kleinere Untiefen oder Felsinseln, an denen sich das Wasser brach. Das Wetter meinte es weiterhin gut mit uns: Sonne satt und ein angenehmer, beständiger Wind mit Stärke drei bis vier aus Ost-Süd-Ost. Das war das richtige Wetter für unseren Halbwinder! Wir setzten also zunächst das Groß und dann, aus dem Bergeschlauch heraus, den farbigen Blister. Ine gab die Koordinaten der kleinen Schäreninsel Utklippan ein, stellte den Autopiloten an, und ab ging es auf dem 25°-Kurs. Wenn der Wind durchstehen würde, würden wir für die 41 Seemeilen maximal sechs Stunden benötigen.

Wieder einmal erlebten wir „Segeln vom Feinsten". Bei deutlich mehr als 20° Lufttemperatur bestand unsere Garderobe aus

Badeanzügen, wobei ich später wegen meiner Sonnenallergie eine leichte lange Hose überziehen musste. Eine Landratte wird es vielleicht nicht so ohne weiteres nachvollziehen können, aber unter diesen idealen Umständen hätten wir ewig so weitersegeln können. Wieder einmal konnten wir unsere Seelen baumeln lassen und unseren Gedanken nachhängen.

Aber dafür, dass es einem nicht zu lange zu gut geht, wird in der Regel schon gesorgt. Diese Erfahrung blieb leider auch uns nicht erspart. Ich bediente gerade die Videokamera, als das Handy klingelte und Ine den Hörer abnahm. Unsere Tochter meldete sich. Offensichtlich druckste sie am anderen Ende der Leitung ein wenig unschlüssig herum und verlangte schließlich nach mir. Das konnte nichts Gutes bedeuten! Beim Vater werden immer die wirklich schlimmen Dinge abgeladen. Und so war es auch heute: In der vergangenen Nacht war während ihrer Abwesenheit in unser Haus eingebrochen worden! Dazu muss man wissen, dass wir bis dato in der wirklich heilen Welt einer schwäbischen Dorfgemeinschaft lebten und so etwas niemals für möglich gehalten hatten.

Wahrscheinlich war unser Haus im wahrsten Sinne des Wortes „ausbaldowert" worden, geschah dieser Einbruch doch nur vierzehn Tage, nachdem wir unseren betagten Riesenschnauzer hatten einschläfern lassen müssen. Carola war gegen 24.00 Uhr nach Hause gekommen und hatte den Einbruch sofort festgestellt, obwohl nichts übermäßig beschädigt worden war. Für uns unfassbar war die Tatsache, dass sie zuerst das Haus allein nach dem Einbrecher abgesucht und erst dann die Nachbarn und die Polizei alarmiert hatte. Nicht auszudenken, wenn der Kerl noch im Haus gewesen wäre! Der Schaden hielt sich übrigens mit ungefähr fünftausend Euro in Grenzen, aber unsere Segelstimmung war zunächst einmal beim Teufel. Eine weitere Konsequenz war, dass wir Carola beauftragten, sich umgehend nach einem neuen Hund umzusehen, obwohl wir nach fast 28 „Hunde-Jahren" eigentlich endlich einmal „hundefrei" sein wollten.

Das außergewöhnlich schöne Segelwetter verhalf uns glücklicherweise schneller zurück zu unserer guten Ausgangsstimmung, als wir erwartet hatten. Viel zu schnell tauchte Utklippan an der Kimm auf. Mit dem Auftauchen der Insel schlief der Wind fast schlagartig ein und es machte sich eine Gewitterstimmung breit, obwohl nichts von einem Gewitter zu sehen war. Aber der Himmel bedeckte sich mehr und mehr mit Wolken, die, so schien es, geradezu „von oben herabfielen". Die Wasseroberfläche war mittlerweile spiegelglatt, aber es regnete nicht. Natürlich bargen wir die Segel und liefen die letzte Meile unter Maschine.

Der 31 Meter hohe Leuchtturm von Utklippan grüßte in seinem tristen Grau zu uns herüber. Utklippan ist eine schwedische Schäre, etwa fünf Seemeilen südwestlich der Insel Utlängan, die die südlichste Markierung des westlichen Ufers des Kalmarsundes bildet. Genau genommen sind es zwei Schären, die, teils natürlich, teils künstlich, zu einem „Vorhafen" ausgebildet wurden. Von diesem Vorhafen aus fährt man in den richtigen Schutzhafen auf der Nordinsel. Der Vorhafen kann, je nach Wetterlage, von Osten oder von Westen angelaufen werden. Um die Südinsel zu erreichen kann man ein kleines Boot benutzen, das in einer kleinen Liegebucht vertäut liegt. Der Svenska Kryssarklubben stellt dieses Ruderboot den Insel-Gästen freundlicherweise zur Verfügung.

Wir wählten die westliche Einfahrt in den Vorhafen und steuerten unser Schiff von dort aus in den kleinen, in den Fels gesprengten Schutzhafen. Es lagen nur einige Yachten an den betonierten Kaimauern und wir fuhren bis ans Ende des knapp 100 m langen Hafenbeckens. Ganz hinten an der Westseite fiel uns bereits beim Einfahren eine winzig kleine Holzbude auf. Hier lebt für drei Monate im Jahr der Schwede Gunnar und verkauft an die Fischer und Freizeitschipper selbst geräucherte Fische und „Waren des täglichen Bedarfs", allerdings natürlich aus einem äußerst überschaubaren Angebot.
Nachdem wir die Yacht vertäut und unseren Festmacher-Trunk genossen hatten, besuchten wir Gunnar in seiner Bude, natürlich mit einer Flasche Schnaps als Gastgeschenk. Es wurde eine sehr lustige Unterhaltung, zu der sich noch ein Einhandseg-

ler, ein frühpensionierter schwedischer Testflieger, und einige andere Segler gesellten. Wir erfuhren von Gunnars Silbermöwe Emma, die uns zunächst nicht aufgefallen war, die aber fast immer in seiner Nähe weilt.

„Seit elf Jahren", hat Gunnar gesagt, „und vor fünf Jahren hat sie nach der Winterpause eine Tochter mitgebracht".

Woher er wohl wusste, dass es kein Sohn war? Emma fraß uns aus der Hand, trotz der immer lauter werdenden Unterhaltung. Gunnar hatte unsere Schnapsflasche geöffnet und spendierte freigiebig daraus. Irgendwann einmal glaubte ich, ihn einen etwas wehmütigen Blick auf die sich leerende Schnapsflasche werfen zu sehen. Aus meiner Sicht der Dinge erforderte es die Lage, dass ich ihm eine neue holen musste, die ich ihm heimlich zusteckte. Er verstand diese Geste und die Flasche wurde nicht mehr gesehen.

Irgendwann am späteren Abend ließ Gunnar unvermittelt den Rolladen herunter und bedeutete uns, dass er nunmehr sein Quantum getrunken habe und zu schlafen gedenke. Auf eine andere Art und Weise dürfte dieser Job wohl auch nicht durchzustehen sein.

Von Gunnar war weit und breit nichts zu sehen, als wir am nächsten Morgen gegen 10.00 Uhr die Leinen los warfen. Unser schwedischer Ex-Testpilot bugsierte sein Schiff schon durch die Mini-Hafeneinfahrt und winkte uns noch einmal zu. Wind war Mangelware und so verzichteten wir zunächst darauf, die Segel zu setzen. Ein wenig motoren würde dem Ladezustand unserer Batterien ganz gut tun!

Der Kurs führte uns in nordöstlicher Richtung in ein paar Meilen Abstand an Utlängan vorbei in den Kalmar-Sund. Die See war wieder spiegelglatt. So hatten wir sie bisher nur selten erlebt. Die Sonne brannte vom Himmel. Die Inseln und das Festland waren in dem heißen Dunst nur unscharf zu erkennen. Wir ließen die Maschine nur mit 1.300 U/min laufen; wir hatten es nicht eilig.

Am Vortag hatten wir uns entschieden, mit Kristianopel unseren nördlichsten Hafen auf dieser Reise anzulaufen. Wir konnten die Pricken zur Hafeneinfahrt in dem Sonnenglast kaum erkennen. Aber die Orientierung ist mit dem GPS kein Problem. Für die 22 Meilen benötigten wir man gerade vier Stunden, so dass wir am frühen Nachmittag bei brütender Hitze in den malerischen Fischereihafen einliefen und unsere UTHÖRN festmachten.

Kristianopel ist in unserer Erinnerung als „Rosendorf" hängen geblieben. Auch der königliche Name Christian begegnete uns hier wieder. Allerdings war es dieses Mal der Großvater unseres bereits von Christiansö her bekannten dänischen Königs Christian V. Er, Christian IV., zeichnet für den Ausbau Kristianopels zur Festung um das Jahr 1600 herum verantwortlich. Ein streitbares Geschlecht, so scheint mir im Nachhinein. Hier haben sich die Dänen ein wenig länger halten können als in Südschweden, aber 1677 war diese Herrlichkeit auch wieder vorbei. Der Wasa-König Karl XI. fegte die Dänen davon und ließ die Festung bis auf die mächtigen Grundmauern niederreißen. Er muss wohl ein gottesfürchtiger Mann gewesen sein, denn die Dorfkirche ließ er ungeschoren.

Die Großwetterlage blieb weiterhin stabil. Am nächsten Morgen nutzte ich die relativ niedrige Kaimauer, um den Wasserpass zu reinigen, während Ine direkt am Hafen einige Mitbringsel für unsere Tochter erwarb.
Während unseres Frühstücks im Cockpit kam uns erstmalig die Idee, uns bereits nördlich von Utlängan „in die Schären zu schlagen" und auf diesem Wege Karlskrona anzulaufen. Innerhalb der Schären waren wir noch nie gesegelt. Das würde Neuland für uns bedeuten. Es erfasste uns eine gewisse Unsicherheit, zumindest Respekt vor dem Unbekannten. Ein Blick in die Seekarte führte nämlich zu der Erkenntnis, dass wir uns an wenig Wasser unter dem Kiel und an sehr schmale Fahrrinnen würden gewöhnen müssen.
Nachdem der Hafenmeister uns freundlicherweise einen passenden Stecker an unser Kabel für den Landanschluss montiert hatte, verließen wir diesen kleinen, aber sehr schönen Hafen mit dem festen Vorsatz, wieder einmal vorbeizuschauen. Windstille und eine spiegelglatte See empfingen uns „vor der Tür". Die Fahrt bis

zur Einfahrt in das Schärengebiet nördlich der kleinen Insel Langören dauerte höchstens zwei Stunden.

Das Abenteuer konnte also beginnen. Und es begann zunächst einmal mit zwei fehlenden Untiefentonnen – und zwar den beiden wichtigsten überhaupt. Mit ihrer Hilfe hätte man sich in das Fahrwasser einfädeln sollen.

Selbstverständlich hatte ich die Fahrt aus dem Schiff genommen, aber auch bei Schleichfahrt ist es eine verflixt unangenehme Situation, wenn das Wasser sehr schnell flach wird, und das Schiff – es briste ausgerechnet jetzt wieder auf – vom Wind vor sich hergetrieben wird. Ohne Druck auf dem Ruder! Ich drehte eine Pirouette mit dem Bugstrahlruder und steigerte mich in eine gewisse Konfusion, die mich peinlicherweise immerhin dazu bewog, einem Radfahrer die blödsinnige Frage zuzurufen, wo denn hier die verfluchte Fahrrinne sei. Seine gut gemeinten Armbewegungen halfen uns nicht unbedingt weiter, zumindest deckten sie sich aber mit unseren eigenen Vermutungen.

Was würde ich in solchen Situationen nur ohne meinen Navigator machen? Im Vertrauen darauf, dass ich die Yacht schon eine Weile auf der Stelle würde halten können, verschwand Ine unter Deck und machte eine Standortbestimmung mit Hilfe des GPS, wobei sie die Koordinaten in die Karte übertragen musste, was eine zusätzliche Fehlerquelle bedeutete. Ihre Kursangabe war exakt und zweifelsfrei und ich folgte ihr vorsichtig, aber widerspruchslos. Wusste ich nach meinen vielen Drehungen doch kaum noch, wo Norden war! Der Radfahrer war mittlerweile stehen geblieben und wartete offensichtlich auf unsere „Strandung". Dieses Schauspiel boten wir ihm aber nicht.

Irgendwann tauchte dann auch die von Ine angesagte Tonne auf und mein Adrenalinspiegel pegelte sich so langsam auf einem Niveau leicht über der Normalhöhe ein. Denn „durch" waren wir noch lange nicht! Bei teilweise 80 cm Wasser unter dem Kiel, was wir bisher für die Ungenauigkeitsgrenze bei unserem Echolot gehalten hatten, fummelten wir uns durch ein uns plötzlich feindselig erscheinendes Gewässer. Wir beneideten die ortskundigen Schweden, die es sich mit ihren Segelbooten mittels Heckanker und Landleinen an lauschigen Plätzen in der Sonne bequem gemacht hatten, während wir uns von Pricke zu Pricke hangelten. Niemals werde ich die inmitten einer weiten Wasserfläche angelegte Fahrrinne vergessen! Ungefähr fünf Kilometer lang und vielleicht zehn Meter breit, bot sie man gerade 2,50 m Wassertiefe. Besonders unangenehm aber war der Umstand, dass nur jeweils am Beginn und am Ende der Rinne eine Tonne lag. Meine Bedenken, links oder rechts aufzulaufen, waren aus meiner Sicht durchaus berechtigt. Mein Vertrauen in die exakte Steuerung durch unseren Autopiloten war damals noch nicht besonders ausgeprägt, so dass ich die Handsteuerung vorzog.

Später durchfuhren wir den Möcklösund, der die Inseln Möcklö und Senoren voneinander trennt. Die kleine Möcklösundbrücke öffnete sich wie von Geisterhand, als wir auf sie zufuhren. In der Ferne konnten wir die ersten Bauten von Karlskrona erahnen. Die Stadtgründung Karlskronas fand im Jahre 1680 auf der Insel Trossö statt, einer Halbinsel an der Südküste von Blekinge. Man brauchte für die Ostseeflotte einen geschützten und eisfreien Hafen. Und Schwedens größter Marinehafen ist Karlskrona auch heute noch. Zwischenzeitlich hat sich die Stadt zu einer ansehnlichen Handels- und Industriestadt mit 35.000 Einwohnern entwickelt.

Im Westen der Stadt gibt es einen kleinen, idyllischen Yachthafen, unser Ziel für diesen Tag. Hier hatte ich genau vierzig Jahre zuvor mit meinem Freund Richard und seinem 7m-Kimmkieler eine wunderschöne Woche verlebt. Fünf Wochen waren wir damals von Bremen aus unterwegs. Karlskrona war der Scheitelpunkt unserer Reise. Richard war Seemann und ich Student. Er war ein Schwergewicht, ich ein Normalgewicht. Er war der Kapitän, ich das Deckspersonal. Lachen mochten wir beide sehr gern, und mit der Navigation nahmen wir es damals noch nicht so tierisch ernst. „Brötchentüten-Navigation" – diese Wortschöpfung hätte von uns sein können: „Erst mal zum Bäcker und Brötchen kaufen, wenn ein neuer Hafen angelaufen worden war – und ganz nebenbei aus der Tütenaufschrift den Namen des Ortes erfahren, in dem der Hafen liegt."

Die natürliche Bucht auf der Insel Dragsö ist der Heimathafen des Yachtclubs Karlskrona, in dem wir damals zu Gast gewesen waren. Nett waren die Leute, und schöne Feste haben wir zusammen gefeiert – damals. Wir hatten die Bilsch voll mit zollfreiem Schnaps, was seinerzeit wohl unseren „Marktwert" nachhaltig angehoben haben musste. Zu der Zeit war der Alkohol in Schweden noch rationiert, kein Wunder also!

Aber die Überraschung war groß, als wir uns nun in die Dragsö-Bucht hinein manövrierten. Ich hatte sie viel größer in Erinnerung. Jetzt hatten wir Probleme, überhaupt einen Liegeplatz zu finden zwischen den viel kleineren Schiffen. Auch meine Freunde von damals habe ich natürlich nicht wiedergefunden, und überhaupt war dieser Besuch eher eine Enttäuschung. Eine Liegeplatz-Nachbarin muffelte uns erst mal wegen unseres viel zu großen Schiffes an. Die war damals ganz bestimmt nicht dabei - das waren alles nur freundliche Menschen gewesen! Am nächsten Morgen zogen wir denn auch in der Frühe klammheimlich und irgendwie enttäuscht wieder ab. Wir hielten uns penibel genau an die Seekarte und erreichten ohne Probleme die Ausfahrt in die Ostsee.

Anders erging es Richard und mir! Endlos winkten wir unseren schwedischen Freunden zum Abschied, wobei wir links und rechts vom Cockpit standen und Richard mit dem Fuß die Pinne bediente.
Diese Gewichtsverteilung bedeutete, dass unser Boot erheblich zu Richards Seite kränkte und wir uns also anschickten, mit Schräglage aus dem Gesichtsfeld unserer Freunde zu verschwinden. Dabei übertrieben wir die „Schnibbelei" des vorgegebenen Kurses ganz offensichtlich. Aus heiterem Himmel tat es einen gewaltigen Schlag und mit einem Bremsweg von exakt drei Zentimetern, als so tief stellte sich die Macke im Steuerbordkiel später heraus, kamen wir abrupt zum Stehen. Das heißt, das Boot kam zum Stehen. Uns schleuderte unser eigenes Trägheitsmoment auf das Vorschiff, wobei wir noch Glück hat-

ten, dass keiner außenbords ging. Jedenfalls waren wir zwei für unsere Freunde an Land von einer Sekunde auf die andere nicht mehr zu sehen.

Eine peinliche Situation! Die Winkerei von Land ebbte langsam ab, als man unser Malheur bemerkt hatte. Wir gaben durch Zeichen zu verstehen, dass wir alles im Griff hätten, und wünschten uns dabei viele Meilen weiter weg. Die Knochen taten uns überall weh, aber glücklicherweise machte das Boot keine Anstalten zu sinken. Dafür hatten aber die für ein Schiff so typischen Schlingerbewegungen schlagartig aufgehört. Unser Kimmkieler lag „hoch und trocken" auf einem, wie sich herausstellte, fast ebenen Felsplateau.

Was tun? Nach einer angeregten Diskussion – die Schuldfrage wurde vorsichtshalber nicht diskutiert – steuerten wir aber auf den Moment zu, in dem ich zum ersten Mal meinem Skipper den Gehorsam verweigerte. Dieser Übermensch von mindestens 100 kg Lebendgewicht forderte mich doch allen Ernstes auf, ins Wasser zu steigen und das Boot vom Felsen zu schieben. Mit ihm an Bord! Nun, er akzeptierte schließlich meine abweichende Meinung und mit vereinten Kräften schafften wir diesen Gewaltakt. Bald schwamm unser Boot wieder. Richard mit seinem Übergewicht wieder an Bord zu kriegen, war fast der schwierigere Teil der Übung.

Wie gesagt, mit unserer UTHÖRN hatten wir keine Grundberührungsprobleme, sondern erfreuten uns alsbald wieder an dem freien Wasser der Ostsee. Die schwedische Kriegsmarine gab uns zum Abschied aus ihren Heimat-Gewässern noch eine kleine Kostprobe ihrer Leistungsfähigkeit: Wir befanden uns gerade wieder im freien Wasser, als ein Schnellboot von achtern auftauchte und langsam aufkam. Es überholte uns in einer Entfernung von maximal zehn Metern, was ich eigentlich als zu nah empfand. Hinter der Kommandobrücke lehnten drei Mariner an einem Geländer und winkten uns freundlich zu. Sie hatten nicht mit der Renommiersucht ihres Kapitäns gerechnet... Aus heiterem Himmel legte der sämtliche Gashebel auf den Tisch, und uns erschien es so, als mache das Schnellboot unter der geballten Antriebskraft geradezu einen Satz nach vorn, um mit einem Aufröhren der Motoren davonzuschießen. Unsere drei Mariner sahen dabei nicht gut aus. Sie verloren sofort das Gleichgewicht und purzelten übereinander. Ans Winken haben sie nicht mehr gedacht. Wir durften noch die gewaltige Heckwelle ausreiten, was aber bei dem dicht geholten Großbaum kein Problem bedeutete. Dann verschwand das Schnellboot hinter einer Qualmwolke. Wir hielten auf die Insel Hanö zu und genossen wieder einmal das warme Sommerwetter.

Der Wind wehte mit drei Windstärken aus Süd-Ost, so dass wir mit Groß und ausgebaumter Genua, die ich mit einer Bullentalje vorsorglich an einem Want gesichert hatte, mit mäßiger Fahrt vorankamen. Durch das Fernglas konnten wir den felsigen und bewaldeten Küstenstrich anschauen. Immer wieder fuhren Marineboote durch unser Sichtfeld, aber in unsere Nähe kamen sie nicht mehr.

Irgendwann entschieden wir uns, doch nicht nach Hanö zu segeln, sondern direkt nach Simrishamn. Also Genua auf die andere Seite, anluven, Baum dichter holen, Unterliek dichter holen und neuen Kurs anlegen. Der Wind frischte auf und aus unserer beschaulichen Segeltour wurde ein schneller Ritt über die höher werdenden Wellen. Nichts war es mit einem warmen Mittagessen. Ine war der Meinung, dass sie sich das bei dem schnell stärker werdenden Seegang nicht antun müsste. Nach der Selbstversorgung in Dragsö war sowieso ein abendlicher Restaurantbesuch angesagt!

Auch die Hanö-Bucht hat ihre Erinnerungen an meinen ersten Ostsee-Törn bei mir hinterlassen. Die Windverhältnisse müssen damals andere gewesen sein, denn aus unserem Schlag nach Simrishamn wurde wieder einmal unversehens ein Nacht – Törn, auf den wir nicht vorbereitet waren. Jedenfalls hatten wir keinen eindeutigen Standort, als die Dunkelheit über uns hereinbrach. Zunächst konnten wir noch den sternenklaren Himmel beobachten, wobei wir sogar einen Satelliten entdeckten, was damals noch eine absolute Seltenheit war. Später zogen Wolken auf, und wir wurden von einer vollkommenen Dunkelheit eingefangen. Richard schlief unter Deck, als ich laute Schiffsmotorengeräusche von verschiedenen Seiten auf uns zukommen hörte. Das konnten nur Boote der schwedischen Marine gewesen sein, und ich hoffte, dass sie unseren kleinen Kahn auf ihren Radarschirmen ausmachen würden. Das dürfte aber ein frommer Wunsch gewesen sein, denn unser Boot war wahrscheinlich viel zu klein, und wir hatten nicht einmal einen Radarreflektor im Mast.

Als mein Skipper an Deck kam, machten wir uns erneut Gedanken über unseren Standort, hatten aber keine Chance, diesen auch nur annähernd zu ermitteln. Wir hatten kein Echolot an Bord, so dass wir uns nicht einmal an den Tiefenlinien in der Seekarte orientieren konnten. Vorsorglich verlängerten wir schon einmal die Ankerleine mit sämtlichen Festmachern und Ersatzleinen, die sich an Bord befanden. Wir steuerten unser Boot durch eine mäßige Dünung. Irgendwann kam dann, was kommen musste: Wir hörten Brandungsgeräusche voraus! Und weil wir achterlichen Wind hatten, hörten wir die relativ spät. Wir gingen sofort auf Gegenkurs, nahmen die Plünnen herunter und warfen den Anker über Bord – in der Hoffnung, dass das Wasser nicht zu tief für unsere Ankerleine war. Irgendwann hatten wir den Eindruck, dass der Anker gegriffen hatte. Viel geschehen konnte aus unserer Sicht jetzt nicht mehr und nach einem kleinen Imbiss kletterten wir in die Kojen. Recht kaltschnäuzig, wie mir heute scheint.

Am nächsten Morgen stellten wir dann fest, dass wir unser Boot in einer Entfernung von vielleicht 200 Metern vom Ufer zum Stehen gebracht hatten. Die Strandangler mögen sich ihre Gedanken über uns gemacht haben. Bei diesen Wetterverhältnissen wäre eine Strandung keine Katastrophe gewesen. Aber wie wäre das bei Starkwind ausgegangen?

Unsere UTHÖRN durchpflügte brav die rauer werdende See. Bis wir vor der Hafeneinfahrt von Simrishamn standen, herrschte ein starker Ostwind, der die Wellen weit in den Hafen trieb. Aber die Einfahrt ist großzügig angelegt, so dass wir ohne Probleme unter Segel einlaufen und diese im Vorhafen, der den Eindruck eines Naturhafens auf uns machte, bergen konnten. Die angrenzende Marina machte einen eher ungemütlichen Eindruck und bestärkte uns in unserem Vorhaben, nur eine Nacht zu bleiben. Wir wollten am nächsten Tag nochmals einen Schlag rüber zur Nordspitze von Bornholm machen.

Simrishamn ist ein mittelgroßer Fischereihafen, der auch von Fähren angelaufen wird. Die kleine Stadt mit ihren engen Gassen und niedrigen Häusern ist von überschaubarer Größe, zumindest das Zentrum. Ein Spaziergang durch die Altstadt und die Fußgängerpassage hat durchaus seinen Reiz. Diesen Besichtigungsparcour hatten wir uns für den nächsten Tag aufgehoben.

An diesem nächsten Vormittag haben wir dann auch eingekauft - unter anderem frischen Räucherfisch – und danach ausführlich und in aller Ruhe gefrühstückt. Das ausgiebige Frühstück an Bord war mittlerweile zu unserer Lieblingsmahlzeit geworden! Seitdem Ine einen Kaffeetopf angeschafft hatte, in dem der Kaffee richtig aufgebrüht und der Kaffeesatz dann am Boden zusammengepresst wird, hatte die Qualität unserer Frühstückszeremonie noch einmal ein gehöriges Stück an Qualität hinzugewonnen.

Der Wind wehte mittlerweile mit sechs Windstärken und wir wussten, dass wir draußen einen auf die „Nieskapsel" kriegen würden. Also galt es, sich gründlich vorzubereiten und nichts dem Zufall zu überlassen. Obwohl die Sonne vom Himmel brannte und die Lufttemperatur mit 20° Celsius recht warm war, zogen wir also unsere Gummistiefel und das Ölzeug an. Die Ausfahrt aus dem Hafen und das Freikommen von Land unter Maschine gegen die brechenden Wellen würden eine feuchte Angelegenheit werden. Weil der Meeresgrund steil ansteigt, können bei Sturm die Brandungsseen vor der Hafeneinfahrt für ein- und auslaufende Schiffe problematisch werden oder die Passage sogar unmöglich machen. Aber so stark war der Wind nun auch wieder nicht.

Unsere Vorbereitungen liefen routinemäßig ab: Navigationsgeräte und Elektrowinschen einschalten, Lose in die Lazy-Jacks geben, damit ich das Groß später leichter „einfädeln" konnte, Vorsegelschoten klarieren, Großschot lösen, Spinlock für das entsprechende Vorsegel öffnen und die Reffleinen zurecht legen.

Am späten Vormittag legten wir ab, wobei uns eine steife Brise gegen den Steg drückte und das Freikommen erschwerte. Aber mittlerweile beherrschten wir solche Manöver: Zwei Fender am Ende der Backbordseite herausgehängt, den Kissenfender vorsorglich über der Kante zum Spiegel befestigt, Vorderleine los, Achterleine los, einen Meter zurückgesetzt, um vom vor uns liegenden Schiff freizukommen, Spring durchholen und dann aus ihr heraus mit dem Bugstrahlruder vom Steg wegdrücken, wobei die Schraube das Schiff langsam nach vorne treibt.

Im Vorhafen stellten wir die Yacht gegen den Wind und setzten das einmal gereffte Groß. Dabei achteten wir darauf, dass die Backstage straff durchgeholt waren und dass der Mast über das Achterstag gleich den richtigen Trimm bekam, denn wir würden relativ hoch am Wind segeln müssen. Wir ließen den Großbaum frei schwingen, weil wir zunächst unter Maschine bolzgerade gegen den Wind und die Wellen fahren mussten. Wir brauchten nämlich genügend Abstand zum Land, bevor wir über Steuerbord nach Südosten würden abfallen können.

Wir waren mal wieder das einzige Schiff, das bei solchem Wind und Seegang den Hafen verließ. „Vor der Tür" gerieten wir in die erwartete Achterbahn und das Vorschiff wurde von den kurzen, steilen Wellen immer wieder überrollt. Die Gischt schäumte über das ganze Schiff hinweg bis weit über das Heck hinaus.

Unsere UTHÖRN tauchte immer wieder so tief in die Wellen ein, dass das gurgelnde und schäumende Wasser manchmal sogar bis zur halben Höhe gegen die Windschutzscheibe vor unserem Cockpit rauschte, um dann seitlich abzufließen. Ohne diese segensreiche Einrichtung wäre das jetzt eine nasse Angelegenheit gewesen! Aber wieder blieb unser Mittelcockpit vollständig trocken.

Das Schlagen des Großsegels fing an, uns auf die Nerven zu gehen. Aber in diesem Chaos das Groß dicht zu holen, wäre die schlechtere Lösung gewesen. Je tiefer das Wasser wurde, desto länger wurden die Wellen, und so langsam nahm der Höllentanz überschaubarere Formen an.

Nach einer halben Stunde „Gegenanbolzen" konnten wir abfallen, das Groß dicht holen und das Kuttersegel ausrollen. Schlagartig wurde es ruhiger. Jetzt musste die UTHÖRN die Wellen zwar von der Seite nehmen, aber das machte ihr nichts aus und uns gefiel dieses träge Auf und Ab, wobei wir hin und wieder eine Gischtwolke über uns ergehen lassen mussten, wenn eine Welle sich mit lautem Klatschen an der Bordwand brach. Das Meer war übersät von weißen Schaumkronen, ein typisches Bild bei dieser Windstärke. Wir nahmen Kurs auf Hammerhavnen, einen kleinen Hafen an der Westküste Bornholms, direkt unterhalb der Nordspitze der Insel. Wir mögen Bornholm und wollten dieser Insel noch einmal einen kurzen Besuch abstatten, bevor wir uns dann endgültig wieder Richtung Heimat orientieren mussten.

Das würde eine schnelle Überfahrt werden.

Nach drei Stunden bereits tauchte Bornholm am Horizont auf. Immer dasselbe Spiel: Zuerst glaubt man, eine Wolke über der Kimm auftauchen zu sehen, dann realisiert man irgendwann, dass das wohl doch die Insel sein muss. Es folgt eine Standortbestimmung mittels GPS und Karte. Die Entfernung wird aus der Seekarte heraus gemessen und dann wird beurteilt, ob das mit der Beobachtung zusammen passt. Es passte, und nach weiteren drei Stunden hielten wir bereits auf die Hafeneinfahrt zu.

Die Saene-Bucht wurde vor über 200 Jahren einfach durch einen mächtigen Steinwall aus Findlingen, der durch eine Einfahrt unterbrochen war, von der offenen See abgetrennt. Später wurde dieser Wall im nördlichen Bereich zu einer Betonmole ausgebaut, an der man heute selbst bei Westwind einigermaßen geschützt liegen kann. Irgendwann wurde auch noch ein kleiner Steg vom nördlichen Ufer aus in den Naturhafen hinein gebaut.

Den besonderen Reiz dieses Hafens macht auch aus, dass man in ihm bei Ostwind sehr bequem über Nacht ankern kann. Der Ankergrund besteht aus Sand mit stellenweise Seegrasbewuchs.

Zu Hammerhavnen gehört keine Ortschaft, dafür sieht man vom Hafen aus die Ruinen einer Burg aus dem frühen Mittelalter. Das „Hammershus" liegt 72 Meter über dem Meeresspiegel und man kann es zu Fuß über Wanderwege in einer guten halben Stunde erreichen. Die Burg wurde vor Urzeiten sogar zur Aufbewahrung der eingezogenen Steuern verwandt! Wenn man so will, kann man sie also als Vorläufer der späteren Finanzämter betrachten. Aber das dürfte wohl für viele Burgen gelten. Später wurde die Burg in ein Staatsgefängnis und noch später in eine Kaserne für die Insel-Garnison umfunktioniert. 1743 wurde sie ganz aufgegeben und von diesem Zeitpunkt an als „Steinbruch" genutzt. Keine Frage, dass aus diesem Grunde nur noch ein kläglicher Rest von ihr übrig ist. Der wurde dann 1822 unter Denkmalschutz gestellt.

Vom Schlossgartencafe aus genießt man als Belohnung für den Fußmarsch einen herrlichen Blick über das Meer. Durch den Abbau von Granit sind östlich des Hafens die einzigen Bergseen Bornholms entstanden. Sie sehen aus wie natürliche Seen und bereichern heute die Landschaft. Zu Zeiten des Granitabbaus wurde übrigens für die Verladung der gebrochenen Steine die Hafenmole gebaut.

Wir machten an der Mole fest und verbrachten eine romantische Nacht in diesem schönen Hafen, mit traumhaftem Sonnenuntergang und Lagerfeuer am Strand.

Am nächsten Tag wollten wir uns den Besuch des kleinen Hafens Allinge an der Ostküste von Bornholm noch gönnen. Das würde wieder ein unbequemer Ritt werden, mussten wir doch bei relativ starkem Wind die Nordspitze von Bornholm umrunden. Dort würde mit Sicherheit eine hohe Welle stehen!

Wir setzten gar nicht erst die Segel, weil wir schlichtweg keine Lust hatten, gegen Wind und Strom anzukreuzen. Der Schwell war noch um einiges höher, als wir ihn erwartet hatten, so dass ich bei der Umrundung des Nordkaps die Maschinenfahrt verlangsamen musste – sonst hätte ich unsere UTHÖRN in ein U-Boot umfunktioniert. Die Gischt wurde wieder bis weit über das Heck hinaus geschleudert. Wir verkrochen uns unter die Sprayhood und überließen das Kurshalten unserem „elektronischen Steuermann". Von den Felsen unterhalb des Leuchtturms Hammerodde hielten wir respektvollen Abstand. Nach Passieren der Nordspitze wurden die Wellen geringfügig niedriger. Zumindest wurden sie länger, wodurch das Stampfen weniger wurde. An Sandvig vorbei hielten wir jetzt Kurs auf Allinge.

Ich machte mir einige Sorgen über die Höhe der Wellen vor der Hafeneinfahrt von Allinge. Auch hier wird das Wasser unmittelbar vor dem Hafen relativ flach, was bei der vorherrschenden Windrichtung aus Ost und dem hohen Schwell das Risiko einer Grundberührung in sich birgt. Eine ähnliche Situation wie vor ein paar Tagen in Gudhjem! Hier kommt erschwerend hinzu, dass die sehr enge Hafeneinfahrt rechtwinklig zur Küste, also bei Ostwind quer zu den anlaufenden Wellen, angelegt ist. Die Ansteuerung des Hafens würde also hohe Anforderungen an meine Steuerkünste – und an meine Nervenstärke – stellen.

Also auch hier wieder volle Konzentration! Ein Abbruch des Manövers wäre gleichbedeutend mit einer Strandung auf den Klippen... Ich steuerte einen Kurs von 250° und trieb die Yacht mit 2.000 U/min auf die Einfahrt zu, wobei ich insbesondere einen orange bemalten, einzelnen Felsen links von der Hafeneinfahrt im Auge behielt.

Die Wellen trugen uns bis relativ dicht vor die Hafenmauer. Erst als die Hafeneinfahrt sich bereits direkt neben uns an Steuerbord öffnete, riss ich das Ruder herum und schob den Gashebel weit nach vorn. Die Yacht reagierte augenblicklich und mit „Schmackes" fuhren wir auf einem Wellenberg durch die Hafeneinfahrt in den Hafen.

Wieder war alles gut gegangen. Und obwohl die Situation deutlich schwieriger war als in Gudhjem, fühlte ich mich nicht besonders gestresst. Ich hatte die Erfahrungen mit Gudhjem offensichtlich gut in meinem Unterbewusstsein gespeichert, was mir wohl die nötige Sicherheit gab. Trotzdem empfehle ich: Ab fünf Windstärken aus Ost mit einem tiefgehenden Schiff an Allinge vorbeifahren!

Der Hafen von Allinge besteht aus zwei Hafenbecken, wovon das kleinere durch ein großes Holztor vor dem bei Ostwind herrschenden Schwell geschützt werden kann.

Wir waren froh, dass wir in diesem kleineren Hafenbecken Platz fanden, war doch selbst hier noch die Dünung relativ stark. Wir vertrauten auf einen einsichtigen Hafenmeister, der zum Abend das Tor hoffentlich schließen würde. Außer unserer UTHÖRN lagen nur noch drei kleine Fischkutter an den Kaimauern. Wir führten das auf die Wellen vor der Hafeneinfahrt zurück, die sicherlich manchen Skipper vom Einfahren in den Hafen abhielten.

Aus unserem Hafenverzeichnis erfuhren wir, dass der Hafen von Allinge 1856 in den Fels gesprengt und bereits 1872 durch eine gewaltige Sturmflut wieder zerstört wurde. Nicht weit von Allinge steht eine der vier Rundkirchen Bornholms auf einer Anhöhe von 112 Metern über dem Meeresspiegel. Mit Bordfahrrädern, hoffentlich mit einer Gangschaltung ausgerüstet, in einer Entfernung von fünf Kilometern gut zu erreichen.

Wir waren bereits gegen Mittag eingelaufen und genossen die Sonnenwärme an Deck. Ich hatte es mir auf dem Achterschiff bequem gemacht und war gerade am Eindusein, als die quengelige Stimme eines kleinen Jungen in mein sich langsam entfernendes Bewusstsein drang:

„Mami, die Frau da vorne, schläft die da so einfach in der Sonne? Und der Mann da hinten, ist das der Kapitän? Und Papi, warum kaufst Du nicht auch so ein Schiff?"

Unsere Reise führte uns am nächsten Tag nach Ystad, einen kleinen Industriehafen an der schwedischen Südküste. Vom Wetter wurden wir weiterhin verwöhnt und bei einem leichten achterlichen Wind und ruhiger See war es ein Vergnügen, statt der Genua den bunten Blister zu setzen. Wir fuhren ihn wieder einmal als „Spinnacker-Verschnitt", also mit zwei freien Schoten vor dem Vorstag.

Während wir uns auf dem Achterdeck liegend eine von Ines Traum-Quarkspeisen schmecken ließen, tauchte in weiter Ferne von achtern her ein großer Passagierdampfer auf. Nach einer halben Stunde erkannten wir in ihm das „Traumschiff" ASTOR, wohlbekannt aus einer beliebten Fernsehserie.

Als die ASTOR nur noch ungefähr eine Meile von uns entfernt war, verlangsamte sie deutlich die Geschwindigkeit und kam schließlich querab von uns zum Stehen.

„Jetzt fehlt nur noch, dass die ein Boot aussetzen und uns zum Kaffeetrinken an Bord holen!"

Aber die hatten andere Sorgen! Auf Kanal 16 hörten wir den Funksprechverkehr der ASTOR mit der schwedischen Coast Guard. Sie hatten ernsthafte Probleme mit einem Passagier, der an einem Magendurchbruch litt. Wenn wir es richtig verstanden, dann hatten sie zwar einen Operationsraum an Bord, aber keinen Arzt, der eine solch schwierige Operation durchführen konnte. Die Schweden fackelten nicht lange und versprachen, einen Hubschrauber mit einem Operationsteam zu schicken.

Als der Hubschrauber am Horizont auftauchte, konnten wir das Gespräch zwischen dem Piloten und dem Arzt an Bord der ASTOR verfolgen, wobei sich uns ein wenig die Nackenhaare stellten:

„Please, hurry up. He's going down!"

Der Hubschrauber stand schon bald über dem riesigen Passagierschiff und ließ die Helfer herab. Die ASTOR nahm sogleich wieder Fahrt auf und verschwand im Westen hinter dem Horizont.

Es ist hoffentlich gut gegangen! Festzuhalten bleibt, dass der Rettungseinsatz sehr professionell abgewickelt wurde und dass uns das Wissen um diese Profis im Hintergrund ein beruhigendes Gefühl vermittelte.

Wir ahnten natürlich nicht, dass wir auf unserer nächsten großen Reise noch viel intensiver mit diesen segensreichen Institutionen in Berührung kommen sollten.

Als der Wind auffrischte, nahmen wir den Blister und das Grosssegel weg und liefen nur unter Genua nach Ystad. Am Nachmittag erreichten wir den Hafen. Unser Liegeplatz gefiel uns nicht besonders, war unsere UTHÖRN doch dem stark aufgefrischten Wind direkt ausgesetzt. Sie wurde heftig auf den Anleger gedrückt, so dass wir unsere sämtlichen Fender ausbringen mussten. Wir machten uns auf eine unruhige Nacht gefasst.

Heute fahren wir auf der Suche nach einem ruhigen Liegeplatz grundsätzlich bis ins hinterste Hafeneck und finden fast immer noch ein „Loch", in das unsere UTHÖRN gerade so hinein passt.

Der unruhige Liegeplatz im Hafen von Ystad hielt uns aber nicht davon ab, ein vom Hafenmeister empfohlenes Fischrestaurant aufzusuchen und uns dort verwöhnen zu lassen. Für einen ausgedehnten Spaziergang nach dem Essen fühlten wir uns zu müde.

Wir gingen zurück an Bord, wohl auch, um eingreifen zu können, falls der Sturm es erforderlich machen sollte. Vom Klatschen der Wellen an das Achterschiff einmal abgesehen, verbrachten wir eine störungsfreie Nacht.

Beim Ablegen am nächsten Morgen stellten wir uns leider etwas unbeholfen an, was uns eine kleine Macke an der Umfassung eines Backbordbullauges am Achterschiff eintrug. Wir waren einfach noch nicht routiniert genug. Später würde uns das nicht mehr passieren:

Ich drückte das Vorschiff mit dem Bugstrahlruder gegen sechs Windstärken vom Anleger weg, was natürlich zur Folge hatte, dass das Achterschiff gegen den Anleger gedrückt wurde. Mit Abhalten war da nichts zu machen. Der Wind war viel zu stark. Hätten wir uns das vorher überlegt, dann hätten wir einen Fender an entsprechender Stelle ausgebracht und die Sache wäre klar gegangen. Wir hatten eine der wichtigsten Grundregeln nicht beherzigt:

„Vor jedem Manöver darüber nachdenken, wie sich das Schiff in der jeweiligen Situation verhalten wird. Also Berücksichtigung der herrschenden Wind-, Strömungs- und Schwellverhältnisse!"

Fast immer sind die daraus resultierenden Abläufe vorhersehbar! Aber so ist das eben: Erfahrungen müssen bezahlt werden! Auf der Überfahrt nach Klintholm erlebten wir den bis dahin stärksten Seegang. Starkwind und Wellen konnten uns aber nicht vom Auslaufen abhalten. Wir wollten nach Hause! Ein gewisses Heimweh der Vorschoterin nach unserer Tochter war nicht mehr zu übersehen. Der Einbruch in unser Einfamilienhaus spukte doch stärker in unseren Köpfen herum, als wir uns eingestehen wollten.

Im Vorhafen, der uns mit seinen Untiefen verunsicherte, setzten wir das zweimal gereffte Großsegel, wobei ich zum ersten Mal die Reffösen am Vorliek ordnungsgemäß in die Schnappschäkel am Lümmelbeschlag einhakte. Den Unterliekstrecker durchgeholt, die Reffbändsel zusammen gebunden – und unser gerefftes Groß stand zum ersten Mal hervorragend. Für diesen gerefften Zustand eine Augenweide! Wir mussten uns unser Schiff in der Tat Stück für Stück „erarbeiten".

„Vor der Tür" merkten wir dann aber sehr schnell, auf was wir uns da eingelassen hatten. Zum Glück kam der Süd-Ost auf unserem Kurs nach Klintholm ziemlich genau von der Seite, eher noch ein wenig achterlicher. Am blauen Himmel ließen sich die Wolken von dem relativ warmen Wind vorantreiben, als gelte es, eine Wolkenregatta zu gewinnen. Die immer höher werdenden Wellen trafen unsere UTHÖRN fast genau breitseits. Als Vorsegel hatten wir vorsorglich nur das Kuttersegel ausgerollt, obwohl mir schien, dass wir mehr Tuch vertragen könnten.

Der Sturm legte weiter zu, und mit ihm die Wellen. Wir hatten jetzt beständig acht Windstärken, in Böen neun. Die Wellen schätzten wir auf bis zu vier Meter Höhe, was aber kein Problem bedeutete, fuhren wir doch fast parallel zu ihnen. Für Ostseeverhältnisse waren sie relativ lang, und so wurden wir von ihnen immer wieder auf eine geradezu angenehme Weise mit in die Höhe und in das dazugehörige Wellental getragen. Die Schiffsbewegungen waren eher bedächtig und gaben niemals zu einem unsicheren Gefühl Anlass, obwohl die Yacht zeitweise gehörig nach Lee überholte. An der Wellenvorderseite entstanden für unser Schiff zeitweise ganz interessante Krängungswinkel. Der Sturm drehte ein wenig mehr in nördliche Richtung und kam damit noch mehr raumschoots. Das ermutigte mich, doch noch die gereffte Genua zu setzen. Das Kuttersegel wurde eingedreht und jetzt flogen wir geradezu vor dem Sturm dahin. Mehr als acht Knoten zeigte das Speedometer an. Das war die reinste Freude und „Segeln pur".

Wie so häufig überließen wir das Schiff dem Autopiloten und nahmen die daraus resultierende geringfügige Schlangenlinie in Kauf. Hinter dem Ruder zu stehen wäre nicht besonders vergnüglich gewesen, schlugen doch immer wieder die sich brechenden Seen gegen den Rumpf und ließen ihre Schaumkronen sich in einen Gischtvorhang auflösen, der es sinnvoll erscheinen ließ, sich unter der Sprayhood aufzuhalten.

Nach acht Stunden passierten wir die Kreidefelsen von Mönsklint und steuerten an den Stellnetzen vorbei auf die Hafeneinfahrt zu. Obwohl wir diese Überfahrt als reinstes Vergnügen empfunden hatten, waren wir rechtschaffen kaputt und bargen das Groß erst im Mittelhafen von Klintholm. Der Schwell war uns zu stark, um in der ungeschützten See am Mast herumzuturnen und das Groß fein säuberlich zusammenzulegen. Der Hafen war gut besetzt, die meisten Segler wollten sicherlich den Sturm aussitzen. Das konnten wir durchaus verstehen, zumindest wenn man hätte gegenan bolzen müssen. Wir fanden noch einen Stegplatz und konnten die Yacht sehr bequem längsseits fest machen.

Nach solch einem erlebnisreichen und auch irgendwie anstrengenden Segeltag wollten wir unseren Salon nicht mit Küchendüften belasten, von der Müdigkeit ganz abgesehen, die auch meiner Köchin zu schaffen machte. Also gönnten wir uns ein Abendessen im nahe gelegenen Hafenrestaurant, das für seinen guten Fisch weit über die Grenzen hinaus bekannt ist. Zum Abschluss dieses schönen Tages leisteten wir uns sogar eine Flasche Wein, was schon was heißen will, ist die Höhe der Weinpreise in Dänemark doch durch nichts zu rechtfertigen. Danach genossen wir den Abend an Bord, in einem geschützten Hafen, mit einem Buch und einem guten Tropfen.

Über Rödby steuerten wir in den nächsten zwei Tagen bei gutem Segelwetter Kiel an. Unser erster richtiger Urlaubstörn war zu Ende. Eine lehrreiche Reise mit überwiegend wunderschönen, aber auch mit einigen kritischen Erlebnissen. Bis auf das Abenteuer mit der Ankerwinsch hatten wir uns immer auf unser Schiff verlassen können. Wir selbst waren sicherer in der Handhabung der Systeme geworden.

Zu Hause wurden wir von einer erleichterten Tochter und einem neuen Hund begrüßt. Ein kleiner „Golden Retriever" war es, ein richtiger Knuddelhund, aus dem ganz bestimmt kein Wachhund werden würde...

Die Ankerwinsch wurde übrigens im Winterlager von Conyplex-Monteuren anstandslos repariert, obwohl ich angeboten hatte, die Reparatur von einem Handwerker aus Kappeln ausführen zu lassen, was meiner Meinung nach für Conyplex deutlich billiger gewesen wäre.

Da kann man nicht meckern!

IV

Vor den Segelspaß in der Nordsee haben die Götter die Kanalfahrt von Kiel nach Brunsbüttel gestellt. Jedenfalls unsere Götter, denn unser Segelschiff hat seinen Liegeplatz nun mal in Kiel-Schilksee. Und obwohl die Ostsee wunderschöne Segelreviere zu bieten hat, zieht es uns doch immer wieder einmal in die so ganz andere Nordsee. Das ist nicht weiter verwunderlich, wuchs die Besatzung doch in ihrem unmittelbaren Umfeld auf, die Frau des Skippers in Bremen und der Skipper selbst auf der nordfriesischen Insel Sylt.

Man muss es mögen, aber auch respektieren, um dieses rauhe und schwierige Gewässer genießen zu können. Um sich dort heimisch zu fühlen, gehört noch eine gehörige Portion mehr dazu: In erster Linie navigatorische Kenntnisse und die Beherrschung der Seemannschaft, auch in schwierigen Situationen. Ganz wichtig aber ist die Bereitschaft, immer ein wenig mehr Sicherheitsreserven einzuplanen, als scheinbar notwendig sind.

Vor der Einfahrt in die Schleuse wurden beim Schiffs-Ausrüster Tiessen am Tiessen-Kai, er liegt einfach günstig auf dem Weg in die Nordsee, noch einige Besorgungen gemacht. Aber nichts Zollfreies.

Nichts mit Einklarieren und Ausklarieren und so weiter. Das ist nicht unsere Sache. Im Grunde genommen gehen wir wegen der Atmosphäre in den Tiessen-Laden. Da ist es noch wie früher. Wie ich selbst es als junger Bursche vor meinem ersten Törn nach Schweden schon erlebt habe. Da kommt man mit dem Verkäufer noch ins Gespräch. Und wenn er gut drauf ist, so sagt man, darf man sogar vorab die Marmelade probieren.

Aus dem Fernsehen erfuhr ich, dass der letzte Tiessen- Sprössling den Kieler Stadtvätern kurzzeitig Ärger bereitete, als auf deren Veranlassung der Kai zu Ehren seiner Familie mit seinem Namen geziert werden sollte. Man hatte Thiessen statt Tiessen auf das Schild gepinselt. Das konnte ein rechter Tiessen natürlich nicht akzeptieren und so bestand er kurzerhand darauf, dass das

Schild stantepede wieder abgebaut wurde. Heute jedenfalls steht der richtige Name auf dem Schild – schön in weiß auf blauem Grund.

Etwas zurückgesetzt, hinter einer kleinen Grünfläche, steht das mächtige „Kanalpackhaus Holtenau" aus der Zeit um 1780. Es wurde irgendwann in den letzten Jahren von Grund auf renoviert und steht heute mit seinem Krüppel-Walmdach, den roten Ziegeln und den grünen Fenster- und Türläden sauber da. Das Restaurant darin haben wir schon öfter besucht und können es ruhigen Gewissens empfehlen.

Die Signallichter an der Schleuse in Kiel gaben den Weg frei. Wir liefen ein und machten, zusammen mit einigen anderen Booten, am rechten Schwimmsteg fest. Ine erklomm die Schleusenmauer und bezahlte die Kanal-Gebühren beim Schleusenmeister. Bis zur Öffnung des Innentores der Schleuse hatten wir Zeit für einen Kaffee und eine Plauderei mit unserem Hintermann. Er wollte zurück nach Hamburg. Kam aus dem Urlaub in schwedischen Gewässern. Das Schleusentor öffnete sich und wir legten ab.

Welcher Segler findet schon Gefallen daran, 98 km Kanalschieberei abzuarbeiten? Da gilt es, die Distanz mit Maschinenkraft möglichst schnell zurückzulegen, um am ersten Urlaubstag vielleicht noch einen angenehmen Abend im Hafen von Brunsbüttel zu verleben.

Durch die Geschwindigkeitsbegrenzung auf 15 km/h war die Drehzahl unserer Maschine auf 1.700 U/min vorgegeben. Leider wehte der Wind zwar kräftig, aber aus West, so dass kein Segel zusätzlich gesetzt werden konnte, was doch wenigstens ein Segelgefühl hätte vorgaukeln können.

Das Wetter war, wie üblich bei unseren «Kiel-Kanal-Fahrten», durchwachsen. Mal Regen, mal Sonne. Gewitter-Böen wechselten sich mit Windstille ab. Der Schiffsverkehr war mäßig. Wie soll sich der Aufwand mit so einem Kanal nur rechnen? Die Gebühren der Freizeitboote werden keinen großen Beitrag dazu leisten!

Die Uferböschungen an Backbord und Steuerbord begleiteten uns in ihrer Eintönigkeit. Abwechslung ist nicht geboten. Ich beschäftigte mich zwischen den Regenschauern mit Putzarbeiten an Deck, bis der Smutje Kaffee und Kuchen unter die Sprayhood reichte. Der Autopilot erfuhr hin und wieder eine Korrektur über die Fernbedienung und wir hingen unseren Gedanken nach, bis zum Augenzufallen.

Irgendwann kam von weitem die „Rendsburger Eisenbahnhochbrücke" in Sicht. Baujahr 1913. Ein Bauwerk, das mich bei meinen seltenen Bahnreisen schon als kleiner Junge faszinierte. Die Häuser darunter kamen mir damals vor wie Puppenhäuser. Ganz aufgeregt wurde ich, wenn Zwergenmenschen zufällig um ihre kleinen Häuser herumliefen oder wenn ein Miniaturauto sich über eine Miniaturstraße bewegte. Kinderaugen sehen eben alles ein wenig anders. Heute empfinde ich die Höhe der Brücke gar nicht mehr als so gewaltig.

Wir passierten die „Rendsburger Schwebefähre". Sie ist eine Seltenheit: Sie schwimmt nicht, sondern ist über Stahltrossen an einer Laufkatze befestigt, die ihr eigenes Schienenpaar an den Seiten der Hochbrücke hat.

Zwei weitere Fähranleger befinden sich in Nobiskrug. Dort fahren zwei 45-t-Fähren im Wechsel, je nach Bedarf. Sie sind uns gegenüber ausweichpflichtig. Wir haben auf dem Kanal noch nie eine Situation erlebt, in der die Begegnung mit einer Fähre ein Problem gewesen wäre.

Viel zu nahe an der „Rendsburger Schwebefähre" spielten Kinder in einem gelben Schlauchboot. Dass die nicht froren! Aber Kinder müssen ein anderes Temperaturempfinden haben als Erwachsene.

Wenn ich von den für Jungen so reizvollen Eisschollen im Wattenmeer bei List auf Sylt absehe, mit denen wir abenteuerliche, und im Nachhinein besehen sehr gefährliche Floßfahrten unternahmen, war eigentlich ein kleines, gelbes Schlauchboot mein erstes eigenes „Schiff". Ein Schlauchboot aus Wehrmachtsbeständen, das mein Vater nach dem Krieg eines Tages mitbrachte. Ein ideales Badeboot, das ich natürlich nur mit ihm zusammen benutzen durfte. Und das aus gutem Grund: Ein Spielkamerad in meinem Alter wurde einmal mit seinem Schlauchboot vom Ebbstrom erfasst und musste von dem damals in List stationierten Seenotkreuzer „Hermann Freese" kurz vor der Spitze des „Ellenbogens" aus dem Meer gefischt werden. Beinahe wäre er auf hoher See verschwunden.

Einige Jahre später, ich hatte mich bis zu dem interessanten Jungenalter von acht Jahren durchgeboxt, wurde das Boot, ohne Wissen meines Vaters, von mir und meinen Freunden „in Besitz" genommen. Mit weißer Ölfarbe wurde es auf den Namen „Möwe" getauft. Am nächsten Tag, wenn die Farbe trocken wäre, wollten wir mit ihm „in See stechen".

Daraus wurde nichts: Meine um zwei Jahre ältere Schwester hatte davon Wind bekommen und wusste sich in ihrer Angst um das Leben ihres Bruders nicht anders zu helfen, als meinem „Schiff" einen mindestens vierzig Zentimeter langen Schnitt mit einer Schere beizubringen!

Diese Fürsorge wurde von mir damals natürlich falsch interpretiert. Sie war nach dieser „Gemeinheit" lange Zeit Luft für mich. Irgendwann hat mein Vater dann ein Wort mit mir „von Mann zu Mann" gesprochen und mir die wahren Beweggründe meiner Schwester für diese Schlauchboot-Attacke erläutert. Wir haben es dann gemeinsam mühsam wieder zusammengeflickt, was fast an der zunächst nicht vorhandenen Gummilösung gescheitert wäre. Das Boot hat uns noch viele schöne Stunden beschert, allerdings weiterhin unter der Aufsicht meines Vaters.

Das nächste Schlauchboot, auch aus Wehrmachtsbeständen, war deutlich größer. Und ich war einige Jahre älter. Um es für fünf Mark kaufen zu können, musste ich für unseren Gemüsehändler Jes Paulsen, einer wichtigen Figur in meiner Kindheit, genau zehn Tage lang Obst austragen.

Den Boden des Schlauchbootes hatten wir mit Bodenbrettern ausgelegt und meine Freunde und ich hatten es mit einem Mast und einem Wikingersegel ausgerüstet. Die Ausblasöffnung unseres Staubsaugers passte genau auf den Einblasstutzen des Gummibootes und so war das Füllen der Luftkammern ein relativ einfacher Vorgang. Leider gab es am Strand keine Steckdose für unseren Staubsauger und dort dauerte es Stunden, bis wir das Gummiboot mit dem Blasebalg aufgepumpt hatten. Wie sich alsbald herausstellte, hatte ich das Boot mit fünf Mark erheblich überzahlt: Aus vielen kleinen Löchern entwich Luft, so dass wir unser Wikingerschiff, ziemlich gefrustet, bereits am Ende des ersten Tages unbemannt unter Segel auf die See hinaus treiben ließen. Sehr klug war das nicht, hätte doch ein unbeteiligter Beobachter eine Notsituation vermuten und wer weiß wen alarmieren können. Zu unserer Ehre sei gesagt, dass wir durch das Fernrohr den Untergang unseres Seelenverkäufers noch beobachten konnten. Umweltgedanken haben uns damals noch nicht beschäftigt.

Nach der eintönigen Kanalfahrt lud ich in Brunsbüttel meine beiden Damen zum Abendessen in einem nahe gelegenen Restaurant ein. Zwei Damen, weil unsere Tochter ihren zweiten „Mitsegelversuch" machte. Ich erinnere mich, dass wir mit dem Wirt ins Gespräch kamen und nebenbei von ihm erfuhren, dass er fünfzig Meter weiter eine Tankstelle für Sportboote betrieb. Das war wahrscheinlich ein deutlicher Wink des Himmels! Wenn ich ihm gefolgt wäre, wäre uns am nächsten Tag Vieles erspart geblieben.

Am Morgen dieses Unglückstages passierten wir die Schleuse von Brunsbüttel, und obwohl mir kein Malheur bei dem Schleusengang in Erinnerung ist, bin ich davon überzeugt, dass, eingedenk der folgenden Geschehnisse, auch hier etwas passiert sein muss. Ich werde es nur vergessen haben.

Das Wasser lief noch auf, so dass wir eine ganze Weile unter Maschine gegen den Strom laufen mussten, wenn wir Helgoland vor der Dunkelheit erreichen wollten. Mir fehlte bisher noch die genaue Kenntnis über den Dieselverbrauch, und damit war ich unsicher über den Dieselvorrat in unseren Tanks, hatte aber, der Wahrheit die Ehre, ein mulmiges Gefühl in der Magengegend. Die Anzeige stand annähernd auf Null, aber das hatte sie vorher auch schon einmal getan und ich habe mich seinerzeit beim Tanken gewundert, wie viel Treibstoff noch in den Tanks war.

Jedenfalls gefiel mir das Motoren ganz und gar nicht, schmälerte doch jede „motorte" Meile meine Treibstoff-Reserve. Übrigens ein klares Nein, falls der Leser auf die Idee kommen sollte, dass ich den zollfreien Sprit auf Helgoland im Visier hatte. Ein solch sparsamer Mensch bin ich in den mehr als dreißig Jahren meines Aufenthaltes im Schwabenländle nun auch wieder nicht geworden. Aber sicher so sparsam, dass ich bei einem Tankaufenthalt in Cuxhaven wohl nur eine Mindestmenge eingefüllt hätte. Aber das Schicksal nahm seinen Lauf, und zu einem Tankstopp in Cuxhaven kam es an diesem Tag nicht.

Unser Pech war wohl auch, dass ich am nächsten Vormittag mit einem Geschäftsfreund gegen 10.00 Uhr auf Helgoland zu einer Besprechung verabredet war. Es war ihm offensichtlich sehr wichtig, mich zu treffen, denn er wollte den Aufwand treiben, mit einem Flugzeug von Nürnberg nach Helgoland zu fliegen, Ankunft 09.30 Uhr. Und es ließ sich mit meiner hanseatischen Kaufmannsehre nicht vereinbaren, dass ich womöglich unpünktlich sein könnte.

An einer Fahrwassertonne konnte ich beobachten, dass der Flutstrom schwächer wurde. Das Schiff wurde vom Autopiloten gesteuert und ich entschloss mich, zunächst das Großsegel, vorsorglich einmal gerefft, zu setzen. Der Westwind briste auf fünf Windstärken auf und das bedeutete, dass wir auf der Reststrecke bis Cuxhaven einige Schläge würden kreuzen müssen, wenn ich denn den Motor abstellen würde.

Ich erinnere mich, dass ich es mit dem Segelsetzen intuitiv plötzlich sehr eilig hatte, und das war gut so. Denn kaum hatte ich das Segel durchgesetzt, schwieg der Motor. Mir erstarb das Lob für das Mitdenken meiner Vorschoterin auf den Lippen, als ich feststellen musste, dass sie gar nicht im Cockpit saß. Und jetzt erinnerte ich mich auch, dass sie sich „nach unten" abgemeldet hatte.

Mir fielen ein paar kräftige Flüche ein, als ich an die Konsequenz des leeren Tanks dachte: Luft im Leitungs-System! Die unvermeidliche Entlüftungszeremonie hätte ich mir gerne erspart.

Aber was soll's? Also flugs die Genua III ausgerollt, damit wir höher an den Wind gehen konnten. Das Schiff war versorgt und ich konnte mich in aller Ruhe auf meine nächste Fehlentscheidung konzentrieren.

Obwohl der Yachthafen von Cuxhaven mit einem wunderschönen Vorhafen ausgestattet ist, einem Vorhafen, in den wir ohne weiteres unter Segeln hätten einlaufen können, zumal der Ebbstrom nur noch recht schwach war, und in dem wir für das fällige Ankermanöver bis zum Stillstand unsere Kreise hätten ziehen können, entschied ich, an Cuxhaven vorbei zu segeln, direkt nach Helgoland. Frei nach dem Motto: „Lieber eine möglicherweise falsche Entscheidung als gar keine", fühlte ich mich zunächst einmal ganz kommod mit der neuen Situation.

Der Zustand der Erleichterung hielt nur so lange vor, bis meine Frau mit der Hiobsbotschaft an Deck kam, dass sie soeben den Wassereinbruch im Bad der Achterkajüte beseitigt hätte: „Das Bullauge war wegen der Motorfahrt nicht verschlossen - und überhaupt, warum hast Du die Maschine abgestellt? Ohne Segel wäre das nicht passiert!"

Wassereinbruch!? Mir verschlug es den Atem und ich verlangte nach Aufklärung und in keinem Fall war ich jetzt noch bereit, über den dämlichen Motor zu diskutieren. Die Rollen sind auf unserem Schiff nämlich ganz klar verteilt! Bullaugenverschließen gehört eindeutig zum Aufgabenbereich meiner Mannschaft. Der Skipper kann doch nicht jeden Handgriff kontrollieren! Bullauge nicht verschlossen! Wir hätten absaufen können!

...Oder sollte der Skipper die Kontrolle der (über)lebenswichtigen Dinge vielleicht doch zum Standard erheben?

Die Gelegenheit wäre günstig gewesen, von meiner eigenen Fehlbeurteilung der relativ wichtigen Treibstoff-Situation abzulenken, aber irgendwo steckt doch noch ein brauchbarer Kern in mir: Ich bekannte mich zu meinem Fehler und konnte als Lohn für diese Ehrlichkeit sogar noch den Trost meiner Mannschaft einfahren.

Der Wind blies mittlerweile mit sechs bis sieben Beaufort, so dass es sinnvoll wurde, die große Genua einzurollen und die kleine Rollfock zu setzen, schon wegen der besseren Sichtmöglichkeiten in diesem engen Fahrwasser. Unter dieser Besegelung bei dem herrschenden Westwind konnten wir mit unserer Slup jetzt hoch am Wind segeln und machten gute Fahrt elbabwärts in die Außenelbe hinein.

Auf Höhe Cuxhaven fuhren wir auf der gegenüber liegenden Seite der Fahrrinne. Vielleicht hätte ich mir bei größerer Nähe und damit besserem Einblick in den Vorhafen des Cuxhavener Yachthafens die Sache ja noch überlegt. Ich hatte, kaum dass wir an der Einfahrt vorbei waren, kein gutes Gefühl. Es stand zu befürchten, dass am Spätnachmittag der Wind einschlafen würde, und genau das geschah dann auch.

Ich hatte großen Respekt davor, in diesem viel befahrenen Tidengewässer, ohne Wind und ohne Motor, ein Spielball der Gezeiten zu werden. Zunächst lief es noch ganz famos, aber gegen 16.00 Uhr mussten wir doch die Genua I setzen und später auch das Reff aus dem Großsegel ausschütten.

Ine reichte mir das Großfall, das wir zum Setzen des Großsegels immer an der kleinen Trimmwinsch rechts vom Niedergangsluk vorbei diagonal durchs Cockpit zur backbordseitigen Arbeitswinsch führen.

Ich schlang das Fall mehrfach um die Backbordwinsch und drückte kurz den Bedienungsknopf, um zu sehen, ob am Mast alles klar laufen würde. Das Groß bewegte sich nur um wenige Zentimeter nach oben, irgendetwas klemmte. Ohne Hektik inspizierten wir vom Cockpit aus den Mast, konnten aber keinen Fehler entdecken.

In dem Augenblick, in dem ich den zweiten Versuch machte, hörte ich einen Ruf meiner Frau, sie stand mit dem Rücken zu mir vor der Steuerbordwinsch am Niedergang. Sie wollte mir zurufen, dass das Fall an der Winsch unklar war. Ihr Ruf und mein zweiter Druck auf den Knopf erfolgten zeitgleich. Das nächste, was ich hörte, war ein Schrei, der mir das Blut in den Adern gefrieren ließ.

Ine wankte zurück, drehte sich zu mir um und hielt mir mit einem fassungslosen Blick in den Augen ihre rechte Hand entgegen. Der kleine Finger fehlte, der blanke Knochen ragte heraus! Ich sah, dass der Finger mit seinem roten Fingernagel zwischen Winsch und Fall klemmte!

Alles Mögliche geht einem in solch einem Moment durch den Kopf: Zunächst einmal will man die Sache, offensichtlich aus dem Unterbewusstsein heraus, verdrängen. Das ist ein böser Traum! Das gibt es doch gar nicht! Das passiert anderen, aber doch nicht uns! Den Finger wieder annähen! Geht das? Wie geht es weiter?

Und das alles im Fahrwasser der Außenelbe, bei dichtem Schiffsverkehr seegängiger Schiffe. Ohne Treibstoff im Tank. Ine legte nach den ersten Paniksekunden eine bewundernswerte Ruhe an den Tag.

„Der ist für die Nase nicht mehr geeignet".

Mit diesem Ausspruch demonstrierte sie mir ihre Überlegenheit in dieser Situation. Ihr war ganz bestimmt nicht nach Nasebohren zu Mute!

Während meine Tochter im Salon mit einer Ohnmacht zu kämpfen hatte, schickte dieser tapfere Mensch mich nach Verbandsmaterial unter Deck. Beim Herausholen und Zurechtlegen der Mullbinden hatte ich Gelegenheit, mich wieder zu beruhigen und die Rolle einzunehmen, die mir gefälligst zustand!

Unser Schiff trieb führerlos mit gefierten Schoten am Rande der Fahrrinne im schwächer werdenden Ebbstrom. Der Wind hatte weiter rapide nachgelassen. Ich habe den Fingerstumpf provisorisch versorgt, indem ich ihn vorsorglich relativ kräftig abgebunden habe, in der Hoffnung, dass Ine schnell in ärztliche Versorgung kommen würde.

An dieser Stelle sei gesagt, dass wir trotz allem Glück im Unglück hatten und dass wir sehr wohl wissen, dass die Verletzung meiner Frau noch viel katastrophaler hätte sein können.

Wir trieben jetzt weiter in das Fahrwasser hinein, was ich mit einiger Sorge beobachtete. Über Kanal 16 habe ich mich dann, nachdem ich vorher die Genua eingerollt hatte, mit der Seenotleitstelle in Bremen in Verbindung gesetzt. Mit dem ersten Sprechfunkkontakt mit dem Diensthabenden dieser Institution verschwand die Hektik auf unserem Schiff, eine gewisse Ruhe kehrte ein, um nicht zu sagen Gelassenheit. Mit großer Professionalität wurde von meinem Sprechfunkpartner die Bergungsaktion durch den auf Helgoland stationierten SAR-Hubschrauber eingeleitet.

Die Hubschrauberbesatzung auf Helgoland musste einen Blitzstart hingelegt haben, denn ich bekam relativ schnell Sprechfunkkontakt mit dem anfliegenden Hubschrauber. Der Pilot forderte mich von unterwegs bereits auf, das Großsegel zu bergen und gab mir Anweisungen, wie ich die Wurfleine entgegenzunehmen hätte.

„In keinem Fall die Leine am Segelschiff befestigen!"

Diese Ermahnung blieb mir in Erinnerung, als der Hubschrauber am Horizont sichtbar wurde. Als er genau über uns stand, in beängstigender Nähe zur Mastspitze, die, einschließlich Antenne, immerhin über einundzwanzig Meter in den Himmel ragt, sah ich zufällig aus den Augenwinkeln, dass sich ein großes Küstenwachboot stromab vor uns gelegt hatte, um den Seeverkehr von unserem Schiff wegzulenken.

In diesem Augenblick empfand ich eine tiefe Dankbarkeit gegenüber allen diesen professionellen Helfern, die ohne viele Worte ihre Arbeit machen. Ihre überlegten Handlungen strahlten eine große Zuversicht auf uns aus.

Der Pilot dirigierte eine dünne Wurfleine, an deren Ende ein kleiner lederner Sandsack befestigt war, zu mir herunter. Keine leichte Übung, wenn man bedenkt, dass sich ein durch die Rotorblätter erzeugter Orkan senkrecht von oben auf uns und unser Schiff herabstürzte. Die Leine wurde, trotz Gegengewicht, wild in der Luft herumgewirbelt. Ich bekam sie aber zu fassen und konnte mit ihrer Hilfe das Hubseil für die Bergung zu mir herunterziehen.

Ein junger Marinesoldat wurde an diesem Seil mittels einer Winde herabgelassen. Er machte eine Punktlandung zwischen Mast und Windschutzscheibe. Zum Glück hatte ich vorher alles mögliche provisorisch festgezurrt, so dass von dem künstlichen Sturm nichts über Bord gefegt wurde. Der gewaltige Geräuschpegel ließ alles unwirklich erscheinen. Ich musste mich zwingen, mich auf die Arbeit zu konzentrieren. Eine Verständigung war nicht möglich, nur mit Handzeichen.

Nachdem sich der Mariner aus seinem Gurt befreit hatte, entfernte sich der Hubschrauber ein paar hundert Meter und wir konnten uns mit annähernd normaler Lautstärke verständigen. Ine verspürte in der ganzen Zeit keinen Schmerz. Was sich später allerdings änderte. Der menschliche Körper, diese wundersame Konstruktion der Natur, schützt sich in Notlagen bis zu einer gewissen Grenze offensichtlich selbst.

Im Salon übergab ich dem Sanitäter den abgetrennten Finger. Ich hatte ihn in einem von Carola und Ine unbeobachteten Augenblick von der Winsch entfernt und vorsorglich in den Kühlschrank gelegt, in der Hoffnung, dass man ihn wieder annähen könnte. Man hört ja immer wieder von solchen chirurgischen Glanzleistungen. Der gute Mann packte ihn zwar in einen sterilen Beutel und nahm ihn mit, aber mit dem Annähen wurde es dann doch nichts.

Das Abbergen unseres Patienten funktionierte problemlos und ich habe mich erneut über das Können und die professionelle Routine dieser Rettungsmannschaft nur wundern können: Der Sanitäter hat uns erklärt, wie wir uns zu verhalten hätten, und dass er sich, zusammen mit meiner Frau, von der Hubschrauberwinsch würde hochziehen lassen. Immerhin blieb mir die Bemerkung meiner Frau in Erinnerung:

„Na, prima! Ich wollte doch schon immer 'mal mit einem jungen Mann in den Himmel entschweben...!"

Bei soviel Kaltschnäuzigkeit konnte wohl nicht mehr viel schief gehen.

Wir stellten uns zu dritt auf das Achterschiff. Die beiden stiegen in ihre Gurte und klinkten sie ineinander, während mir die Aufgabe zufiel, dafür zu sorgen, dass sie gut vom Schiff freikamen. Wir standen zwischen dem Achterstag und den beiden Backstagen, umgeben vom Heckkorb der Seereling. Wenn Sie mich fragen: Nicht viel Platz zum Abbergen. Aber ich musste nicht einmal die Backstage entfernen.

Der Hubschrauber stand wieder über uns, wieder dieser Orkan von oben, die Bergeleine wurde herabgelassen, die Gurte eingeklinkt und schon entschwebte Ine mit ihrem Rettungsengel in den Himmel, genauer gesagt, in den SAR-Hubschrauber. Ein letztes Winken und sie nahmen Kurs auf die Unfallklinik in Cuxhaven.

Eine bedrückende Ruhe und Leere fing die restliche zurückgebliebene Mannschaft ein. Ein Blick rundum bestätigte mir, dass die Tide zwischenzeitlich gekentert war. Wir wurden mit dem wieder auflaufenden Wasser über den Steuerbord-Tonnenstrich hinaus auf das Watt vor Scharhörn zugetrieben. Das Echolot zeigte nur noch einen Meter Wasser unter dem Kiel an.

Zumindest bestand hier keine Gefahr durch die Berufs-Schifffahrt, und bei auflaufendem Wasser und annähernd ruhiger See wäre eine Grundberührung keine Katastrophe gewesen. Aber sie wäre eine unnötige Zeitverzögerung gewesen! Jetzt wollten wir so schnell wie möglich zurück nach Cuxhaven und uns um unser drittes Crewmitglied kümmern. Also Plünnen 'rauf und Richtung Ost – mit dem Strom und dem schwächer werdenden Abendwind.

Der Seenotkreuzer „Hermann Helms", stationiert in Cuxhaven, befand sich gerade auf einer Routinefahrt und hatte natürlich unseren Sprechfunkverkehr auf Kanal 16 mitgehört. Er tauchte jetzt im Osten auf und hielt auf uns zu. Er kam bis auf schätzungsweise fünfzehn Meter an uns heran. Der Vormann nahm über Funk Kontakt mit uns auf und bot uns seine Hilfe an. Ich bedankte mich, weil uns außer einer vernünftigen Brise, möglichst aus westlicher Richtung, nichts fehlte. Zum Glück hatte ich ein zweites mitdenkendes Crewmitglied an Bord!

Carola machte, gerade noch rechtzeitig, ihre Einlassung:

„Vielleicht haben die einen Kanister mit Diesel?"

Zum zweiten Mal an diesem Tag musste ich meinen inneren Schweinehund überwinden: In Gedanken die feixenden Gesichter der auf Kanal 16 mithörenden Segler vor Augen, fragte ich

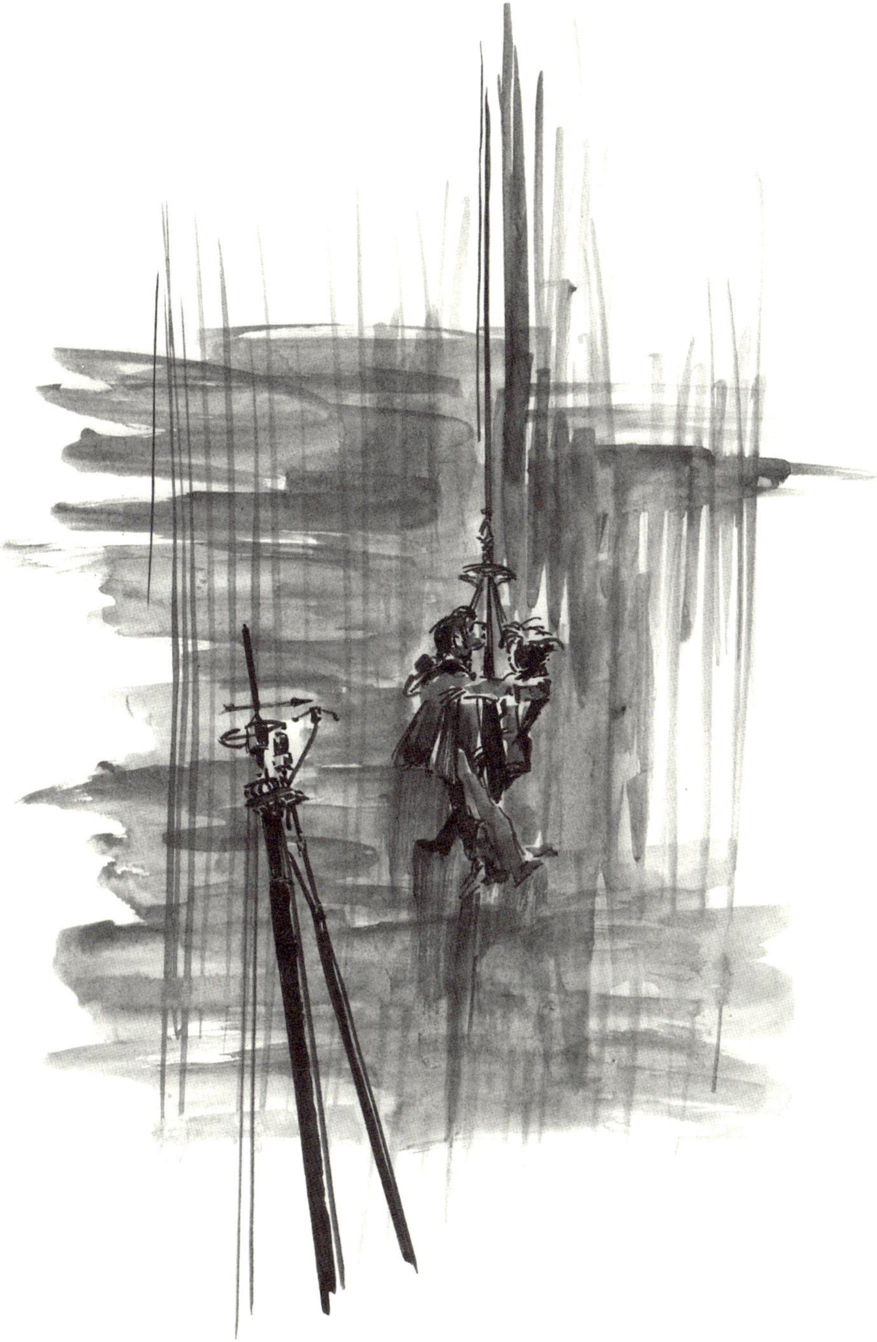

ziemlich kleinlaut nach einem Kanister Diesel. Zu meinem Trost schien unseren Seenotrettern diese Frage schon öfter gestellt worden zu sein. Ohne die kleinste ironische Anspielung wurde mir geantwortet, dass das kein Problem sei.

Das Tochterboot „Biene" wurde in kürzester Zeit über die Heckrampe zu Wasser gelassen und uns wurde ein Kanister mit Treibstoff überreicht. Auch diese Manöver: Professionell und mit einer bestechenden Umsicht. Bis auf fünfzig Zentimeter kam das Boot an unsere Backbordseite heran, ohne die Gefahr einer Berührung.

Das Gröbste war geschafft, jetzt hätte der Tag eigentlich in aller Ruhe zu Ende gehen können. Mein Plan stand fest: Diesel einfüllen, mit der Entlüftungsautomatik entlüften, Segel 'runter und unter Maschine nichts wie in den Hafen. Aber irgendein Meergeist war wohl der Meinung, dass es angemessen sei, mich für meine Fehler noch die eine oder andere Unbill erdulden zu lassen.

In Gedanken waren wir bei Ine. Ihr Fingerstummel dürfte sich jetzt unter einem Chirurgenmesser befinden. Vielleicht sogar unter dem ihres eigenen Vetters. Ich erinnerte mich daran, dass eben dieser Vetter Unfallarzt am städtischen Krankenhaus in Cuxhaven war. Das beruhigte mich auch insofern, weil ich vergessen hatte, Ine Geld für die Taxifahrt vom Krankenhaus zum Yachtclub mitzugeben.

An ein Handy hatte ich immerhin gedacht, was sich noch als ganz praktisch herausstellen sollte. Aber das Taxigeld musste sie sich von einem anderen Operateur leihen, ihr Vetter hatte nämlich dienstfrei. Wenn man die Verwandtschaft schon mal hätte brauchen können...

Ein Segelschiff aus einem Kanister zu betanken, insbesondere wenn der Einfüllstutzen von edlem Teakholz umgeben ist, ist schon im Normalfall eine langwierige und anstrengende Angelegenheit. Wenn aber der Trichter nicht in den Einfüllstutzen passt, stellt man plötzlich fest, dass die See doch nicht so glatt ist, wie sie es bis dato zu sein schien.

Ich will mir die Beschreibung dieser Tragödie ersparen, zumal sie übereifrige Umweltschützer auf den Plan rufen könnte. Fakt ist jedenfalls, dass mir exakt mit dem Verschwinden des letzten

Schlucks Diesel in der Röhre unterhalb des Tankstutzens bewusst wurde, dass ich genau diesen Rest für die Inbetriebnahme meiner automatischen Entlüftungseinrichtung gebraucht hätte! Scheibenkleister!

Mein in Fragmenten noch vorhandener Ehrgeiz verbot es, dass ich Carola von diesem Missgeschick in Kenntnis setzte. Heute weiß ich, dass ihr sehr genau klar war, welches Minidrama sich gerade abgespielt hatte. Sie hatte mir genau zugesehen, schon weil meine dauernden Flüche sie aufmerksam gemacht hatten. Ihr zweifelnder Blick traf mich schier ins Herz, aber Sie setzte ihre ganze psychologische Routine ein und kommentierte meinen Fehler mit keinem Wort.

Später, als ich mich mit der Entlüftung herumplagte, wozu ich zunächst diverse Vorarbeiten leisten musste, die unseren Salon zeitweise wie nach einer Durchkenterung aussehen ließen, muss sie von der Überzeugung gepackt worden sein, dass ich dringend ihres psychologischen Beistandes bedürfe.

Jedenfalls steigerte sie sich zu dem gut gemeinten Kommentar: „Was Du alles kannst!"

Sie entwickelte jetzt geradezu seemännische Ambitionen: übernahm das Ruder, schaute nach den Segeln und informierte mich über den Schiffsverkehr. Und das war in dieser Situation auch nötig.

In einem gut ausgerüsteten Segelschiff findet man auch ein Stück Gartenschlauch. Mit diesem auf die richtige Länge gestutzten Schlauch bewaffnete ich mich, ebenso mit einer Pütz und entfernte die Sitzkissen unserer Backbord-Sitzbank im Salon auf der Suche nach der Reinigungsöffnung des Backbord-Dieseltanks.

Was war mein Plan? Treibstoff ansaugen und, nach dem Prinzip der „kommunizierenden Röhren", Treibstoff aus dem Tank in die Pütz umfüllen. Aber wieder hatte ich die Rechnung ohne den Wirt gemacht: Die Pütz stand zu hoch und konnte wegen der Bodenbretter auch nicht tiefer gestellt werden. Wann würde ich an diesem Tag einmal ein Quäntchen Glück haben?

Mir fiel ein, dass ich als junger Soldat einmal aus einer Wette heraus einen lebenden Frosch verspeist hatte. Wer das konnte, der kann auch in einer Notsituation wie dieser den Dieseltreibstoff schluckweise aus einem Tank in eine Pütz umfüllen. Gedacht, getan: Ansaugen, Mund voll, ausspucken! Um eine Pütz halbvoll zu kriegen, bedarf es sehr häufiger Wiederholungen dieses Vorgangs. Im Vertrauen: Der Frosch war mir lieber! Stundenlang habe ich danach auf allen möglichen Dingen herumgekaut, um den Diesel-Geschmack wieder loszuwerden. Ich fand nämlich die Zahnpasta nicht, die wohl das beste Mittel für solcherlei Geschmackskorrekturen gewesen wäre.

Ine hatte die Marke gewechselt. Und damit hatte die Verpackung ein anderes Outfit bekommen, was zu viel für mein Suchtalent war...

„Typisch!"

Das war der spätere Kommentar meiner Mannschaft, als längst alles wieder in geordneten Bahnen verlief.

Aber zunächst einmal hieß es: Niedergangstreppe weg, vordere Klappe zum Motor entfernen und den Schlauch an den Ansaugstutzen der Entlüftungsautomatik stecken. Das andere Ende des Schlauches in die Pütz mit dem, mit meinem Speichel gestreckten Treibstoff und jetzt: „Carola! Starten!"

Es bedarf eigentlich keiner besonderen Erwähnung mehr, dass die Entlüftungsautomatik, trotz minutenlanger Startversuche, nicht funktionierte!

Später wurden mir von Fachleuten zwei Versionen über eine Entlüftungsautomatik vermittelt. Die erste besagt: „So was funktioniert. Man muss nur lange genug den Anlasser nüdeln lassen." Die andere besagt: „Alles Schiet! Vergiss es!"

Ich neige mehr dazu, mich der zweiten Auffassung anzuschließen.

Ich stellte also die immer noch halbvolle Pütz auf die Sitzbank im Cockpit, genau ins Eck zwischen der Backbord-Seite und der achteren Sitzbank, und konzentrierte mich auf meine seemännischen Aufgaben.

Scharhörn und Neuwerk waren mittlerweile in der Dunkelheit zurückgeblieben. Es half alles nichts. Wir mussten nach Cuxhaven! Es waren Stunden vergangen und mit dem verbleibenden

Wind hatten wir keine Chance, den Hafen mit dieser Tide zu erreichen. Bei der herrschenden Dunkelheit war es nicht risikolos, ohne Wind und ohne Maschine in diesem Gewässer vor sich hin zu dümpeln.

Wir hätten höchstens mit der letzten Brise über den Tonnenstrich hinaus schleichen und außerhalb des Fahrwassers vor Anker gehen können. Aber was würde aus Ine? Sie war bereits wieder am Yachthafen und es ging ihr verständlicherweise nicht besonders gut, wie wir über Handy von ihr erfuhren. Trotzdem hatte sie bereits mit dem Hafenmeister die Liegeplatzfrage geklärt. Wir könnten im Vorhafen neben einer Ketsch festmachen.

Also rief ich ein letztes Mal über Kanal 16 den Seenotkreuzer „Hermann Helms" und bat darum, uns mit dem Tochterboot hereinzuholen.

Wieder trafen wir auf viel Verständnis und gegen 23.00 Uhr wurde uns von der „Biene" eine vierzig Meter lange Schleppleine übergeben. Ich legte die Bucht über die Ankerwinsch und langsam wurde die Leine auf Zug gebracht. Carola blieb am Ruder und sie hatte reichlich zu tun mit dem Ausgleichen der Schiffsbewegungen. Unsere Freunde hatten es offensichtlich eilig, nach Hause zu kommen, daher legten sie wohl dieses atemberaubende Tempo von reichlich zehn Knoten vor. Der Kurs war außerhalb des Tonnenstriches gewählt. Die Jungens werden sich schon auskennen!

Ich stand auf dem Achterschiff und stützte mich mit den Oberschenkeln am Heckkorb ab, während ich mich mit der Hand am Achterstag festhielt. So konnte ich die Schlingerbewegungen der Yacht gut ausgleichen. Dabei beobachtete ich die Steuerkünste meiner Tochter mit einigem Wohlgefallen. Es war nicht so einfach, das Schiff bei diesem Tempo immer genau in der Kiellinie des Schleppbootes zu halten. Ein hell erleuchteter Passagierdampfer kam zügig von achtern auf und ich machte meinen Steuermann auf die zu erwartenden Wellen aufmerksam. Die Idylle war zu schön, als dass sie so hätte bleiben können. Nicht an diesem Tag!

Mein Blick streifte immer wieder auch die beleuchtete Anzeige des Echolots. Es zeigte zwischen zehn und zwölf Meter unter dem Kiel an. Eine beruhigende Tiefe. Aber aus heiterem Himmel fiel die Wassertiefe rasant auf zwei Meter. Eine Barre! Nur nicht bei dieser Geschwindigkeit auf eine Untiefe rauschen! Auch wenn sie aus Sand ist, hält das keine Ankerwinsch aus. Mit unserem weit ausladenden Flügelkiel würden wir womöglich wie ein Leuchtturm auf der Sandbank, weithin sichtbar, stehen bleiben. Ich brauchte dann nur noch unser Blitzlicht im Masttop in Gang zu setzen, um die Dampferkapitäne vollends zu irritieren.

Diese Gedanken schossen mir durch den Kopf, als ich ins Cockpit ans Funkgerät stürzen wollte.

Noch im Sprung, so schien mir, sah ich, dass das Wasser schon wieder tiefer wurde. Die Jungens kannten sich eben wirklich aus! Was mir persönlich wenig half, war ich doch, wie konnte es anders sein, mit meinem linken Fuß mitten hinein in die Diesel-Pütz gesprungen!

Damit, dass ich mir bei dem folgenden Sturz nichts verstaucht, geschweige denn gebrochen hatte, setzte scheinbar meine glücklichere Phase auf diesem Törn ein. Aber noch nicht ganz. Zuerst musste ich den Rest Diesel aus der Pütz entsorgen. Umweltgedanken hatten in diesen Augenblicken keinen Raum mehr in meinem Kopf und so landete der letzte Liter in der Außenelbe.

Nur viel Wasser hilft gegen Diesel-Gestank! Und so leerte ich, nachdem ich mich erst einmal von meinen dieselgetränkten Klamotten befreit hatte, Wassereimer nach Wassereimer auf die Sitzbänke und später in die Plicht, insbesondere an die Backbordseite, denn da war das Malheur passiert.

Es wird ein komisches Bild gewesen sein: Der Skipper in Unterhosen herumhüpfend, nur einseitig bestrumpft und jede Menge Wasser vermeintlich ins Schiff schüttend. Carola kommentierte auch diese Szene nicht. Ich verzieh ihr im Geiste sämtliche schlechten Schulnoten.

Der Dieselgeruch hatte Dank meiner Wasserorgie erheblich nachgelassen, so dass ich an mein eigenes Outfit denken konnte, zumal wir uns dem Hafen zügig näherten. Ich stieg also den Niedergang hinab und begab mich durch die Achterkajüte in den Waschraum, wo mich gleich wieder der Schlag rührte. Ich musste nämlich feststellen, dass das Bullauge zur Plicht hin während meiner Wasserschlacht offen gestanden hatte. Wie war das noch mit der Aufgabenverteilung? Ein innen liegendes Bullauge muss der Kapitän doch bestimmt nicht kontrollieren!

Aber von Stund an hatte mich die Pechsträne verlassen! Es hätte doch auch das Steuerbord – Bullauge offen gestanden haben können. Dann wäre der ganze Schiet auf dem Teppich in der Achterkajüte gelandet. So war das Gemisch aus Diesel und Wasser nur in die Dusche gelaufen und ich konnte es sehr bequem mit dem heißen Duschwasser nach außen befördern. Der dann noch an den Wänden haftende Geruch hat uns nicht sehr lange gestört. Er verflüchtigte sich schließlich von alleine.

Sehr freundliche Leute nahmen bei unserem Anlege-Manöver unsere Leinen entgegen und reichten dem gestressten Skipper erst mal einen Drink herüber. Wahrscheinlich hatten sie alle die Unterhaltungssendung auf Kanal 16 mit angehört und empfanden wohl eher Mitleid als Hohn für den Geplagten.

Die Formalitäten mit den Rettungsmännern dauerten nur Minuten. Keine Frage, dass wir uns am nächsten Tag mit einem Geschenk auf dem Rettungskreuzer blicken ließen und uns noch einmal für die geleistete Hilfe bedankten.

Aber wo war Ine? Wir machten uns natürlich Sorgen und waren schließlich froh, dass wir sie im Hafenrestaurant, rührend versorgt vom Wirt und seiner Bedienung, endlich fanden. Bereits von draußen war sie, trotz der herrschenden Dunkelheit an ihrem Fensterplatz leicht zu erkennen: Der riesige weiße Verband, mit dem sie in den nächsten vier Wochen ein „Ärztespringen" veranstalten würde, wies uns den Weg.

Ich hatte den Fingerstummel wohl doch zu stark abgebunden. Später erzählte Ine uns, dass das Blut nach dem Entfernen des Verbandes herausgeschossen sei und dass gleichzeitig ein höllischer Schmerz eingesetzt habe.

Die erste Nacht war die Nagelprobe für den weiteren Törn, aber gegen Morgen wurden die Schmerzen erträglicher. Während ich über eine geruhsame Woche in Cuxhaven nachdachte, mit Besuch bei Ines Eltern und Freunden in Bremen, kam das für Ine von Anfang an nicht in Frage. Für sie stand unumstößlich fest, dass der Törn fortgesetzt würde.

Frauen sind eben doch „ganze Kerle"!

Und so wurde unser Urlaubstörn, dank der Nehmer-Qualitäten meines Navigators, dann doch noch zu einem schönen Erlebnis. Einzige Einschränkung: Der Skipper musste häufiger als sonst in der Kombüse aushelfen, besonders beim Geschirrspülen.

Keine Frage, dass wir nach dem „richtigen" Entlüften unserer Maschine am nächsten Vormittag sparsam, aber doch gerade ausreichend Treibstoff von der Tankstelle im Frachthafen von Cuxhaven übernahmen. Denn eines war natürlich klar: Wenn man schon nach Helgoland kommt, unter welchen Umständen auch immer, kann man dort auch zollfrei tanken...

Eine Bemerkung zu den Spritpreisen am Rande: Das, was wir nach dem gerade geschilderten Abenteuer pro Liter Diesel in Pfennigen bezahlten, bezahlen wir heute, ein paar Jahre später, in Cent! Kein Wunder, dass viele Motorbootfahrer fast nur noch im Hafen liegen.

Bei westlichem Wind verlief die Überfahrt nach Helgoland ruhig. Ine lag häufig im Salon auf der Couch und hatte wohl doch mit den Schmerzen, aber wohl auch mit der Vorstellung zu tun, zukünftig als „Kleinfinger-Amputierte" herumlaufen zu müssen. Sie achtet, wie die meisten Damen, durchaus auf ihr Äußeres. Und da passte ein amputierter Finger absolut nicht in ihre Vorstellungswelt.

Erwartungsgemäß wurden wir beim Einlaufen in den Helgoländer Hafen von diversen Seglern auf unser Missgeschick hin angesprochen, wie es schien, durchaus mit Bedauern. Wie ich allerdings eine Bemerkung über die professionelle Sprechfunk-Abwicklung durch den Skipper einordnen sollte, war mir nicht ganz klar. Zu der Zeit jedenfalls hörte ich noch aus jedem Lob eine versteckte Anspielung über meine ansonsten an den Tag gelegte Dusseligkeit heraus.

Zu allem Überfluss bestand der fürsorgliche Hafenmeister darauf, dass wir die UTHÖRN am „Behindertensteg" festzumachen hätten. Nicht nur das: Außenbords hatten wir noch ein rot leuchtendes Schild mit der Aufschrift: „Nicht anlegen!" anzubringen. Was zu einer peinlichen Situation führte, als dann doch ein Neunmalkluger kam und sein Schiff dort festmachen wollte. Was tun? Aber auf unseren Hafenmeister war Verlass! Er hatte das Manöver durch sein Fernglas beobachtet und kam schnurstracks mit seinem Hafen-Fahrrad angeradelt, um den ungehörigen Skipper zu vertreiben. – Uns hätte das Schiff nicht gestört.

Im Nachhinein geben wir aber gerne zu, dass der Liegeplatz doch sehr bequem war. Man konnte vom Schiff direkt auf den Swimmsteg steigen. Das bewahrte uns davor, über viele Yachten zu turnen, was für Ine immer wieder die Gefahr des Anstoßens in sich geborgen hätte. Außerdem haben wir uns auf diese Weise das Erklimmen der langen Leitern an der Kaimauer erspart.

Natürlich wurde das Insel-Krankenhaus für eine Wund-Kontrolle genutzt. Das Wetter war schön, blauer Himmel und wenig Wind. So genossen wir zwei Tage lang Helgoland. Teils mit unseren Freunden, teils nur mit „Gammeln" auf dem Schiff. Selbst unsere Hängematte kam zum Einsatz. Sie lässt sich auf dem Vorschiff sehr einfach zwischen dem Mast und dem Kutterstag aufspannen.

Das schöne Wetter hatten wir in diesem Sommer scheinbar gepachtet. Und so segelten wir nach zwei erholsamen Tagen, natürlich hatten wir vorher die Dieseltanks gefüllt, weiter nach Sylt. Bei herrlichem Wind aus West, Stärke vier bis fünf. Wir fuhren mit voller Besegelung und benötigten man gerade zehn Stunden bis in den Hafen von List.

Obwohl ich auf Sylt aufgewachsen bin, fuhr ich diese Strecke zum ersten Mal überhaupt. Ich war überrascht, wie flach die Nordsee in dieser Region ist. Zwischen zwölf und vierzehn Meter zeigte unser Echolot an. Allerdings haben wir es so eingestellt, dass die Wassertiefe unter dem Kiel angezeigt wird. Für die tatsächliche Wassertiefe müssen also 1,75 m, entsprechend dem Tiefgang der UTHÖRN, hinzugezählt werden.

Ich war nun also mit meiner eigenen Segelyacht auf dem Weg zu dem Hafen, zu dem es mich als kleiner Junge immer wieder hingezogen hatte. Wie sicherlich für die meisten Jungen in meinem damaligen Umfeld übte der Lister Hafen einen unwiderstehlichen Reiz auf mich aus. Ganz bestimmt zum Leidwesen meiner Eltern. Der Hafen wurde früher fast ausschließlich als Fischereihafen genutzt, von einigen Militärbooten der englischen „Besatzer" abgesehen. Später spielten dann auch die Ausflugsfahrten für Badegäste eine zunehmend wichtige Rolle.

Außerdem war der Lister Hafen nach dem Krieg der Heimathafen für das Forschungsschiff der „Biologischen Anstalt Helgoland". Wie bereits beschrieben, wurde sie damals nach List verlegt. Und auch das Schiff der „Biolo", wie die Helgoländer immer sagten, trug seinerzeit den Namen UTHÖRN. Sie war die Vorgängerin der jetzt auf Helgoland stationierten UTHÖRN. Und sie war im Grunde wohl der wirkliche Namensgeber für unsere Segelschiffe, obwohl es da auch noch eine kleine Vogelinsel im Lister „Königshafen" mit dem Namen Uthörn gibt. Heute steht sie lange schon unter Naturschutz. Als Junge hat sie mich immer wieder angezogen und wir haben damals so manches Vogelei „eingesammelt". Eine Vogeleier-Sammlung gehörte einfach zum Besitz vieler Jungen in meinem Umfeld.

Der warme Raumschotwind aus Süd-West trieb uns zügig Richtung Sylt voran. Sonnenbaden und Faulenzen war angesagt. Leider auch immer wieder mal Metall putzen. Das gehört nicht zu meinen „Leidenschaften", darf aber natürlich nicht zu kurz kommen. Insbesondere in der Nordsee, die deutlich salzhaltiger ist als die Ostsee, stellt sich sehr schnell der so genannte Flugrost an den Niroteilen ein. Und entsprechend unserer Arbeitsteilung bin dafür leider ich zuständig. (Ine in ihrem derzeitigen Zustand ja sowieso nicht.)

Am frühen Nachmittag taucht an der Kimm im Nordosten ganz zaghaft Sylt auf. Ich erkenne den Hörnumer Leuchtturm. Später dann auch das Kampener Leuchtfeuer.

Querab von Westerland segeln wir über einen Seegrund, der entsprechend einer rekonstruierten Karte aus dem Jahr 1240 vor einigen hundert Jahren noch bewohntes Festland war. Vielleicht rauschen wir gerade über das alte Kirchspieldorf Eydum hinweg.

Oder über den Nachbarort Hantum oder das alte Rantum mit der Westerseekirche? Einige Eydumer sollen jedenfalls nach dem Verlust ihrer Heimat ein neues Dorf nordöstlich des ursprünglichen Eydums gegründet haben. Und dieses Dorf nannten sie Westerland!

Von Dorf zu Dorf erstreckten sich damals Äcker und Wiesen, die von unzähligen Wasserläufen zerteilt waren. Der größte dieser Priele war die Hever. Bei Flut war sie schiffbar und verhalf so der sagenumwobenen Insel „Rungholt" zu ihrem Wohlstand. Mehr als sechstausend Menschen sollen damals an diesem bedeutenden Handels- und Umschlagplatz des Nordens gelebt haben.

Ganz offensichtlich hatten die Küstenbewohner bereits um die Zeitenwende ihre liebe Not mit immer wiederkehrenden Sturmfluten. Jedenfalls wird für diese Zeit eine zunehmende Sturmfluttätigkeit vermutet, die die Kimbern, Teutonen und Ambronen zur Aufgabe ihrer Heimat zwang: Eine frühe Völkerwanderung war das Resultat dieser häufigen Sturmfluten.

Nach einer Phase der relativen Ruhe in Sachen Sturmfluten bis um 1000 nach Christus scheinen die Fluten der Nordsee wieder höher aufgelaufen zu sein. Jedenfalls begann man die „Warften", auf denen die Bewohner ihre Häuser zum Schutz gegen die höheren Fluten errichteten, mit Wällen zu umbauen und diese miteinander zu verbinden. Wenn man so will, dürften auf diese Weise die Vorläufer der ersten Deiche entstanden sein.

Es war eine logische Folge, dass der Deichbau in dieser Region im Laufe der Zeit einen immer höheren Stellenwert bekam. So entstand der „Berufsstand" des Deichgrafen, der mit großer Macht ausgestattet war. Um diese Zeit wurde wohl auch der Ausspruch geprägt:

„De nich wull dieken, mut wieken!"

Was soviel heißt, wie:

„Wer nicht will deichen, muss weichen!"

Aber die ganze Verbissenheit, mit der die Nordfriesen ihr Land gegen den "Blanken Hans" zu verteidigen suchten, nutzte ihnen letztendlich nichts. Das vierzehnte Jahrhundert, das „Unglücksjahrhundert der Uthlande", ging in die Geschichte der großen

Sturmfluten und der Vernichtung riesengroßer Landstriche ein. Fünfzehn schwere Sturmfluten sollen es gewesen sein! Um 1300 und im Jahre 1338 schlug die Nordsee besonders heftig zu. Aber alles war nichts gegen die große Flut im Jahr 1362! Die Nordsee zerschmetterte, was sich ihr in den Weg stellte. In dieser ersten „Groten Mandrenke" wurde, neben vielen kleinen Dörfern und Ortschaften, auch das blühende Rungholt vernichtet. Über 100.000 Menschen fielen dieser schwersten aller Sturmfluten zum Opfer.

Die Nordsee wurde zur Mordsee!

Auf der Insel Pellworm steht heute das einzige sichtbare Zeichen aus dieser Zeit: Die dicken Mauern der Kirchturmruine hatten der großen Sturmflut, der „Marcellusflut", wie sie auch genannt wird, widerstanden. Dort werden wohl einige der gebeutelten Friesen überlebt haben. Und von dort werden sie dann wohl zum Festland abgewandert sein. Wahrscheinlich ohne viel Gepäck. Das hatte sich der „Blanke Hans" geholt.

Es gab in dieser Zeit viel zu tun für die Deichgrafen und Strandvögte! Und eine gehörige Zähigkeit hat die Nordfriesen ja schon immer ausgezeichnet: Also begann man schon bald nach dieser großen Katastrophe sich zunächst einmal einen Überblick über die verbliebenen „Reste" zu machen, und diese, so gut es eben ging, zu schützen. Deiche „ohne Ende" wurden gebaut! Leider, wie man heute weiß, mit dem falschen Profil. Mit ihrer steilen Neigung zur See hin boten sie eine zu große Angriffsmöglichkeit für die anlaufenden Wellen. Später lernte man dazu und ließ die Deiche zur See hin flach auslaufen.

Eine der großen Leistungen aus dieser Zeit ist die vollständige Eindeichung der Insel „Strand", heute Nordstrand. Die Holländer mit ihrer großen Wasserbauerfahrung sollen dabei geholfen haben. 54.000 ha groß, war sie ein Überbleibsel aus den großen Sturmfluten des 14. Jahrhunderts. Aber auch sie wurde 1532 noch einmal stark gebeutelt, was 1.500 Strander Einwohnern das Leben kosten sollte.

Im Laufe der nächsten hundert Jahre brachten die ca. 10.000 Strander es hinter ihrem Deich zu einem beispiellosen Wohlstand, der wohl im Wesentlichen mit Hilfe der Land- und Viehwirtschaft erarbeitet wurde. Auf dem fetten Marschboden sollte das wohl auch gelingen. Die Überlieferung berichtet allerdings, dass unsere Strander vor lauter Wohlstand und gutem Leben es versäumten, ihre Deiche zu pflegen. Und so kam, was kommen musste: Am 11. Oktober 1634 schlug die „Mordsee" wieder zu! Der Ringdeich, zu steil und nicht gut in Schuss, wurde durch die „Zweite Mandrenke" an sage und schreibe 44 Stellen durchbrochen. Neunzehn Dörfer mit ihren Gotteshäusern versanken in den Fluten, über 6.000 Strander Einwohner fanden den Tod, 1.200 Häuser wurden vernichtet und 50.000 Stück Vieh hatten keine Chance und ersoffen in der See.

Der Kampf gegen die Begierde der Nordsee setzt sich auch heute noch fort! Sylt ist ein gutes Beispiel dafür: In den zwanziger Jahren des 20. Jahrhunderts wurden in großer Stückzahl Buhnen aus Stahlprofilen in einem rechten Winkel zur Küstenlinie in den Sand gerammt. Mit diesem Verfahren hoffte man die ständigen Sandabspülungen zu unterbinden. Der Erfolg blieb aus, die Buhnen wurden im Laufe der Zeit von der Brandung demoliert und vom Rost zerfressen. Heute gibt es sogar Theorien, nach denen die Buhnen der Sache eher geschadet als genützt haben sollen!

Seit diversen Jahren versucht man nunmehr den Sand-Abbau, den die Herbst- und Winterstürme verursachen, durch aufwändige Sandvorspülungen auf die gefährdeten Strandabschnitte wieder auszugleichen. Ein „Spiel ohne Grenzen", das Jahr für Jahr zwischen 10 und 15 Millionen Euro verschlingt. Man wird sich wohl doch irgendwann einmal zu richtigen Wellenbrechern vor der Küste durchringen müssen, wenn man das Problem nachhaltiger in den Griff bekommen will. Aufgeben darf man die Insel jedenfalls nicht, schon wegen ihrer Funktion als Küsten-Schutz für das Festland. Und wo bliebe dann wohl die Sylter „Hautevolaute"?

Gegen Abend ließen wir die Ansteuerungstonne von List an Backbord liegen und rundeten bei schwächer werdendem Wind, dafür aber mit dem Flutstrom, den Ellenbogen, das Nordende der Insel. An der Ostspitze des Ellenbogens nahmen wir die

Segel weg und motorten über eine ruhige See zum Lister Hafen. Ein etwas seltsames Gefühl war das schon, mit meinem eigenen Schiff auf meinen „eigentlichen" Heimathafen zuzuhalten. Viel hatte sich bei mir und rund um die Insel seit meiner Jugend verändert...

Ich hatte uns bereits Tage vorher beim Lister Hafenmeister telefonisch angemeldet. Klaus Scheil ging seinerzeit mit mir in List zur Schule. Er ist etwas jünger als ich. Durch seinen Vater bin ich eigentlich so richtig mit der Segelei in Kontakt gekommen. Der war nämlich Bootsbauer und hatte sich ein offenes Segelboot gebaut. Ein schwerer Rundspanter in Klinkerbauweise. Vater Scheil war ein großzügiger Mann. Schon bald, nachdem ich das erste Mal zusammen mit ihm gesegelt war und er meine Begeisterung gesehen hatte, erlaubte er mir, allein mit dem Boot zu segeln. Das heißt, ohne ihn, aber mit Freunden. Damals war ich wohl ungefähr vierzehn Jahre alt.

Klaus hatte uns schon seit längerem ausgemacht und wies uns den besten Liegeplatz an, direkt gegenüber vom Seenotkreuzer MINDEN. Der Hafen ist sehr klein, wahrscheinlich kam er mir aus dieser Perspektive noch kleiner vor, und ich musste das Schiff „auf dem Teller" drehen, um rückwärts an den Anleger zu kommen. Mit dem Burgstrahl-Ruder war das aber kein Problem.

Der Hafenmeister und der Vormann der MINDEN nahmen die Leinen an und die ausführliche Begrüßung konnte losgehen. Natürlich gab es nach so langer Zeit viel zu erzählen und, stimuliert durch unsere Begrüßungsgetränke, hätte das endlos weitergehen können, zumal immer mehr alte Bekannte auftauchten. Irgendwann überwog unser Hunger auf frischen Fisch bei „Gosch" und ich zog mit meinen Damen los. Sie hatten sich bereits vor der Einfahrt in den Hafen ein wenig „aufgestylt"; so macht man das eben, wenn man zur bekanntesten und nördlichsten deutschen Fischbude geht.

Gleich am nächsten Morgen machte ein kleines Fischerboot längsseits bei uns fest. Paul Walter hatte die Neigung zur See offensichtlich von seinem Vater geerbt. Nach vielen Jahren auf großer Fahrt hatte es ihn zurück nach List gezogen, wo er sich ein

Fischerboot zulegte und von Stund an seinen Lebensunterhalt mit Krabben-Fischen und „Gästefahrten" verdiente. Er hatte gehört, wer sich an Bord dieser Segelyacht aufhalten sollte und wollte mich nur mal eben begrüßen.

Eine weitere kleine Episode an diesem Morgen ist erzählenswert: Ich saß müßig an Deck, als ein Mann, offensichtlich auch ein Seemann, auf unserem Steg an mir vorbeiging, um bei einem dort liegenden Segelboot nach dem Rechten zu sehen. Auf dem Rückweg kamen wir ins Gespräch, was sich wohl über mehr als eine Stunde hinzog. Wir schnackten im wahrsten Sinne des Wortes über „Gott und die Welt", und irgendwann ließ er dann seinen Namen fallen.

Niels Kruse sollte da vor mir stehen! Und mir entfuhr ziemlich unbedacht:

„Ich denk, Du bist tot!"

Ich kannte ihn von früher. Aber nach meinem Verständnis war er 1957 mit dem Segelschulschiff PAMIR untergegangen.

Dann erzählte er mir seine unglaubliche Story:

Er gehörte damals zur Stammbesatzung der PAMIR, einem der übrig gebliebenen traditionsreichen „P-Liner", und war vor der Ausreise zu dieser Katastrophenfahrt auf Heimaturlaub in List. Aus irgendwelchen Gründen verpasste er die Abreise der PAMIR aus Hamburg am 1. Juni 1957 um gerade mal eine Stunde. Er setzte Himmel und Hölle in Bewegung, um mit einer Barkasse doch noch die PAMIR zu erreichen. Aber all seine Bemühungen blieben ohne Erfolg. Mit seinem Schicksal hadernd blieb er zurück an Land. Was ihm schlichtweg das Leben gerettet haben dürfte!

Beim Untergang der PAMIR am 21. September 1957 verloren achtzig Seeleute ihr Leben. Nur sechs konnten gerettet werden.

Die PAMIR hatte seinerzeit in Buenos Aires 3.780 to Gerste geladen, und zwar überwiegend in loser Form. Nur 255 to waren in Säcken verpackt. Dazu muss man wissen, dass Gerste als schwierige Ladung gilt, weil sie, lose gestaut, ein Fließverhalten wie Wasser hat. Das kann bei einem sich übermäßig krängenden Schiff durchaus zu Schwierigkeiten führen.

Am 11. August warf die PAMIR in Buenos Aires die Leinen los, Zielhafen: Hamburg. Am 31. August überquerte sie südlich der Kapverden den Äquator. Ein paar Tage später dürfte der Funker der PAMIR eine erste Warnung über einen vor der Westküste Afrikas entstehenden Hurrikan aufgefangen haben. Aus der Zugbahn des Hurrikans konnte zunächst durchaus abgeleitet werden, dass für die PAMIR keine Gefahr bestehen würde. Die erste Begegnung mit ihm hat die Mannschaft wahrscheinlich südwestlich der Kapverden in der überschaubaren Gewalt eines Starkwindes erlebt.

Aber dann sieht es so aus, als ob „Carrie" die PAMIR geradezu verfolgte! Seit dem ersten Kontakt mit ihm segelte die PAMIR über acht Tage mit nordwestlichem Kurs mitten in den Atlantik hinein. Später hielt sie für drei Tage genau nördlich und kreuzte dann die Zugbahn des mittlerweile tödlichen Hurrikans. Der hatte nämlich aus unerfindlichen Gründen im Bermudadreieck seien Kurs abrupt auf Ost gedreht und musste so auf die PAMIR treffen. Der SOS-Ruf der Pamir, am Vormittag des 21. September abgesetzt, löste mit 78 beteiligten Schiffen die bis dahin größte Rettungsaktion in Friedenszeiten aus. Am 25. September wurde der letzte der sechs Überlebenden von dem amerikanischen Küstenwachschiff ABSECON aus einem Rettungsboot geborgen.

Das Schwesterschiff der PAMIR, die PASSAT, wurde nach dieser Katastrophe außer Dienst gestellt. Sie liegt heute als Museumsschiff im Hafen von Travemünde. Allerdings gibt es immer wieder mal Bemühungen, sie wieder segelklar zu machen.

Wir genossen bei schönstem Wetter einige erholsame Tage auf der Insel. Erwartungsgemäß verabschiedete Carola sich hier von uns und wir brachten sie mit dem Bus nach Westerland zur Bahn. Das kannten wir ja nun schon und der Abschied fiel nicht mehr so schwer wie im Jahr zuvor in Rostock.

Mittlerweile hatte sich herumgesprochen, dass Fugo – das war mein Sylter Spitzname, solange ich mich zurückerinnern kann –

mit seinem Segelschiff im Lister Hafen lag. Und so war es nicht verwunderlich, dass wir immer wieder einmal von alten Freunden und Bekannten besucht wurden. Viele aus meinem Sylter Freundeskreis waren aber nicht mehr auf der Insel. Ihre Berufe hatten sie in alle Welt verschlagen. Genau wie mich.

Und es fiel auf, dass von meinen ehemaligen Freunden fast nur noch die Mütter zu Besuch kamen. Die Väter waren zwischenzeitlich fast alle weggestorben. So hat die Natur das nun mal eingerichtet: Im statistischen Mittel werden die Frauen sieben Jahre älter als die Männer. Und weil im Regelfall die Ehemänner älter als ihre Frauen sind, steht den Ehefrauen häufig ein langes Witwendasein ins Haus. Vielleicht sollten die Damen sich zukünftig eher um jüngere Männer bemühen! Ist da nicht sogar schon ein Umdenken im Gange?

Das „Ärztespringen" mit Ines Stummelfinger wurde übrigens auch hier fortgesetzt mit einem Besuch in einer Westerländer Arztpraxis. Der Verband wurde wieder etwas kleiner...

Seine Kindheit auf dieser Insel zu verleben hatte, insbesondere durch die Nordsee und die Dünenlandschaft, einen ganz besonderen Reiz. Leider stößt man heute viel zu häufig auf „Durchgangs-Verbotsschilder". Was nützen dem Menschen die schönsten Landschaften, wenn er sie nicht sehen, geschweige denn durchstreifen darf... Wie unsinnig diese Überreglementierung ist, kann man besonders gut auf Sylt feststellen. Dazu muss man wissen, dass die Lister Dünen- und Heidelandschaft seit Urzeiten freies Weidegebiet für Hunderte von Schafen war. Diese Vierbeiner haben im Laufe der Jahrhunderte jede Menge Trampelpfade in die Landschaft getreten. Aus einem Flugzeug heraus betrachtet sahen diese Trampelpfade aus wie ein überdimensioniertes „Schnittmuster". Und dieses „Schnittmuster" war ein Charakteristikum dieser Landschaft!

Keine Frage, dass die wenigen Dünenwanderer, die sich überhaupt der Mühe einer Dünenwanderung unterzogen, diese Trampelpfade nutzten! Wer wandert schon gerne durch staubige Heide oder durch piekenden Strandhafer? Über diese Zusammenhänge haben sich die „Verbots-Apostel" mit Sicherheit keine Gedanken gemacht! Ich erinnere mich jedenfalls ganz genau daran, dass man in dieser Landschaft nur sehr selten einen vereinsamten Wanderer sah. Und diese Ausnahmewanderer waren ganz bestimmt sehr naturverbunden und hätten dabei helfen können, dass die charakteristischen Pfade nicht komplett zuwachsen, wie es mittlerweile geschehen ist.

Die Lister Dünenlandschaft hat sich durch einen unsinnigen Eingriff des Menschen zu ihrem Nachteil verändert! Aber wen stört das schon? Die schönsten Gegenden darf man ja sowieso nicht mehr bewundern. Der Wahrheit die Ehre: Wir haben uns bisher bei keinem Sylt-Besuch durch Verbote von einer Dünenwanderung abhalten lassen.

Interessant ist auch die erdgeschichtliche Entwicklung der Insel: Ursprünglich ein Teil des Festlandes, wurde Sylt nach der letzten Eiszeit abgetrennt, wobei auch eine großflächige Landsenkung eine wesentliche Rolle gespielt haben soll. Die ursprüngliche Insel war um ein Vielfaches größer als der heutige „Rest" und von Anfang an wurde Sylt von der Nordsee angenagt. Man hat errechnet, dass der durchschnittliche jährliche Landverlust immerhin 1,25 Meter beträgt, was bedeutet, dass die Küste der Insel vor ungefähr 8000 Jahren an die zehn Kilometer weiter westlich der heutigen Küstenlinie verlief.

Das Dorf List wurde offensichtlich mehrfach gegründet, weil es immer wieder von den Wanderdünen verschüttet wurde. Inmitten der Dünen, westlich vom heutigen List, hat einstmals die Siedlung „Listum" gestanden. Dieser Umstand scheint nur wenigen Insidern bekannt zu sein. Zu ihnen gehöre ich seit meinem dreizehnten Lebensjahr! Einer meiner Dorfschullehrer erkannte mein Interesse an solchen Dingen und weihte mich seinerzeit in dieses Geheimnis ein. Meine Leistungen in seinem Unterricht können ihn eigentlich nicht zu diesem Schritt bewogen haben...

Wie auch immer, eines Tages bewaffneten wir uns mit unseren Fotoapparaten und suchten gemeinsam das geheimnisvolle und verschwiegene Dünental auf: Eine relativ kleine Heidefläche, von Dünen unterschiedlicher Höhen vollständig umschlossen und mit Resten von Warften und anderen kleinen Erhebungen auf der Talsohle. Auf den Warften standen ehemals die Wohnhütten der Alt-Listumer Einwohner. Natürlich kannte ich dieses Tal von meinen Streifzügen mit meinen Freunden, aber erst mein Lehrer hat mir den Blick geschärft und mich in die Lage versetzt zu erkennen, welche „Schätze" sich hier verbargen.

In der Nähe jeder Warft befindet sich eine mehr oder weniger deutlich erkennbare leichte Erhebung. In diesen Resten der jahrhundertealten Abfallhaufen haben wir gebuddelt und Tonscherben gefunden, die aus dem 14. Jahrhundert gestammt haben dürften.

Ich habe niemals über dieses „Geheimnis" mit irgend jemandem gesprochen – außer mit meiner Familie. Noch heute liegt dieses Tal so verträumt und unberührt da wie zu meiner Kindheit, vielleicht hin und wieder von einigen im Listland verbliebenen Schafen besucht. Die Tonscherben sind schon lange nicht mehr in meinem Besitz. Um das karge Einkommen aufzubessern haben auch meine Eltern damals an „Kurgäste" vermietet – wir schliefen derweil auf dem Spitzboden unter dem Dach. Einer dieser Gäste hat mir die Tonscherben „abgeschnackt". Keinen Pfennig hat er mir dafür gegeben!

Nach drei Tagen zog es uns weiter und sehr früh am Morgen verließen wir bei Sonnenaufgang den Hafen. Paul Walter war schon draußen. Sein Liegeplatz war leer.

Es ist immer wieder ein nachhaltiges Erlebnis, früh morgens auf dem Wasser zu sein! Insbesondere, wenn der Wind noch schläft und die See träge ruht. Der aufgehende Sonnenball, durch den Morgendunst verschleiert, spiegelte sich so sehr im Wasser, dass wir geblendet wurden. Achteraus träumte noch alles in der zu Ende gehenden Nacht. Im Westen sah noch alles Grau in Grau und irgendwie ungemütlich aus. Das reinste Kontrastprogramm: Als wenn wir den Sonnenaufgang und den Sonnenuntergang zur selben Zeit erleben würden.

Die Segel hatten wir noch nicht gesetzt. Außer dem Fahrtwind durch den Maschinenvortrieb wehte kein Lüftchen. An der östlichen Ellenbogenspitze durchquerten wir das hier, auch bei ansonsten spiegelglatter See, immer quirlige Wasser. Hier treffen sich Nordsee und Wattenmeer mit ihren unterschiedlichen Strömungen. Bei starkem Wind ist es an dieser Ecke immer ein wenig unheimlich. Ich empfinde das jedenfalls so.

Die zwei Leuchttürme schickten noch ihre Kennungen über das Meer. Und jetzt, da wir den Ellenbogen umrundet hatten, bildete ihr Licht einen harten Kontrast zu dem bleigrauen Himmel im Südwesten. Wie gut, dass es Leuchtfeuer gibt! Sie üben auf mich immer wieder eine beruhigende Wirkung aus. Mittlerweile steht der „Rote Sand" sogar als naturgetreues und funktionsfähiges Modell von 1,50 Meter Höhe im Garten unseres Allgäu-Hauses und blinkt seine Kennung bis Mitternacht in das Tal hinaus!

Weit vor der Ansteuerungstonne „Lister Tief" bogen wir nach Norden ab, in Richtung Untiefengebiet „Horns Rev", das bereits in dänischem Hoheitsgebiet liegt. Bei schlechtem Wetter eine durchaus ungemütliche Ecke, die ich dann lieber außen herum umfahren würde. Aber wir hatten das hochsommerliche Wetter ja offensichtlich gepachtet! Und so stellte Ine den entsprechenden Waypoint ein, damit unser „dritter Mann" uns auf dem richtigen Kurs halten konnte.

Wind gab es nicht, also blieben die Segel unten. Unser Ehrgeiz hält sich diesbezüglich in Grenzen. Immer wieder kamen uns Fischer entgegen. Leider nicht Paul Walter. Wir fuhren an den Seehundsbänken vorbei, die von der Flut frei gegeben wurden und bald tauchten die ersten dänischen Fischer mit ihren himmelblauen Fischkuttern auf. Mir scheint, dass diese wunderschöne Farbe in Dänemark für Fischer vorgeschrieben ist. Wir haben bei unseren vielen Fahrten in dänischen Gewässern noch niemals einen anders gestrichenen dänischen Kutter gesehen.

Es wurde langsam Zeit, die Gastlandflagge zu setzen. Also wurde die Sylter Flagge „Rüm Hart Klar Kimming" eingeholt und die dänische unterhalb der Steuerbord-Saling gesetzt. So durchquerten wir „Horns Rev", wobei wir nur einmal sehr ausführlich durch riesengroße Knopfaugen aus allernächster Nähe beobachtet wurden, nämlich von einem naseweisen Seehund. Wir hangelten uns von Tonne zu Tonne, registrierten immer wieder sich leicht brechende Seen und kamen nochmals zu der einhelligen Meinung, dass man hier nur bei bester Sicht und geringer Dünung fahren sollte.

Wir motorten parallel zur jütländischen Westküste in einem Abstand von vielleicht fünf Meilen, wobei wir zunächst noch einige Flachwasserstellen passieren mussten. Besonders abwechslungsreich ist die Küste hier nicht gerade. Also beschäftigt man sich irgendwie anders: Ine verwöhnte uns immer mal wieder mit Überraschungen aus der Kombüse. Ansonsten war Sonnenbaden angesagt. Auf der sich spiegelnden See war hier aber durchaus Vorsicht geboten: Sehr schnell fängt man sich bei solch einer Wetterlage einen kräftigen Sonnenbrand ein. Mir kommt es so vor, als ob ich meinen Co-Skipper diesbezüglich zu oft zur Vernunft ermahnen muss.

Die dänische Westküste entlang zu fahren kann sich auch ganz anders abspielen. Bei Starkwind oder gar Sturm kann das eine verdammt ungemütliche Angelegenheit werden. Das Wasser ist relativ flach und sehr schnell baut sich bei westlichen Winden eine kurze und steile Dünung auf. Und wenn man nun glaubt, sich schnell in einen Fischereihafen verkrümeln zu können, dann hat man sich ganz gewaltig geschnitten. Bei mehr als sechs Windstärken sind die Hafeneinfahrten nicht passierbar, weil das Wasser in den Wellentälern, bei entsprechender Dünung, schnell auch mal zu flach ist. Da gibt es nur eins: Weg von der Küste und weiter segeln. Und wenn es bis an die Nordküste von Jütland ist! Den Gedanken an die ständige Legerwall-Situation verdrängt man in solch einer Situation am besten!

Wir hatten bei dieser Flaute mit solchen Widerwärtigkeiten keine Probleme und liefen nachmittags in den, nicht unbedingt schönen, Hafen von Hvide Sande ein. Selbst nach einem kilometerlangen Marsch konnten wir dort kein Restaurant entdecken, das auch nur halbwegs akzeptabel war. Und so blieb uns das zweifelhafte Vergnügen, in brütender Hitze direkt gegenüber einer

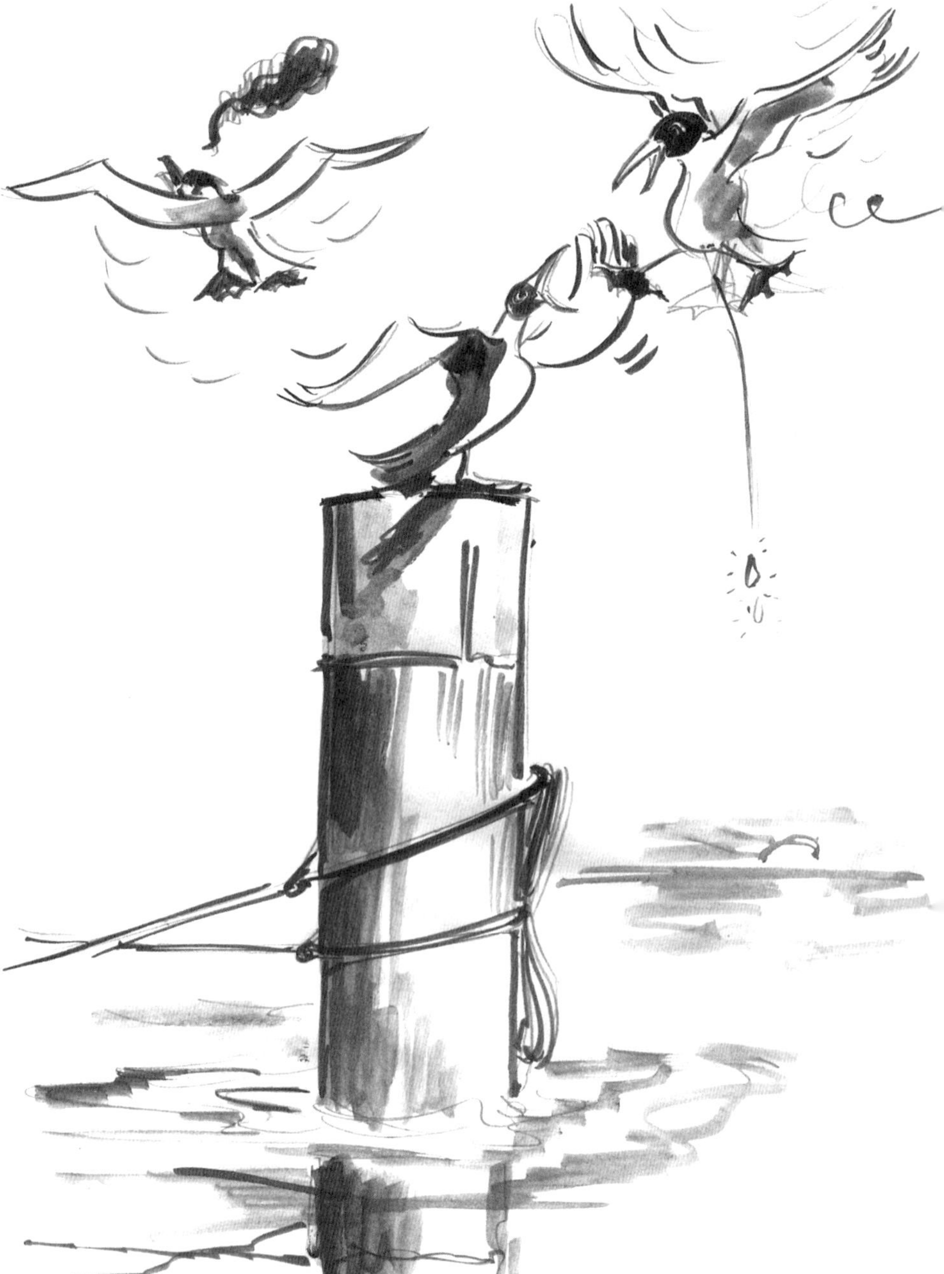

Fischmehlfabrik selbst unsere Mahlzeit anzurichten und ansonsten die Zeit totzuschlagen. Wir überlegten ernsthaft, ob wir den Hafen nicht verlassen und einen Nachttörn einlegen sollten.

Am nächsten Tag, das Wetter blieb weiterhin beständig, liefen wir nachmittags an Thyborön vorbei in den Limfjord hinein. Diese natürliche Wasserstraße verbindet im Norden Jütlands die Nordsee mit der Ostsee. An Unmengen von Seehunden vorbei, die faul auf den Sandbänken um uns herum die Wärme genossen, liefen wir unter Maschine nach Lemvig. Die auffallend schöne Landschaft an Backbord, bestehend aus Höhenzügen und Tälern mit gelben Rapsfeldern und Wäldern bis an das Wasser heran, ließ bei uns eine gewisse Erwartungshaltung auf Lemvig entstehen. Aber weder der Hafen, noch der kleine Ort selbst konnten dieser Erwartung gerecht werden. Ursprünglich sicher ein Fischereihafen, kam er uns heute eher verlassen und trostlos vor.

Bis auf einen sich ständig wiederholenden Zweikampf unter den reichlich vorhandenen Möwen ist nicht viel in meiner Erinnerung geblieben. Es ging bei den Möwen offensichtlich darum, für die langsam einbrechende Nacht einen sicheren Schlafplatz auf einem der vielen frei im Hafenwasser stehenden Dalben zu ergattern. Kaum hatte eine Möwe sich einen Dalben erstritten, wurde sie selbst wieder attackiert und musste irgendwann einer stärkeren weichen. Die größten Möwen hatten zweifellos einen Vorteil bei diesen Kämpfen um den Schlafplatz. Die Viecher kamen einfach zu keinem Ende und irgendwann wurde mir die Sache zu langweilig. Mit einem kühlen Bier und einem Glas Wein im Salon beendeten wir den Tag.

So langsam wurde die Hitze unerträglich!

Nach dem obligatorischen Brötchenholen für das Bord-Frühstück am nächsten Morgen haben wir kanisterweise Diesel aus einer Auto-Tankstelle herangeschleppt, weil wir kein Risiko mehr eingehen wollten. Meine Selbstsicherheit bezüglich unserer Treibstoffvorräte war offensichtlich nachhaltig gestört. Diese mühselige Vorsorge war vollkommen überflüssig, wie ich später ermittelt habe. Danach verließen wir jedenfalls den Hafen und legten das Schiff ungefähr zwei Meilen außerhalb vor Anker. Hier war es nicht so stickig wie im Hafen. Eine ganz leichte Brise machte das Leben hier draußen erträglicher.

Im Gegensatz zu Ine bin ich eher hitzeempfindlich. Auch ein Grund, weswegen es mich bisher noch nicht so sehr ins Mittelmeer zieht. Das kann sich ja vielleicht ändern, aber noch gilt für mich die Weisheit:

„Gegen Kälte kann ich mich anziehen. Gegen Hitze kann ich mich aber nicht ausziehen."

Nach einem geruhsamen Frühstück unter einem improvisierten Sonnenschutz begab ich mich für eine Stunde in das 26° warme Wasser und reinigte den Wasserpass. Eine mühsame Geschichte, weil ich mich bei der Höhe der Bordwand nirgendwo festhalten konnte.

Dabei kam mir zum ersten Mal die Idee, das weiße Unterwasserschiff vielleicht doch irgendwann grün streichen zu lassen. Aber auch dann würde der Wasserpass weiß und damit empfindlich gegen Verschmutzungen bleiben. Zweimal pro Segelsaison werde ich an einer Reinigung des Wasser-Passes wohl nicht vorbeikommen.

Kein Wind – keine Segel! Unter Maschine liefen wir gemächlich weiter bis Nyköbing, natürlich immer relativ nah unter Land. Hier waren wir in einem typischen Motorboot-Revier. Aber auch einige Segler begegneten uns. Fast keiner ohne aufgespannten Sonnenschirm! Im Hafen von Nyköbing hatten wir eine unangenehm warme Nacht zu überstehen. Kein Windhauch half uns, dem Inneren unserer UTHÖRN einen kleinen Luftzug zuzuführen. So eine Nacht dauert ewig!

Unser Etappenziel am Abend dieses Tages war Alborg, inmitten des Limfjordes. Vorher durften wir aber noch ein kleines „Grundberührungs-Abenteuer" bestehen:

Wir fuhren im relativ engen Fahrwasser, das auf der Südseite des Limfjordes ausgetonnt war. Am Nordufer, ungefähr eine Meile entfernt, entdeckten wir einen Yacht-Hafen, der zum Festmachen für die Nacht einlud. Obwohl wir die Seekarte zu Hilfe nahmen und die an Land stehenden Ansteuerungsdreiecke in Deckung brachten, übersahen wir aus unerfindlichen Gründen eine eingezeichnete Untiefe. Mit relativ hohem Speed brummten wir bolzgerade auf diese Sandbarre, so dass das Schiff geradezu angehoben wurde. Nur durch sofortiges Rudereinschlagen und Vollgasgeben kamen wir mit eigenem Schwung frei, wobei wir eine mächtige Schlammfahne aufwühlten.

Glück gehabt! Auf unserem Flügelkiel hätten wir da ganz schön trocken sitzen können.

Alborg wird meiner lieben Ine wohl immer in übelster Erinnerung bleiben. Hier wurden ihr die Fäden gezogen. Diese Prozedur dauerte länger als eine Stunde und Ine hörte „die Engel singen" vor lauter Schmerz. In Cuxhaven wurden offensichtlich zu dünne Fäden zu stramm vernäht. Die waren jetzt teilweise eingewachsen. Ine durfte wieder beweisen, dass sie Schmerzen ertragen kann. Aber ich werde ihre grünlichweiße Gesichtsfarbe nach dieser Quälerei nicht mehr vergessen.

Das einzig Positive war, dass der Verband, jetzt ohne Schiene, noch ein gehöriges Stück kleiner geworden war.

In Hals, am östlichen Ausgang des Limfjordes, erwartete uns endlich wieder eine angenehme Seebrise.

Die Hitzetage in dem Binnengewässer waren vorbei!

Der Hafen von Hals hat uns auf Anhieb gefallen. Das lag wohl auch ein klein wenig an dem schönen Liegeplatz, in den wir uns mit viel Gefühl „hineinmogelten", obwohl er eigentlich zu klein war für unser Schiff. Vorne und achtern jeweils man gerade 50 cm „Luft" waren reichlich wenig. Aber ohne Wind und mit dem Einsatz einer Spring zur rechten Zeit ist das möglich. Nur die Ruhe bewahren, zumal genügend Zuschauer bei solchen Manövern einem immer ganz genau auf die Finger schauen.

Der Ort Hals als solcher gibt nicht unbedingt viel her. Aber der Hafen und das Hafenumfeld sind in den letzten Jahren sehr schön hergerichtet worden. Restaurants und Läden sind in architektonisch sehr ansprechendem Stil neu entstanden. Die Erbauer haben es verstanden, trotz der modernen Bauweisen eine heimelige Atmosphäre zu schaffen. Wir sind sicher, dass Hals ein beliebtes Ziel für Wassersportler werden wird. Auch, wenn es ein wenig abseits liegt.

Später würden wir hier zum ersten Mal in unserem Leben für ein Glas Wasser mehr als für ein Glas Wein bezahlen müssen.

„In Spanien ist das auch nicht anders!"

Bei den Weinpreisen in Dänemark ein starkes Argument!

Der Wind hatte am nächsten Morgen weiter aufgebrist, so dass wir, natürlich erst nach einem gemütlichen Frühstück mit guten dänischen Brötchen, bei Sonnenschein und halbem Wind Anholt anliegen konnten. Nach ein paar Meilen überwanden wir unsere Faulheit, rollten die Genua ein und setzten den Blister. Genau das richtige Vorsegel bei dieser Windstärke aus dieser Richtung.

Der Wind sorgte außerdem für eine angenehme Erfrischung nach den Tagen der windlosen Hitze und meine Ausrede, dass man bei diesen Temperaturen einfach nicht arbeiten könne, galt nicht mehr. So ließ ich mich also von meiner Mannschaft davon überzeugen, dass wir jetzt genau das richtige Wetter zum Metall putzen hätten. Es gibt Tätigkeiten, die ich nun mal einfach nicht gerne mag. Diese gehört zweifelsfrei dazu!

Die Insel Anholt genießt den Ruf einer „exklusiven" Insel. Vielleicht ein wenig wie Sylt oder Hiddensee. Wir fanden sie auch sehr schön, aber die Liegeplatzgebühren von 35 Euro standen in keinem Verhältnis zu der angebotenen Leistung. Wir haben uns angewöhnt, uns über solche Entgleisungen nicht zu ärgern. Aber wundern darf man sich schon.

Wahrscheinlich hängt diese „Exklusivität" mit ihrer isolierten Lage mitten im Kattegat zusammen. Mal eben aus Ärger über den Preis wieder abfahren zieht im Regelfall eine Nachtfahrt nach sich. Und das ist nicht jedermanns Sache. Von der Situation bei schlechtem Wetter gar nicht zu reden. Auch hier kann es einem passieren, dass man die Insel bei entsprechend starkem Wind und dem damit verbundenen Schwell gar nicht anlaufen oder verlassen kann. Das sollte auch uns bei einem späteren Törn einmal passieren.

Unser abendlicher Spaziergang an diesem Tag uferte zu einem halben Inselrundgang aus. Wir liefen einfach drauf los – und das war wahrscheinlich gut so. Wenn wir gewusst hätten, wie lang sich die schmalen Asphaltwege hinziehen würden, wären wir vielleicht gar nicht erst losgelaufen. Das wäre schade gewesen, denn die Insel, mit ihren Kiefern-, Tannen- und Laubwäldern, dazwischen nicht eingezäunten Weideflächen, ist unbedingt sehenswert. Ein typischer Fall für Bordfahrräder!

Im ersten Dorf, nach vielleicht drei Kilometern, bogen wir nach links ab in der Hoffnung, dass wir uns auf diese Weise, und nach weiteren „Linksschwänken", wieder dem Hafen nähern würden. Ganz falsch lagen wir mit dieser Annahme auch nicht. Wir fanden sogar noch ein recht nettes Restaurant, wo wir unter freiem Himmel unser Abendessen genießen konnten.

Es war lange dunkel, als wir von unserem unfreiwilligen Gewaltmarsch zurückkehrten. Der „Sundowner" fiel entsprechend kürzer aus und Einschlafprobleme gab es an diesem Abend nicht.

Der Törn von Anholt nach Ebeltoft an der Ostküste Jütlands war unbequem und eine gewisse seglerische Herausforderung. Der Wind briste auf fünf, später auf sechs Windstärken auf und kam vierkant von vorn. Also gleich zwei Reffs ins Groß, weil wir im Wetterbericht gehört hatten, dass der Wind stärker werden würde. Das Reffen erledigten wir bereits im Vorhafen. Die Genua fuhren wir zunächst voll. Und dann hieß es: Hoch an den Wind, beziehungsweise die richtige Symbiose aus Geschwindigkeit und zurückgelegter Strecke finden. Das ewig gleiche Spiel beim Segeln!

Die See baute sich mit dem stärker werdenden Wind auf und es wurde ein „Ritt auf den Wellen". Bei schönem Wetter eher lustig. Überkommende Gischt wurde von der Sprayhood abgehalten. Aus lauter Lust am Segeln bei diesen Verhältnissen übernahm ich immer wieder einmal selbst das Ruder. Schön, wenn man den Autopiloten einschalten kann, wenn es einem mal wieder reicht! Wir mussten dann später auch die Genua um eine Nummer verkleinern, weil die UTHÖRN begann, ein wenig luvgierig zu reagieren.

Gegen Abend nahm der Wind zusehends ab und wir konnten die Segel wieder ausschütten. Nachdem wir die kleine Insel Helm südöstlich von Ebeltoft passiert hatten und gerade in die Bucht vor Ebeltoft einliefen, wurden wir von einem dieser Hochgeschwindigkeits-Katamarane viel zu dicht überholt. Mit dem jetzt mäßigen Wind war der Schwell der Fähre nicht gerade angenehm, zumal die Segel kräftig hin und her schlugen. Was wird da noch auf uns zukommen? Immer häufiger erlebt man diese Ungetüme in der Ostsee. Selbst die „Erschließung" Helgolands hat damit begonnen. Man glaubt es nicht, aber sogar auf dem Bodensee werden diese Monster wohl nicht zu verhindern sein. Man liest in Süddeutschland immer wieder von den Bemühungen entsprechender Investoren. Die erste Genehmigung für den Betrieb dieser Fähren soll bereits erteilt worden sein…

In Ebeltoft waren wir mit Freunden aus unserem Segel-Club verabredet. Sie waren vor einigen Tagen zu ihrem Urlaubstörn gestartet und wollten durch den „Kleinen Belt" hierher segeln. Von hier aus wollten wir ein paar Tage „im Verband" segeln. Ohne feste Routenplanung, ohne zeitliche Festlegung. Nach dem Motto: „Jeder, wie er möchte…".

Zuvor nutzten wir aber die Gelegenheit zu einer ausführlichen Besichtigung der in den Jahren 1856 bis 1860 gebauten Fregatte „Jütland", dem längsten Holzschiff der Welt. Sie liegt in einem extra für sie gebauten Trockendock direkt am Westhafen und die Initiatoren freuen sich über jeden Besucher, der mit seinem Eintrittsgeld hilft, dieses sehenswerte Schiff zu restaurieren. Als „Liegeplatz" für die „Jütland" wurde ein großes Loch in die Erde gebuddelt, nachdem man zuvor den gewünschten Grundriss mit Spundwandprofilen abgesichert hatte. Somit liegt sie im Trockenen und der Betrachter sieht sie aus einer Perspektive, als ob er auf einem Kai stehen würde.

Der Dreimaster hat gewaltige Abmessungen: Der Rumpf hat eine Länge von 71,00 Metern und eine Breite von 13,19 Metern. Die Höhe des Großmastes beträgt 53,00 Meter. Besonders interessant ist die Rumpfbauweise ohne Quer-Schotten, was nur mit einer besonders aufwändigen Diagonalkonstruktion möglich war. Dabei wurde die diagonal verlegte Unterkonstruktion für die Außenbeplankung aus mächtigen Eichenhölzern hergestellt, die der späteren Rumpfform angepasst waren. Diese Bauweise muss sehr aufwändig und kompliziert gewesen sein! – Jedenfalls haben achtzig Schiffszimmerleute vier Jahre lang an dem Rumpf der „Jütland" gebaut.

Dem Besucher wird sehr schnell die liebevolle Detailarbeit der Restauratoren auffallen! So wurden auch verschiedene „Lebenssituationen" der Besatzungsmitglieder nachgestellt. Man kann Matrosen in ihren Hängematten liegen, oder den Schiffskoch in seiner Kombüse werkeln sehen, genau so wie eine Geschützmannschaft beim Laden ihrer Kanone. Eine besonders lustige Szene ist die Nachstellung einer „Back", der kleinsten Mannschaftseinheit auf einem Kriegs-Segelschiff, beim Abendessen.

Die Restaurierung ist noch lange nicht abgeschlossen. Ich finde die Idee ausgezeichnet, das Schiff trotzdem schon für Besucher freizugeben. Uns jedenfalls wird es immer wieder einmal motivieren, nachzuschauen was mittlerweile fertig geworden ist!

Am nächsten Tag ging es dann gemeinsam, bei glatter See und ausgesprochen „lauer Brise", nach Gilleleje, einer kleinen Hafenstadt im Norden der dänischen Insel Själland. Günter fährt ein etwas kleineres und deutlich leichteres Schiff. Beim Segeln wird er von einem relativ ausgeprägten „Geschwindigkeits-Ehrgeiz" angetrieben, was natürlich immer wieder zu kleinen Privat-Regatten verführt. Und so war es auch heute. Aber mein Tag war das wohl nicht…

Zunächst verführte mich die leichte Brise dazu, ein durchaus überflüssiges Manöver zu fahren: Wir hatten das Großsegel gar nicht gesetzt, sondern liefen nur unter Blister, den wir wieder mal mit zwei freien Schoten fuhren. Irgendwann wollte ich gern den Spinnaker setzen und für dieses Segelmanöver Tim, den erwachsenen Sohn unserer Freunde, an Bord nehmen. Immerhin war Ine mit ihrem „abben" Finger noch ganz gehörig gehandikapt; allein aus diesem Grunde hätte sich das folgende Manöver schon verboten!

Ich war bereits mit dem Spinnakerbaum beschäftigt und ermunterte Ine, recht dicht an das Schiff unserer Freunde heranzufahren, damit Tim bequem übersteigen könnte. Ausgerechnet während der größten Annäherung wurden unsere Schiffe von den auslaufenden Wellen eines fernen Dampfers unterlaufen. Das Ergebnis war eine verbogene Halterung des Steuerbord-Rettungsringes, Tränen bei der Steuerfrau und ein vergnatzter Skipper, dem die Vorfreude an einer Fahrt unter Spinnaker vergangen war.

Tim blieb also wo er war, und unsere Freunde entfernten sich langsam aber stetig, während ich mich bemühte, meinen überflüssigen Zornesausbruch vor meiner Besatzung zu bagatellisieren. Aber Frauen sind da ganz offensichtlich zarter besaitet. Jedenfalls hat es schon einiger Mühe bedurft, den Frieden wieder herzustellen. Und ganz bestimmt hätte ich diesen Unsinn überhaupt unterlassen sollen!

Schon bald fuhren wir mit unserem schweren Pott weit hinter unseren Freunden her. Bei dem Leichtwind kein Wunder! Allerdings spürte ich nach einiger Zeit ein leichtes Zunehmen des Windes, was mich prompt dazu animierte, zusätzlich unser Groß zu setzen. Jetzt hatte auch mich der Ehrgeiz gepackt, und um nicht noch weiter achteraus zu fallen, wollte ich das Segel bei stehendem Blister setzen…

Es kam, wie es kommen musste! Der Blister geriet in die Abdeckung des Großsegels, fiel in sich zusammen, geriet zwischen Mastschiene und Rutscher und wurde mit nach oben gerissen. Meine Schrecksekunde, so schien mir im Nachhinein, war wohl eher eine Schreckminute. Jedenfalls dauerte es viel zu lange, bis ich den Daumen vom Winschenknopf nahm. So war denn der Blister fünf Meter über dem Deck hoffnungslos eingeklemmt.

Nichts ging mehr!

Das Großsegel ließ sich weder nach oben noch nach unten bewegen. Der Blister bildete vor dem Mast zwei Blasen und sah zum Gotterbarmen aus. Für einen Beobachter muss das ein tolles Bild gewesen sein! Ich hätte mir selbst in den Hintern treten können. Soviel Dusseligkeit auf einem Haufen! Aber es half nichts: Bootsmannsstuhl raus, Topfall eingepickt und von Ine mittels Elektrowinsch rauf ziehen lassen! Ihre bissigen Kommentare will ich hier nicht wiederholen! Ein tolles Erlebnis war das, mit dem Marlspieker meinen Blister zu malträtieren. Er war nach dieser Operation unbrauchbar und ich musste froh sein, dass der Segelhersteller in Holland ihn nach dem Urlaub äußerst schnell reparierte. Er musste eine neue Bahn einnähen und ich durfte einen Haufen Kohle nach Holland transferieren!

Warum muss ich meine Erfahrungen nur immer so teuer bezahlen?

Mein Freund Günter kam gar nicht auf die Idee umzukehren, geschweige denn zu warten. Ihm war es scheinbar ganz recht, dass ich irgendwelche Kalamitäten hatte, konnte er seinen Vorsprung doch in aller Ruhe weiter ausbauen... Das hat er im Hafen von Gilleleje aber weit von sich gewiesen!

Das schöne Wetter hielt unvermindert an, was in Nord- und Ostsee nicht selbstverständlich ist. So segelten wir denn am folgenden Tag, bei leichtem Westwind und in aller Ruhe in den Öresund. Wir fuhren dicht unter Land und kamen am Landhaus der dänischen Schriftstellerin Tanja Blixen vorbei, die unter anderem das viel gelesene Buch „Jenseits von Afrika" geschrieben hat. Am Nachmittag erreichten wir den kleinen, kreisrunden „Langelinie" – Yacht-Hafen vor Kopenhagen. Er liegt in unmittelbarer Nähe der „Kleinen Meerjungfrau", der weltbekannten Bronzefigur auf einem kleinen Felsen am Ufer der Wasserstraße zu den Altstadthäfen von Kopenhagen.

Günter und ich wollten den Hafen ein wenig erkunden, waren aber zum Laufen zu faul. Also flugs unser Schlauchboot aus der Vorpiek geholt, mit der kleinen 12-Volt-Pumpe aufgepumpt, den Außenborder eingehängt, und schon ging es los. Nach ungefähr einem Kilometer mussten wir leider ein Stottern unseres sonst so zuverlässigen Motors zur Kenntnis nehmen...

„Nanu? Das macht er doch sonst nicht!"

Ein Blick in den Treibstofftank genügte allerdings für die Diagnose:

„Leer!"

Mein Freund Günter:

„Du bist vielleicht ein Motorbootfahrer!"

Hatte ich nicht erst gestern eine ziemlich peinliche Situation erlebt?
Günter:
„Hilft ja nichts! Paddel raus! – Wo sind die eigentlich?"
Wir waren nicht so wahnsinnig weit von der Kaimauer entfernt und konnten unser kleines Boot mit den Händen zur nächsten Leiter paddeln. Leider lag ein Riesenkahn davor und um den mussten wir halt erst herum paddeln.

Barfuß eine senkrechte Eisenleiter raufzuklettern ist auch nicht besonders angenehm. Aber das musste ich, lagen meine Bootsschuhe doch an Deck unserer UTHÖRN. Viel schlimmer noch war der lange Barfußmarsch über den heißen Asphalt zurück zum Yachthafen! Günter, ein beinharter Typ, legte in seinen Bootsschuhen ein strammes Tempo vor, so als wollte er mich für meine Schusseligkeit umgehend abstrafen. Bei der Ankunft waren meine beiden Fußballen unter den Blasen jedenfalls nicht mehr als solche zu erkennen... So was hatte ich überhaupt noch nicht gesehen. Es dauerte denn auch Tage, bis ich wieder beschwerdefrei laufen konnte. Aber es half nichts, wir mussten mit dem Benzinkanister zurück zu unserem Beiboot.

Warum eigentlich „wir"? Warum musste ich überhaupt diese ganze Tortur über mich ergehen lassen? Hätte der „beschuhte" Günter nicht sogar den Kanister allein holen können? Er hätte mir auch seine Schuhe geben können und am Schlauchboot auf meine Rückkehr warten! Und warum hatte ich nicht die entsprechenden Vorschläge gemacht? Ich erinnere mich, dass sie mir beizeiten durch den Kopf gingen. Aber mein falscher Stolz hat das wohl nicht zugelassen.

Am Abend war es aber für beide Crews keine Frage, dass ich „mit diesen Füßen" auf keinen Fall den Fußmarsch ins Zentrum von Kopenhagen würde mitmachen können. Und das wurde dann auch wirklich ein Gewaltmarsch und ich war noch im Nachhinein froh, dass mir der erspart geblieben ist! Ine jedenfalls war fix und fertig, als sie nachts an Bord schlich. Da hatte unser sparsamer Ex-Bundeswehroffizier den Truppen mal eben gezeigt, was richtige Segler zu leisten imstande sind! Bis zum „Tivoli" wurde in einem einstündigen Marsch gelaufen. Nicht einmal für den Rückweg wurde ein Taxi genehmigt. So was wie „Sparsamkeitsfimmel" hörte ich tief in der Nacht aus Ines Ecke. So hatten wir beide unsere besonderen Durchhalte-Erlebnisse mit unserem Freund Günter an diesem Tag. Dabei ist er ein herzensguter und immer hilfsbereiter Mensch. Aber keine Frage: Seine lange Militärzeit hat ihn geprägt.

Das wurde insbesondere auch deutlich, als die Kopenhagen-Ausflügler Zeugen der Wachablösung vor dem „Schloss Amalienborg" wurden. Kaum ertönten die Kommandos, blieb unser Günter auch schon in Habachtstellung stehen: Hände an der Hosennaht seiner bunt gemusterten Bermuda-Shorts, die mit Sandalen und Socken dekorierten Füße im Winkel von 45 Grad.

Wie er es als Offizier halt gelernt hatte. Fehlte nur noch, dass er in seinem T-Shirt und seinen Bermudashorts die Hand zum militärischen Gruß erhoben hätte...

Der Heilungsprozess an Ines demoliertem Finger machte übrigens weiterhin gute Fortschritte. Das bemerkte ich insbesondere daran, dass sie mittlerweile wieder mehr und mehr das Zepter in der Kombüse schwang. Wenn ich ehrlich bin, habe ich persönlich nicht besonders unter ihrer eingeschränkten Einsatzfähigkeit in der Kombüse gelitten. Wenn ich das so richtig bedenke, hat sie ihren Job fast durchgängig geleistet. Von den ersten Tagen nach dem Unfall vielleicht abgesehen.

Am nächsten Tag verholten wir unser Schiff in den „Christianshaven" inmitten der Altstadt von Kopenhagen. Wir fanden für die UTHÖRN an der Ecke „Christianshavns Kanal / Overgaden neden Vandet", nach Aussage von Anwohnern, den schönsten Liegeplatz im Christianshafen. Der Platz war ein wenig zu klein für unser Schiff, und so ragte das Vorschiff gut zwei Meter über die Kaimauer hinaus in den großen Kanal. Aber das machte nichts aus.

Gegen von rechts kommende Schiffe war die UTHÖRN durch ein am Kai liegendes Schiff geschützt. Wir lagen direkt unterhalb eines uralten Seefahrerheimes. Ich konnte mir gut vorstellen, dass manch wehmütiger Blick aus den kleinen Fenstern über die Motor- und Segelschiffe strich. Natürlich hatten die seegängigen Schiffe in diesen Hafenkanälen keinen Platz. Insofern mussten sich die „Seefahrer-Rentner" schon mit deutlich kleineren Schiffen begnügen. Aber gerade der Mix aus den kleineren Motorschiffen und den Segelyachten unterschiedlichster Größen macht den besonderen Reiz dieses Hafens aus. Ein Bewohner des Seefahrer-Altenheims lehnte aus dem Fenster und erzählte uns, dass wir inmitten des ehemaligen Rotlicht-Viertels gelandet waren.

Unsere Freunde kannten den Hafen übrigens schon und zogen es vor, sich mit ihrer CALEMA weiter nach Süden zu orientieren. Wir würden später versuchen, uns über UKW-Funk wieder zu finden.

Ein Besuch des Christianshafens inmitten der Altstadt von Kopenhagen sollte aus meiner Sicht in keinem Seglerleben fehlen! Zumindest, wenn die Ost- oder Nordsee die Hausreviere sind. Uns haben die vielen Kanäle ein wenig an Venedig erinnert: unübersichtlich, eng, teils schattig, teils sonnig und eine auffällige Stille. Sie wurde nur ganz vereinzelt von Schiffs- oder Autogeräuschen unterbrochen. Die gegenüberliegende Kanalseite war eingefasst von farbig renovierten, fünfgeschossigen Gebäuden, erbaut wahrscheinlich um die Jahrhundertwende. Hinter ihnen ragte eine gewendelte Kirchturmspitze hoch in den überwiegend blauen Himmel. Wie gemalt standen genau hinter dem restaurierten Turm zwei weiße Cumuluswolken. Fast kitschig, wenn man das auf einer Postkarte finden würde.

Zum Abend hin fanden sich kleine Gruppen von Menschen mit ihren Autos an den Kaimauern ein. Sie packten Campingmöbel aus und plauderten, durch den vielen Biergenuss immer lauter werdend, bis in die tiefe Nacht hinein. Zunächst fanden wir es empörend, dass sie ihre Bierflaschen einfach stehen ließen, als sie ihre Sachen wieder einräumten und abfuhren. Am nächsten Morgen haben wir aber entdeckt, dass dahinter ein gewisses System steckt: Immer wieder strich der eine oder andere Obdachlose am Kai herum, sammelte die leeren Flaschen ein und verschwand damit. Ganz offensichtlich haben sie mit dem Pfandgeld ihr eigenes Bier bezahlt.

Das viele Biertrinken in der Öffentlichkeit ist in ganz Dänemark sehr verbreitet. Nicht immer zum Vergnügen der übrigen Passanten.

Wir gönnten uns in einem kleinen Eckrestaurant ein Abendessen, verzichteten allerdings auf die eigentlich dazugehörige Flasche Wein. Aus unerfindlichen Gründen ist der Wein in ganz Skandinavien unerhört teuer.

Bei Sonnenschein und nordöstlichem Segelwind verließen wir am nächsten Spätvormittag Kopenhagen und steuerten Kyrkbacken auf der kleinen schwedischen Insel Fen an, eine malerische Insel, die direkt gegenüber von Kopenhagen im Sund liegt.

Der Hafen war recht voll, nur am Nordkai schien für ein Schiff unserer Größe noch Platz neben einem großen Motorboot zu sein. Allerdings hing kein Fender außenbords, stattdessen war ein Schlauchboot mittig an der Längsseite befestigt. Und die erwartete vehemente Abwehr kam dann auch prompt: Man erwarte jeden Augenblick ein befreundetes Schiff!

So blieb uns als einzige Möglichkeit nur die Backbordseite einer deutlich kleineren Yacht. Zusätzlich zu den Springs führten wir Achter- und Vorderleine an die Kaimauer. So würden wir die Klampen unseres Nachbarn nicht übermäßig belasten. Der Wind drehte mehr und mehr auf Ost, frischte dabei beständig auf und drückte uns auf unseren Nachbarn. Wir lagen an dritter Position und konnten es wegen der überschaubaren Größe unserer Nachbarn auf keinen Fall zulassen, dass sich ein weiteres Schiff neben uns legen würde. Daher unterließen wir es, mit einem heraus gehängten Fender zum Anlegen an unserer Seite einzuladen. Leider hatten wir die Rechnung ohne den schwedischen Motorbootfahrer gemacht, der recht forsch mit seinem „Zweifamilienhaus" in den Hafen gefahren kam. Wild gestikulierend bedeutete er uns, dass er gedenke, sich neben uns zu legen!

„Only for some minutes!"

Der Mann konnte von Seemannschaft keine Ahnung haben... Meine diesbezüglichen Erklärungen und Hinweise auf die viel zu kleinen Yachten an unserer Seite blieben ungehört. Er hatte offensichtlich nur unsere lange Bordwand als seinen Hort der Sicherheit im Auge. Mir blieb nichts anderes übrig, als zwei Fender rauszuhängen und seiner drallen Begleiterin beim Anlegen zu helfen. Die vermittelte mir sehr schnell und deutlich den Eindruck, dass sie bisher noch kein Schiff festgemacht hatte. Obwohl ihr Skipper gehörig unter Zeitdruck stand, weil sein Dampfer immer wieder abgetrieben wurde, musste diese Dame zuerst in aller Ruhe ein Paar Lederhandschuhe überziehen, damit die zarten Hände nicht unter der ungewohnten Arbeit leiden würden. Mir schwoll so langsam der Kamm, war es doch mehr Zufall als Beherrschung der Steuermannskunst, dass unsere UTHÖRN bisher noch ohne Macke davon gekommen war.

Das Ungetüm von Motorboot war längst an unserem Schiff fest, natürlich mit viel zu dünnen Leinen, als die Blondine sich immer noch mit einem gigantischen ballonförmigen Fender abmühte. Von Springs hatte der gute Mann auch noch nichts gehört. Ich legte eine aus eigenem Interesse! Aber nur eine, denn ich würde es niemals zulassen, dass die sich hier für die Nacht einrichten. Ich bedeutete dem Herrn, dass er genau zehn Minuten Zeit hätte, um seine Dinge an Land zu regeln, dann würde ich sein Schiff wieder losschmeißen! Der Wind drückte den Dampfer so stark gegen die UTHÖRN, dass die Fender bis auf ein paar Zentimeter zusammen gedrückt wurden. Das konnten die kleinen Segelboote neben uns nicht lange aushalten! Irgend etwas würde da bald passieren. Warum hatte ich diesen Deppen nicht viel energischer von seinem Anlegemanöver abgehalten? Aber wie hätte ich das machen sollen?

Der Skipper war an Land geturnt. Er wollte offensichtlich bei dem anderen Motorboot ausloten, ob er dort anlegen könnte. Aber daraus wurde ebenso wenig wie schon vorher bei uns. So kam er also mit einem langen Gesicht zurück und versuchte mir klarzumachen, dass er nun doch über Nacht würde bleiben müssen! Da hatte er allerdings die Rechnung ohne den Wirt gemacht! Kurz entschlossen löste ich unsere Spring und machte mich an seinem Festmacher zu schaffen. Da merkte er wohl, dass ich ernst machen und seinen Kahn los werfen würde. Mit hochrotem Kopf beeilte er sich, auf seine Flybridge zu kommen und die Maschinen zu starten. Dem traute ich zu, dass er die Gashebel ohne Rücksicht auf Verluste betätigen würde. Und so schien es auch zu sein! Jedenfalls zog er die von mir gelöste Achterleine mit Motorkraft von unserer Klampe. Glücklicherweise rauschte sie problemlos durch. So etwas hatte ich noch nicht erlebt! Die Vorderleine hatte ich bereits auf sein Vorschiff geworfen.

Obwohl er bei dem Seitenwind mit seinem Schiff gut beschäftigt war, rief er mir noch ein paar Drohungen zu. Verstehen konnte ich:

„Go off to your home and never come back! Otherwise I will damage your ship"!

So eine Geige...

Der Wind legte weiter zu. Nachts drehte er auf West, was uns zwar Ruhe verschaffte, den Yachten am Südkai neben der Hafeneinfahrt aber eine sehr aufregende Nacht bescherte. Sie lagen nämlich vor Heckanker mit dem Bug zur Kaimauer und wurden durch den Schwell, der bei Westwind ungehinderten Zugang durch die Hafeneinfahrt fand, gehörig aufeinander getrieben. In solchen Situationen ist man einfach froh, wenn man einen sicheren Liegeplatz hat. Und den hatten wir jetzt, dank der Winddrehung auf West. Nachts flüchtete eine Yacht aus dieser Malaise an unsere Backbordseite. Kein Problem bei dieser Windrichtung und der Größe der Yacht.

Direkt am Hafen konnten wir uns am nächsten Morgen Fahrräder leihen, um die Insel zu erkunden. Bald schon bewegten wir uns nur noch auf Feldwegen. Dafür wären Mountain Bikes sicher besser gewesen.

Die Landschaft erinnerte uns an Angeln, das Land zwischen Flensburg und Schleswig, allerdings gab es hier nicht diese ausgeprägte Knicklandschaft. Wir radelten über das hügelige Land, durch Getreidefelder und Wiesen, immer den Blick auf das blaue Wasser des Sundes, bis es am südlichen Ende steil bergab zum zweiten Hafen der Insel ging. Diese Insel muss man schlichtweg mit dem Fahrrad erschließen, um ihre ganze Schönheit zu erleben!

Auf dem Rückweg war es eine Pflichtübung, das kleine „Tycho Brahe"-Museum zu besuchen. Tycho Brahe war ein weit über die Landesgrenzen hinaus bekannter Astronom des 16. Jahrhunderts – wenn man so will, Vorgänger von Kopernikus. Allerdings ließ er noch sämtliche Planeten, und sogar die Sonne, um die Erde kreisen. Da hatte Kopernikus schon den besseren Durchblick. Natürlich auch die besseren astronomischen Möglichkeiten! Das Tycho Brahe-Museum besteht im Wesentlichen nur aus einem einzigen, winzigen Uralthaus, das ehrenamtlich von einigen Idealisten versorgt und gepflegt wird.

Wir radelten weiter und fanden endlich den gesuchten Einkaufsladen, um unsere Bordvorräte aufzufrischen. Im Wesentlichen suchten wir aber nach Knäckebrot!

Seit meiner Jugend, als ich als Sechzehnjähriger mit einem Klassenkameraden zu meiner Cousine nach Stockholm getrampt bin, bin ich geradezu vernarrt in schwedisches Knäckebrot. Die Cousine bewahrte die großen runden Knäckebrotscheiben in ihrem Backofen auf, um sie trocken zu halten.

Leider kann man, aus welchen Gründen auch immer, in Deutschland dieses „echte" schwedische Knäckebrot nicht kaufen! Weil Schweden auf diesem Törn in unserer Routenplanung nicht mehr vorkam, war hier auf Ven die letzte Möglichkeit gegeben, uns damit einzudecken.

Als Ine den Laden mitten auf der Insel verließ, brach für die Einwohner jedenfalls eine knäckebrotarme Zeit an, zumindest, bis die Nachlieferung eintraf. Glücklicherweise waren auf den Fahrrädern Körbe montiert. So konnten wir unsere Knäckebrotmengen ohne größere Einschränkung der Fahrtüchtigkeit zum Hafen bringen. Unterwegs genossen wir den Nachmittag noch unter den Bäumen eines romantischen Cafe-Gartens bei Kaffee und Kuchen.

Wir hatten uns in Kopenhagen mit Freunden aus Süd-Deutschland verabredet, um einen Teil unseres Törns zusammen zu fahren. Beide sind routinierte Segler, was die Sache hoffentlich vereinfachen würde. Das hieß aber, dass wir noch einmal in den Altstadthafen von Kopenhagen zurück mussten. Wie der Zufall so spielt: „Unser" Liegeplatz war wieder frei und so war es für Barbara und Carsten sehr bequem, bis zu uns „vor die Tür" zu fahren, konnten sie doch dem Taxifahrer die exakte Adresse angeben. Die hatten sie nach ihrer Ankunft auf dem Flughafen per Handy von uns abgefragt.

Keine Frage, dass unser Wiedersehen im hohen Norden gebührend gefeiert wurde. Wir haben dabei nicht einmal gemerkt, dass sich ein Einhandsegler neben die UTHÖRN gelegt hatte. Spät in die Koje zu kommen, heißt im Urlaub spät aufzustehen. Und so kamen wir am folgenden Tag erst gegen elf Uhr „in die Puschen". Leider bei Regen, der später aber aufhörte. Bei drei bis vier Windstärken konnten wir auf unserem Kurs nach Rödvig gut anliegen. Optisch gibt die flache Küste von Själland nicht besonders viel her, zumal sie südlich von Kopenhagen stark von Industrieanlagen geprägt ist.

Wir waren am Spätnachmittag ganz zufrieden, als wir den Hafen von Rödvig erreichten. Die Temperatur war stetig gefallen, was zur Folge hatte, dass immer nur einer Wache im Cockpit schob, während der Rest es sich im Salon gemütlich machte. In Rödvig mussten wir im Päckchen liegen, was uns, neben dem Wetter, wohl auch davon abhielt einen Landgang zu machen. Nachts frischte der Wind ganz erheblich auf, was zur Folge hatte, dass der Skipper immer wieder die Leinen kontrollieren musste.

Der Hafen war irgendwie ungemütlich, was wohl auch am Wetter und dem unbequemen Liegeplatz lag. Und obwohl am nächsten Morgen der Wind mit satten acht Windstärken aus Südwest blies und kein Mensch außer uns auf die Idee kam, den Hafen zu verlassen, hielt es uns nach dem ausgiebigen Frühstück nicht mehr im Hafen. Wir zogen uns unter dem Ölzeug warm an und verkrochen uns mit der UTHÖRN in die letzte Ecke des Hafens, wo wir sie mit dem Bug im Wind hielten, während wir in das Großsegel zwei Reffs banden. Weil der Wind hier durch die vielen Abdeckungen unberechenbar von allen Seiten kam, musste Ine gehörig mit dem Bugstrahlruder arbeiten, damit das Segel immer schön gegen den Wind stand.

Der Wind stand schräg zur Hafeneinfahrt, und als wir unter Maschine relativ schnell das ruhige Hafenwasser verließen, um genügend Druck auf dem Ruder zu haben, wurden wir draußen sofort, und um so heftiger, von den steilen Wellen ganz gehörig gebeutelt. Das wurde erst besser, als wir tieferes Wasser erreichten und die Wellen etwas länger wurden. Eine ungemütliche Fahrt nach Klintholm, hoch am Wind und gegen die See, stand uns bevor. Nichts da mit feinem Gästesegeln...

Carsten hatte sich noch nicht wieder an die Schaukelei gewöhnt und hatte ein wenig Probleme mit aufkommender Seekrankheit. Aber sein Seglerstolz ließ keinerlei Hilfe wie „Superpep" oder „Pflaster hinter dem Ohr" zu. Er baute auf das alte und häufig auch bewährte Mittel des „Sich-nicht-gehen-lassens", den Horizont zu beobachten und aktiv mitzusegeln. Und irgendwann verlor er auch den jammervollen und blassen Gesichtsausdruck. Spätestens bei den Stellnetzen vor Klintholm war auch für ihn die Welt wieder in Ordnung! Aber sei es, wie es sei: Der Schlag von Rödvig nach Mönsklint war zum Vergessen. Waagerechte Gischt, gemischt mit Regen und eine steile See ließen den Törn nicht zum Vergnügen werden. Das einzig Positive daran war die heiße Suppe, die Ine trotz aller Unbilden der Mannschaft gegen Mittag in großen Bechern reichte.

Vor der Hafeneinfahrt von Klintholm ging es dann noch einmal sehr turbulent zu. Kein Wunder bei der Windrichtung und dem flacher werdenden Wasser. Das Großsegel runterzuholen war ein Abenteuer für sich. Da machte sich eine geübte Vierermannschaft „bezahlt". Für Ine und mich ein ganz neues Komforterlebnis. Auch bei diesem Hafen galt es wieder, mit „Schmackes" hinein zu fahren, rollten die Wellen doch quer zur Einfahrt heran. Aber immerhin schien mittlerweile wieder die Sonne. Wir fanden an einem Päckchen an dritter Position Platz. Bei dem starken Wind nicht so toll, zumal die beiden Innenlieger wieder einmal deutlich kleiner waren als die UTHÖRN. Das war ohne Landleinen nicht zu machen. Aber jeder Skipper kennt das Problem: Auf den Winkel kommt es an! Und das war auch in diesem Fall nur mit sehr viel Mühe und unter Mithilfe einiger anderer Segler möglich. Dafür hatten dann alle Nachbarn aber eine sehr ruhige Nacht. Mit einem dermaßen vorschriftsmäßig festgemachten Schiff an der Außenposition konnte einfach nichts passieren! Und so war es dann auch.

Ich habe irgendwann einmal damit angefangen, sogenannte „Kuriositäten" zu fotografieren. Die wenigsten diesbezüglichen Beobachtungen lassen sich allerdings tatsächlich auf die Platte bannen. Ich denke da an die vielen Hafenerlebnisse aufgeregter Zeitgenossen, insbesondere beim An- oder Ablegen. Wenn die Kapitäne alles richtig machen, nur das Deckspersonal, meistens in Form der leidenden Ehepartnerin, einfach nicht begreifen will, welche Leine wohin gehört. Mit der lauter werdenden Kommandostimme des Skippers steigt die Aufgeregtheit der Mannschaft, und wenn er so richtig loslegt, kann man häufig auch als etwas entfernterer Beobachter den Schwachsinn verfolgen, der da vom Achterschiff zum Vorschiff gebrüllt wird. Schön ist es dann, sein eigenes, hoffentlich ruhig und erfolgreich ausgeführtes Anlege-Manöver bereits hinter sich zu haben und, vielleicht bei Kaffee und Kuchen, gemütlich in der Plicht zu sitzen.

Aber manchmal wird man ja auch aktiver Teilnehmer an solch einem peinlichen Manöver. Nämlich dann, wenn man guter Dinge die Leinen annehmen will, und die Dame des Schiffes einem diese, mit Tränen in den Augen und zitternden Händen, zuwerfen will. In der Regel landet der Festmacher dann im Wasser, auch wenn Sie sich als hilfsbereiter Mitmensch noch so sehr strecken, um sie doch noch zu erwischen. Die Eskalationsschraube setzt sich unweigerlich fort und mittlerweile sind aus einem „Leinen-Annehmer" fünf hilfsbereite Wassersportbesessene geworden, von denen jeder sofort das Kommando übernimmt. Spätestens dann ziehe ich mich wieder klammheimlich auf mein Schiff zurück und begebe mich in die Rolle des stillen und amüsierten Beobachters. Wenn da nicht die bedauernswerte Schiffsbraut wäre...

Zum Fotografieren kam ich in Klintholm aber doch noch. (Man gewinnt übrigens nicht unbedingt Freunde damit und sollte sich einer geflissentlichen Diskretion befleißigen.)

Ein Dickschiff von ungefähr 45 Fuß Länge rauschte vor dem immer noch starken Wind viel zu schnell durchs Hafenbecken direkt auf vier relativ weit auseinander stehende Dalben zu. Die Besonderheit an diesem Liegeplatz war, dass hier zwei Schiffe hintereinander liegen mussten! Das hatte ich vorher noch nirgendwo gesehen.

Zunächst sah das auch sehr professionell aus, was der Skipper da vorhatte. Wenn er auch für meinen Geschmack deutlich zu schnell fuhr. Der Bug der Yacht war bereits zwischen den ersten beiden Dalben, als der Skipper eine so genannte „Notbremsung" mit Hilfe der Maschine ausführte. Das Aufheulen des Diesels hörte man durch das gesamte Hafenbecken und es war schließlich reines Glück, dass der Kahn noch rechtzeitig zum Stehen kam.

Es sollte nun wohl alles sehr routiniert aussehen, denn der Motor wurde sofort abgestellt, obwohl noch keine Leine fest war und der Wind die Yacht von achtern auf das vor ihm liegende Schiff drückte. Die Mannschaft dieses Schiffes glaubte gerade erst den Schreck ihres Lebens hinter sich zu haben, stand aber noch in geschlossener Formation auf dem Achterschiff und konnte die Yacht unseres Skippers mit viel Mühe und vereinten Kräften gerade so vom eigenen Schiff fernhalten. In aller Seelenruhe wurden jetzt die Leinen über die Dalben gelegt, was nicht weiter schwer war, weil die Box zwar breit, aber auch sehr kurz war. Aus dem Gestikulieren der Mannschaft der zweiten Yacht war unschwer zu ersehen, dass sie vehement nach dem Auslegen zweier Springs verlangte. Die kamen auch irgendwann. Aber jetzt kam das totale Schockerlebnis für alle Beteiligten: Der Oberskipper legte die Springs von seinen Mittelklampen statt nach achtern, wo der Wind herkam, nach vorne aus! In einer besonders aufregenden Stresssituation kann so was vielleicht ja mal passieren. Aber dann nimmt man wohl in der Regel dankbar den Korrekturvorschlag der Helfer auf und befestigt die Leinen so, wie es sich gehört. Aber nicht unser Skipper!

Und so hing seine Yacht an den hinteren Festmachern, die senkrecht von den Klampen zu den Dalben standen. Man kann sich gut vorstellen, welche Kräfte auf diese Klampen einwirkten. – Und diese durchhängende Spring, ich konnte natürlich nur eine sehen, habe ich mit meinem Fotoapparat herangezoomt und, zusammen mit der eindeutig von achtern angewehten Gastlandflagge, fotografiert.

Die armen anderen Beteiligten haben irgendwann ihre Überzeugungsbemühungen aufgegeben und ihren Spiegel mit allem was sie an Fendern auftreiben konnten gesichert. Passiert ist in der Nacht dann letztendlich nichts. Aber hat der Wunderskipper deswegen Recht gehabt? Wohl nicht!

Am nächsten Tag machten wir bei einem frischen Südwest einen langen Schlag nach Warnemünde. Und dieses Mal machten wir die UTHÖRN gleich an der Westseite im „Alten Strom" fest. Genau gegenüber unserer beliebten Bierkneipe.

Unsere Freunde waren überrascht, wie sehr sich Warnemünde seit der Wende „gemausert" hatte. Sie hatten den Wunsch geäußert, von hier aus mit der Bahn nach Rostock zu fahren. Das haben wir gerne mitgemacht, interessierten uns doch auch die weiteren Bau- und Restaurierungs-Fortschritte. Eine Bahn fuhr gerade nicht, aber es wurde ein „Schienenersatzfahrzeug" angeboten. Mit Verlaub: Diese Ausdrucksweise war noch „DDR-pur" und sicherlich irgendwann auch einmal „restaurierungsbedürftig".

Rostock, so schien es uns, unterscheidet sich fast nicht mehr von westdeutschen Einkaufsstädten. Genau diesen Umstand nutzten wir zu Textil- und sonstigen Einkäufen. Ansonsten sind aber keine besonderen Erinnerungen hängen geblieben. Ist das nun ein Zeichen für die weiter fortschreitende Normalisierung zwischen Ost und West?

Die Landstromversorgung im „Alten Strom" lässt zu wünschen übrig, und obwohl wir an zweiter Stelle im Päckchen lagen, hatten wir keine Steckdose mehr ergattern können. Ausgerechnet jetzt, mit Gästen an Bord und ohne Landanschluss, gab die Heizung ihren Geist auf! Bis dato konnten wir sowohl über die Webasto-Heizung als auch über einen Landanschluss unser Brauchwasser aufheizen. Nicht über den Motor! Das war meinen Holländern viel zu kompliziert, wie sie mir seinerzeit anschnackten. Mittlerweile weiß ich natürlich, dass das überhaupt nichts Außergewöhnliches ist! Aber was hilft mir diese Erkenntnis, wenn jetzt vier Leute duschen wollten?

Unser Nachbarlieger hat freundlicherweise eine Kabel-Verbindung zu seinem Schiff zugelassen und, oh Wunder, nirgendwo ist eine Sicherung rausgeflogen, so dass wir doch noch unser Wasser aufheizen konnten.

In Schilksee wurde später lediglich der Brenner ausgewechselt, damit war der "Kittel wieder geflickt". Bei der Gelegenheit habe ich den Warmwasserboiler aber zusätzlich so schalten lassen, dass ich Warmwasser auch über die Batterien aufbereiten kann. Bei der übergroßen Batteriekapazität funktioniert das tadellos; außerdem könnte ich in solch einem Fall natürlich parallel dazu die Maschine laufen lassen und auf diese Weise den

Ladezustand der Batterien während des Aufheizens erhalten. Klugerweise hat der Monteur noch ein Kontroll-Blinklicht eingebaut, falls wir einmal unbeabsichtigt das Wasser über die Batterien aufheizen sollten. Jetzt haben wir zwar auch drei Möglichkeiten für die Warmwasserbereitung, aber einsetzen mussten wir die „Batterie-Variante" noch nie.

Unsere Freunde ließen sich am nächsten Morgen schon sehr früh mit einem Taxi zum Bahnhof nach Rostock fahren. Ihr Kurzsegeltrip war bereits wieder zu Ende. Das „Schienenersatzfahrzeug" war ihnen offensichtlich doch zu langsam.

Wir haben uns auch recht bald auf die letzten Etappen dieser Reise gemacht. Der Wind wehte eher schwach aus Südsüdwest und wir konnten sehr gemütlich entlang der Küste Richtung Westen segeln. Cirka drei Meilen nord-westlich von Rerik an der Mecklenburgischen Küste erlebten wir dann noch eine nette Episode:

Ine lag müßig auf dem Vorschiff – bei diesem Kurs hüllten die Segel das Deck endlich mal nicht in Schatten... Immer wieder ein nicht ernst gemeinter Gesprächsstoff auf unserem Schiff – aber immerhin doch Gesprächsstoff! Plötzlich ein unidentifizierbares Geräusch – wie Flattern? – dann wieder absolute Ruhe wie zuvor. Nur das leise Plätschern der Wellen war wieder zu hören. Nichts Außergewöhnliches war zu sehen, alles war wie vor dem Geräusch. Irgendwann haben wir die Sucherei aufgegeben und erneut dem wohligen Nichtstun gefrönt.

„Tick, Tick, Tick".

In meinem Halbschlaf hörte ich – oder hörte ich nicht? – dieses ganz, ganz leise Geräusch. Also wieder suchen! Hatte sich vielleicht ein fliegender Fisch auf unsere UTHÖRN verirrt? Aber fliegende Fische in der Ostsee?

Des Rätsels Lösung hatte dann doch etwas „mit Fliegen" zu tun. Als ich nämlich irgendwann einmal zufällig den Mast hinauf die Radarantenne anschaute, sah ich endlich unseren blinden Passgier: Eine Brieftaube hatte sich zu uns verirrt und wohl gerade noch rechtzeitig die Schüssel der Radarantenne als Landeplatz umfunktionieren können, bevor sie wegen Erschöpfung in die See gestürzt wäre. Wahrscheinlich war sie auf dem Weg nach Kiel und hatte auf dem Spiegel unseres Schiffes den Heimathafen Kiel entdeckt...

Wie selbstverständlich stand sie auf der Radarantenne und beobachtete uns aus ihrer luftigen Höhe. Runter fallen konnte sie nicht, war sie davor doch durch die umlaufende Niro-Umfassung geschützt. Für die kleine Taube hatte sie die Funktion einer See-Reling!!

Unser Passagier ruhte sich auf seinem Zwischenstopp ungefähr eine halbe Stunde aus und setzte dann seinen Flug über die See fort. Es trat also wieder Ruhe ein und die Gammelei wurde fortgesetzt. Ine hatte es sich wieder auf dem Vorschiff bequem gemacht, ich auf dem Achterschiff.

Plötzlich wieder ein Geflatter, ein deutlich hörbares Aufklatschen und Ines Ausruf:

„Das ist ja wie bei Hichcock!"

Ihr schoss wohl der Film „Die Vögel" durch den Kopf.

Was war geschehen? Die nächste Taube hatte unser Schiff angesteuert und zum Kräftesammeln als Landeplatz genutzt. Die konnte offensichtlich auch lesen! Sie saß eine ganze Weile eingeschüchtert auf dem Deck und ich überlegte, wie ich diesem zweifellos erschöpften Tier nur helfen könnte. Ein wenig Wasser zum Trinken müsste eigentlich die richtige Hilfsmaßnahme sein. Die Gefahr war aber, dass ich sie erschrecken und das arme Tier in seiner Panik über Bord flattern und ersaufen würde.

In meiner unendlichen Geduld und Umsicht ist es mir schließlich doch gelungen, so nah vor den Vogel eine Tasse mit Wasser zu platzieren, dass er ohne weiteres daraus trinken konnte. Was er nach anfänglichem Zögern auch ausgiebig tat. Das war doch für beide Beteiligten ein echtes Erfolgserlebnis! Vielleicht vor dem Hintergrund, dass ich selber als Junge über einige Jahre Brieftauben hatte und mir der Umgang mit ihnen daher noch geläufig war, gelang es mir schließlich ohne große Probleme, sie einzufangen.

Bei mir hatte sich nämlich eine Idee festgesetzt! Warum sollte ich dem Taubenzüchter nicht die Erlebnisse seiner Tauben auf unserem Schiff „via Taubenpost" schildern? Irgend etwas musste ja schief gelaufen sein mit seinen Prachtvögeln. Wahrscheinlich hatte er sie doch irgendwo, fern der Heimat, aufsteigen lassen in der Hoffnung, oder besser in der Gewissheit, dass sie ihren Taubenschlag wieder finden würden. Während ich die Taube also in meinen Händen hielt, schrieb Ine einen Zettel, den wir dann zusammenfalteten und der Taube mit einem Gummiband ans rechte Bein banden.

Auf den Zettel schrieben wir das Datum, die Uhrzeit und den ungefähren Standort. Nicht in Form von Koordinaten, sondern so, dass auch eine Landratte sich danach orientieren konnte. Als Text schrieb Ine Folgendes:

„Ihre Taube hat auf ihrem Heimflug offensichtlich eine Abkürzung über die offene See gewählt und sich dabei ein wenig in ihrer Leistungsfähigkeit überschätzt. Sie hat sich ca. eine Stunde auf unserem Segelschiff ausgeruht, ausreichend Wasser getrunken, Post übernommen und ist dann gestärkt weiter geflogen. Über einen Anruf von Ihnen würden wir uns freuen (Telefonnummer, Unterschrift).

Bei soviel Text wurde der Zettel etwas größer als geplant und unsere liebe Taube flog dann auch mit leichter Schlagseite von dannen... Sie flog zunächst eine große Schleife und schlug dann Kurs Nordwest ein. Wohl doch nicht tatsächlich nach Kiel?

Man glaubt es kaum: Ein paar Tage später erreichte uns der Telefonanruf eines glücklichen Taubenbesitzers, der sich überschwänglich bei uns bedankte! Wir hatten offensichtlich seiner „Spitzentaube" das Leben gerettet! Er hatte die Tauben am selben Tag in der Nähe von Berlin aufsteigen lassen und hatte selber keine Erklärung dafür, warum seine Tiere statt des sicheren Weges über Land die gefährliche Seeüberquerung gewählt hatten.

Ende gut alles gut!

Bevor wir endgültig nach Hause segelten, machten wir noch einen kleinen Abstecher nach Wismar. Uns interessierten die Fortschritte bei der Restaurierung der Stadt, zumal uns der große Marktplatz mit seinen teilweise bereits sehr schön restaurierten Giebelhäusern in besonderer Erinnerung geblieben war. Aber auch die vielen nicht restaurierten Häuser, bei denen wahrscheinlich die Eigentümerfragen noch ungeklärt waren oder schlichtweg das Geld für die Restaurierung fehlte.

Der leichte Wind bewog mich immer wieder mal, die Genua einzurollen und den Motor zur Hilfe zu nehmen, wobei wir auch immer mal wieder das ausgetonnte Fahrwasser verließen und in flachere Gewässer hinein fuhren. Diese Bemühungen müssen auch für den Besucher erkennbar gewesen sein, der sich uns plötzlich und aus heiterem Himmel mit einem Affenzahn in einem Schlauchboot näherte. Zwanzig Meter entfernt von uns nahm er ruckartig das Gas weg und setzte seine Dienstmütze auf.

Das erinnerte mich spontan an das Gerücht von der Wasserschutzpolizei in der Nordsee: Beobachtung der Sportbootfahrer über Radar von hinter der Kimm…

Nicht viel anders verhielt es sich hier. Man hatte wahrscheinlich über eine große Entfernung mit dem Fernglas beobachtet, dass wir keinen Kegel gesetzt hatten. Man bedenke: immer wieder Versuche mit der Genua, großenteils außerhalb des Fahrwassers – in dem weit und breit kein anderer Verkehrsteilnehmer zu sehen war – und nur sporadisch die Maschine dazu gesetzt!

Mir schwoll natürlich der Kamm, als dieser Grünschnabel mir dann auch noch eine Lehrstunde erteilen wollte. Das waren Vopo-Manieren, wie sie mir aus den „Vorwende-Zeiten" noch gut geläufig waren. Als ich ihm mit einem entsprechenden Kommentar die verlangten zehn DM übergab, bot ich ihm für seine Glanzleistung ein Trinkgeld an. Die Annahme hat er abgelehnt; eine Quittung haben wir allerdings auch nicht bekommen.

Im alten Stadthafen von Wismar verweilten wir nur eine Nacht. Der Hafen bietet eigentlich nicht viel. Selbst die Aussicht auf Wismar bietet nichts Besonderes. Man muss schon hineinmarschieren, um von der Stadt den richtigen Eindruck mitzunehmen. Und das taten wir denn auch, zumal wir uns ein Abendessen im „Alten Schweden" gönnen wollten. Das Gebäude soll bereits im 14. Jahrhundert errichtet worden sein und gilt als das älteste erhaltene Wohnhaus in Wismar. Offensichtlich wurde es aber nicht von Anfang an als Restaurant genutzt.

Vorbei an der wunderschönen uralten „Löwenapotheke" liefen wir durch die Krämerstraße zum Marktplatz, der uns auch heute wieder ein wenig zu groß erschien. Er soll ziemlich genau eine Fläche von einem Hektar abdecken! Ohne Marktstände wirkt er irgendwie „ungemütlich" im Vergleich zu anderen Marktplätzen, die wir bisher gesehen haben. Die ihn umschließenden Häuser sind dafür eine Augenweide! Sie dürften größtenteils im achtzehnten und neunzehnten Jahrhundert entstanden sein, einige sind mit Sicherheit noch älter. Die Baulücken waren seit unserem letzten Besuch zwar weiter geschlossen worden, aber kein Zweifel: Es gibt noch viel zu tun!

Ein ganz besonders faszinierendes Bauwerk auf dem Marktplatz ist die „Wasserkunst" – wenn man so will, ein Vorläufer der späteren Wasserwerke. Auf Anregung des Herzogs Johann Albrecht haben die Baumeister Michael und Johann Fritzsche die „Metelsdorfer Quelle" angezapft und mit Hilfe von aufgebohrten Fichtenstämmen das Wasser bis nach Wismar in die „Wasserkunst" geleitet. Von hier aus wurden Hauptstränge in die Wohnstraßen verlegt und sogar Stichleitungen bis in die einzelnen Wohnhäuser. Mit dieser technischen Meisterleistung machte die Stadt Wismar einen Riesenschritt nach vorn in Sachen Wohnkomfort und Wasserhygiene.

Nach unserem Stadtausflug erwartete uns eine überaus unruhige Nacht im Westhafen. Ein starker Nordwest fegte genau ins Hafenbecken und unser Schiff wurde bei einem unangenehmen Schwell gegen den Schwimmsteg gedrückt. Bei einem späteren Besuch sind wir in der neuen Marina am Ende des Überseehafens untergeschlüpft. Dieser Hafen liegt sehr geschützt und wir können ihn gut weiter empfehlen.

Auf unserem Rückweg nach Kiel machten wir am nächsten Abend in Heiligenhafen fest. Hier versuchen wir immer, wenn möglich, in dem kleinen Yachthafen direkt hinter der äußeren Hafenmole unterzukommen. Da geht es häufig zwar sehr eng zu, aber man liegt sehr geschützt und meistens schafft der sehr freundliche Hafenmeister noch eine Möglichkeit, das Schiff irgendwo fest zu machen. Von hier aus sollten wir am nächsten Morgen zu einer Sturm-Fahrt starten, die wir nicht mehr vergessen werden.

Nachts drehte der Wind auf West und briste auf fünf bis sechs Beaufort auf. Auch wenn wir natürlich wussten, dass wir den Wind bolzgerade von vorn haben würden, hatten wir es mit dem Aufbruch nicht so eilig. Am letzten Urlaubstag wird man doch das traditionell ausführliche Bordfrühstück nicht einschränken wollen!

Der Wetterbericht kündigte West bis Südwest sieben in Böen acht Windstärken an. Das ist für unsere Segelgepflogenheiten nicht besonders herausfordernd, lediglich die Windrichtung hat uns natürlich nicht gefallen. Aber was soll´s? Letzter Tag ist letzter Tag! Wir mussten zusehen, dass wir zurück nach Schilksee kommen.

Bereits in der Box haben wir die für diese Windstärke obligatorischen zwei Reffs ins Großsegel geschlagen. Den Einsatz des Kuttersegels habe ich gar nicht erst in Erwägung gezogen. Ich wollte die Größe der Segelfläche mit Hilfe der Genua den Windverhältnissen anpassen, zumal die Yacht mit dieser Besegelung eine deutlich bessere Höhe läuft. Das Achterstag habe ich „bis zum Anschlag" durch geholt um so das Vorstag gerade „wie ein Lineal" zu spannen. Es kam halt darauf an, dass wir auf jedem Kreuzschlag so viel Höhe wie möglich herausholen würden.

Draußen erreichte der Wind man gerade vier bis fünf Windstärken, so dass wir zunächst mit den vollen 73 Quadratmetern unserer Genua starteten. Ich dachte gerade ernsthaft darüber nach, ein Reff auszuschütten, als uns eine erste Bö aus heiterem Himmel mit satten vierzig Knoten Windgeschwindigkeit auf die Seite legte.

Holla! Das war wohl ein kleiner Warnschuss vor den Bug mit dem deutlichen Hinweis, die Experimente mit der Besegelung in Grenzen zu halten… Die Wellenhöhe war noch sehr überschaubar aber wir konnten uns natürlich ausrechnen, dass sich das sehr rasch ändern würde. Aus der Genua 1 wurde jedenfalls schon mal gleich die Genua 2 und nur Minuten später die Genua 3. Wir hatten es fast aus dem Stand mit beständigen acht bis neun Windstärken zu tun.

Das konnte ja lustig werden!

Umkehren kam jedenfalls nicht in Frage. Wir wollten dieses sich abzeichnende Sturmabenteuer durchstehen. Während der ersten Wende stellten wir bereits fest, dass die Wellenberge sehr, sehr schnell an Höhe und Steilheit zunahmen. Die Bundesmarine hielt offensichtlich eine Schießübung ab. Das sahen wir an den Warnlichtern an der Küste der Hohwachter Bucht. Trotzdem wollten wir möglichst wenig Höhe verschenken und rauschten auf dem Backbordbug in Richtung Warntonne, natürlich außerhalb des Übungsgebietes. Aber die Jungs auf dem Wachboot hatten uns wohl schon längst im Visier. Jedenfalls wurden wir, für meine Begriffe sehr früh, über Funk angesprochen:

„Die aufkreuzende Yacht soll bitte umgehend eine Wende machen und den nördlichen Tonnenstrich an Backbord lassen!"

Das bedeutete einen gewaltigen Umweg für uns! Und das bei diesem Wetter. Natürlich gibt es in solchen Fällen keine Diskussion und wir haben das Manöver stantepede durchgeführt. Wir mussten sehr weit nach Norden ablaufen, was uns unserem Ziel leider nur sehr bedingt näher brachte. Der Vorteil war, dass wir die Wellen auf diese Weise etwas seitlicher nahmen und damit die brutalen Schläge gegen das Vorschiff etwas erträglicher wurden. Die Wellengebirge nahmen für Ostseeverhältnisse sehr schnell ganz enorme Ausmaße an. Wir schätzten, dass jede fünfte oder sechste Welle vom Wellental bis zum Wellenkamm locker eine Höhe von fünf Metern erreichte. Jedenfalls wurden das die höchsten Wellen, die wir je in der Ostsee erlebt haben.

Zwangsläufig mussten wir irgendwann wieder etwas mehr anluven und die daraufhin einsetzenden Wellenschläge tapfer ertragen. Nichts war es mehr mit „trocken segeln in einer Mittelcockpit-Yacht"! Die Gischt flog bis weit hinauf in die Genua und ins Großsegel. Teilweise befanden wir uns in unserem Cockpit unter einem Wasservorhang. Segel haben wir weit und breit nicht gesehen. Der Leuchtturmwärter auf „Kiel Außenförde" wird wohl gedacht haben:

„Ein paar Verrückte gibt es immer!"

In solchen Sturm-Situationen beobachten wohl alle Segler wie gebannt die Anzeigegeräte. Die stärkste Bö wurde mit 53 Knoten angezeigt, was reichlich zehn Windstärken entspricht. Für sein Wohlbefinden braucht man so etwas nicht...

Die Genua hatte ich längst auf die Größe 4 eingerollt und ich begann mich zu ärgern, dass ich nicht von vornherein statt der Genua das Kuttersegel gesetzt hatte. Bei diesem Sturm hätte das Schiff mit Sicherheit besser im Wasser gelegen. Aber unter diesen Bedingungen die Schoten für den Segelwechsel vorzubereiten wäre auch kein Vergnügen, hätte ich doch erst die entsprechenden Winschen frei machen müssen. Also blieb es halt, wie es war. Langsam – und sehr mühsam – näherten wir uns schließlich auch unserem Ziel. Wozu jetzt noch diesen Aufwand? Seit dieser Sturmfahrt habe ich das Kuttersegel viel häufiger eingesetzt und ich bin immer wieder begeistert, wie leicht sich die Yacht bei Sturm mit diesem kleinen Vorsegel steuern lässt.

Mir kam in den Sinn, was wohl passieren würde, wenn bei solch einem Sturm zum Beispiel die Genua-Reffleine reißen würde. Ich malte mir aus, dass das Vorsegel natürlich sofort ausrauschen und vom Sturm hin und her gepeitscht würde. Wahrscheinlich wäre schon Einiges kurz und klein geschlagen, bevor ich das Schiff auf den Vorm-Wind-Kurs gedreht hätte. Und dann? Wir würden bei tierisch hohen Wellen 73 Quadratmeter Tuch wie eine überdimensionierte Flagge vor uns her tragen. Die Genuaschot über eine Winsch dichter zu holen würde wahrscheinlich gar nicht gehen oder sowieso nichts bringen. Das Rigg würde einer gewaltigen Belastung ausgesetzt sein und man könnte wohl nur hoffen, dass das Segel möglichst schnell davonfliegen würde. Eine Bergung könnte ich mir unter diesen Bedingungen nicht vorstellen…

Wie schwierig das ist, hatten wir unter wesentlich einfacheren Bedingungen bereits zum Ende unserer ersten Segelsaison erleben dürfen: Wir fuhren bei fünf Windstärken nur mit dem Vorsegel platt vor dem Wind auf die Schlei zu, als die Genua – ohne Vorwarnung – nach unten aus dem Profilstag rauschte und die UTHÖRN darüber hinweg fuhr. Das spielte sich knappe fünfhundert Meter vor der Küste ab! Wahrscheinlich haben wir bei dem Bergemanöver mehr richtig als falsch gemacht, denn letztendlich haben wir die Situation gemeistert.

Natürlich haben wir die Maschine nicht angestellt und zunächst einmal ganz bewusst nur darüber nachgedacht, wie wir das Segel an Bord bekommen können. Mit Muskelkraft war da nicht viel zu machen. Mit Hilfe der Winschen – vor allem aber ganz besonders mit „Kopfarbeit" haben wir das Segel wieder an Bord geholt. Und es war gar nicht mal besonders verschmutzt!

Dafür habe ich in meiner Ungeduld erst später gesorgt, als ich es, in unmittelbarer Nähe eines Kranes liegend, zum Trocknen an einem Fall in die Höhe zog. Es schlappte prompt in seiner ganzen Größe um den Kran und die Dreckspuren haben wir nie wieder heraus bekommen.

Weil mir meine Dusseligkeit bei jedem Törn aufs Neue vorgeführt wurde, wurde nach zwei Jahren für viel Geld ein neues Segel gekauft. Ich erwähnte bereits, dass ich meine Erfahrungen viel zu häufig viel zu teuer bezahlen muss...

Unsere Sturmfahrt beendeten wir ohne besondere Schwierigkeiten. Trotz des ablandigen Windes stand aber sogar noch direkt vor der Hafeneinfahrt eine ganz beachtliche Dünung. Das Bergen des Großsegels war dann die letzte Herausforderung an diesem Tag.

Erst beim Klarschiffmachen am nächsten Tag bemerkte ich, dass wir doch einen ganz gehörigen Dusel bei unserer Sturmfahrt gehabt haben: Die Genua-Reffleine war an einer Stelle bis auf die Seele durch schamfielt. Mir fielen meine Gedanken vom Vortag ein! Glück gehabt.

Die Reffleine wurde durch eine mit Drahtvorlauf ersetzt. Das war aber auch nicht der Weisheit letzter Schluss. Heute fahren wir wieder eine ganz normale Reffleine. Warum war sie durchschamfielt? Die Öffnung der Niro-Verkleidung an der Aufrollvorrichtung war nicht richtig justiert, so dass die Reffleine an einer Kante stramm anlag und im Laufe der Zeit durchscheuern musste!

Wie war das noch mit der Verantwortung des Skippers für den Zustand seines Schiffes?

V

Unser Sommertörn sollte uns „rund Skagen" führen. Für Nord- und Ostseesegler eine gewisse Herausforderung an Seemannschaft und nautische Kenntnisse. Vielleicht aber auch nur an die Geduld der Mannschaft, über viele Stunden an der langweiligen dänischen Westküste entlang zu segeln. Aber egal wie, wer als Segler „was auf sich hält", umrundet Jütland wenigstens einmal in seinem Segler-Leben.

Das hieß für uns aber erst Mal wieder Kanalschieberei. Eine eher langweilige Angelegenheit, die ich wohl in erster Linie zur Bootspflege nutzen würde. Ganz bestimmt aber würde ich den Nord-Ostsee-Kanal dieses Mal mit anderen Augen sehen als bisher. Hatte ich doch den Winter unter anderem dazu genutzt, mich mit meiner „Kanal-Lektüre" zu beschäftigen. Und diese Lektüre hat mir durchaus Respekt vor dem Jahrhundertbauwerk „Nord-Ostsee-Kanal" vermittelt:

Als leidenschaftliche „Wasserwanderer" suchten bereits die alten Wikinger für ihren ausgedehnten Warenhandel von Ost nach West und umgekehrt nach Wasserwegen von der Ostsee zur Nordsee. In grauer Vorzeit hatten sie bereits am westlichen Ende der Schlei ihren geschützten und für damalige Verhältnisse recht bedeutenden Warenumschlagplatz Haithabu gegründet. Mit diesem Standort waren sie auf dem Wasserweg zwar schon recht weit nach Westen vorgedrungen, aber zwischen Haithabu und der Treene lag ein Landstreifen von immerhin sechzehn Kilometern. Der musste erstmal überwunden werden! Die Treene mündet in die Eider, auf der dann die Nordsee erreicht werden konnte.

Man scheut sich übrigens nicht, hier von dem „ältesten Vorläufer des Nord-Ostsee-Kanals" zu reden!

Die armen Wikinger mussten aber noch ihre Waren auf Karren verladen und mit großem Menschen- und Tiereinsatz bis in die heutige Gegend von Hollingstedt schleppen. Nur eines ihrer Transportgüter machte diesbezüglich wenig Probleme: Unsere Nordmänner betrieben nämlich einen ausgedehnten Sklavenhandel und die armen Menschen werden sie wohl auf den eigenen Füßen übers Land getrieben haben.

Ein weiterer Vorläufer des Nord-Ostsee-Kanals wurde, unter dänischer Flagge, in den Jahren 1777-1784 gebaut: Er war zunächst bekannt unter dem Namen „Schleswig-Holstein-Kanal", später bürgerte sich der Name „Eiderkanal" ein. Die 173 Kilometer lange Verbindung von Tönning an der Eidermündung bis nach Holtenau an der Kieler Förde verlief größtenteils über die Eider und über Binnenseen. Nur 34 Kilometer wurden von dem relativ kleinen, künstlich geschaffenen Eiderkanal überbrückt, wozu der Bau von sechs Schleusen nötig war. Die Wasserspiegelbreite betrug man gerade 28,7 Meter und die Wassertiefe 2,8 Meter.

Auf den verschlungenen Wegen der Eider und den einbezogenen Binnenseen dauerte die Reise von einem Ende zum anderen drei bis vier Tage. Obwohl über große Strecken getreidelt werden musste, konnte bei entsprechenden Windverhältnissen teilweise auch gesegelt werden. Bei den vorherrschenden Westwinden wird es in östlicher Richtung wohl etwas schneller gegangen sein.

Allerdings befanden sich die Dänen bei der „Gebührenordnung" in einem klassischen Interessenkonflikt: Weil die dänische Regierung nicht auf die ach so bequemen Einnahmen aus den „Sundzöllen" verzichten wollte, wurde über die „Kanalgebühren-Schraube" dafür gesorgt, dass nicht zu viele Schiffe den Eiderkanal benutzten. Durch den Trend hin zu immer größeren Schiffen, die maximale Tragfähigkeit auf dem Kanal betrug mal gerade 260 Tonnen, verkümmerte er im Laufe relativ kurzer Zeit zur Bedeutungslosigkeit.

Über den Umweg nach Österreich gelangte Schleswig-Holstein 1866 schließlich in den Besitz von Preußen, was die Voraussetzung dafür war, dass man in Deutschland damit begann, sich Gedanken über einen zukunftsträchtigeren Durchstich zwischen Nord- und Ostsee zu machen. Erste Überlegungen brachten Eckernförde als Mündungsort in der Ostsee ins Spiel, was wohl auch die preiswerteste Lösung gewesen wäre. Für die endgültige Festlegung auf Holtenau als Mündungsort dürften in erster Linie militär-strategische Überlegungen des Admirals Alfred von Tirpitz eine Rolle gespielt haben. Die Regierung erteilte dem Hamburger Reeder Hermann Dahlström 1880 die „Erlaubnis zum Beginn der allgemeinen Vorplanungen" zum Bau eines Schifffahrtskanals zwischen Nord- und Ostsee.

Nachdem die Rangelei der Städte beendet war – jede Stadt hoffte auf wirtschaftliche Vorteile und wollte am Kanal liegen – wurde die endgültige Trassenführung und die Summe der Baukosten mit 156 Millionen Mark festgelegt. Endlich konnte im Jahre 1886 das „Gesetz betreffend die Herstellung des Nord-Ostseekanals" verabschiedet werden und das Kanal-Abenteuer konnte beginnen...

Bei der Festlegung der technischen Daten spielten die Interessen der Marine eine maßgebliche Rolle. So wurde die Wasserspiegelbreite auf 66,7 Meter und die Wassertiefe auf 9,0 Meter festgelegt. Die Kanallänge würde 98,6 Kilometer sein. Die Kammerlänge der Doppelschleusen in Brunsbüttel und Holtenau sollte 125 Meter und die Breite 25 Meter betragen.

Alles viel zu klein, wie sich später herausstellte!

Am 3. Juni 1887 erfolgte die Grundsteinlegung durch Kaiser Wilhelm I.

Der Grunderwerb stellte damals noch kein Problem dar. Die Bauern wurden mit 4 Prozent über dem damaligen Grundstückswert abgefunden. Allerdings mussten jede Menge zusätzliche Flächen für die Aushub-Deponien erworben werden. Fast 3.900 Hektar Land kamen insgesamt zusammen, wovon 52 Prozent für den Kanalbau benötigt wurden. 8.900 Mann wurden in Spitzenzeiten eingesetzt. Sie wurden großenteils in extra dafür errichteten Barackenlagern untergebracht. Sowohl technisch als auch logistisch war diese Großbaustelle für die damaligen Verhältnisse eine ungeheuerliche Herausforderung.

Trotzdem wurde die geplante Bauzeit von acht Jahren eingehalten! Für heutige Erfahrungen fast unglaublich: Auch die budgetierte Bausumme von 156 Millionen Mark wurde nicht überschritten!

Respekt!

Nach solch einer Leistung war eine aufwändige Einweihungszeremonie unumgänglich. Alles, was Rang und Namen hatte, fand sich am 21. Juni 1895 zur Schlusssteinlegung durch Kaiser Wilhelm II. in Holtenau ein. Zu Ehren des mittlerweile verstorbenen Kaisers Wilhelm I. wurde der Kanal auf den Namen „Kaiser-Wilhelm-Kanal" getauft.

Zwei Mal musste der Kanal bis heute erweitert werden! Bereits 1907 wurde die 1. Erweiterung genehmigt: Vergrößerung der Wasserspiegelbreite von 66,7 auf 103,0 Meter; der Wassertiefe von 9,0 auf 11,0 Meter; Kostenaufwand 223 Millionen Mark. Zusätzlich zu den vorhandenen Schleusenkammern wurden jeweils zwei größere mit einer Kammerlänge von 330 Metern und einer Kammerbreite von 42 Metern gebaut. Zusätzlich verkompliziert wurde der Ausbau, weil er „bei laufendem Betrieb" des alten Kanals erfolgen musste. Mit einem Einsatz von bis zu 12.000 Mann wurde dieser Erweiterungsbau im Jahr 1915 fertig gestellt. Dieses Mal nicht ganz termingerecht. Aber an das Budget hatte man sich annähernd gehalten.

Vor einer erneuten Erweiterung mussten erst einmal die Kriegsschäden des 2. Weltkriegs und störende Engpässe beseitigt werden. Wie zum Beispiel die Drehbrücke in Rendsburg. Damit war man bis 1961 beschäftigt.

Die zweite Erweiterung erfolgte, in Kombination mit notwendigen Sicherungsmaßnahmen, mit einem Kostenaufwand von 656 Millionen DM in den Jahren 1965 bis 1992. In dieser Bauphase wurde die Wasserspiegelbreite von 103,0 auf 162,0 Meter vergrößert. Die Wassertiefe und die Schleusenkammern mussten nicht vergrößert werden.

So ist das mit dem Nord-Ostsee-Kanal.

Normalerweise denkt man ja nicht weiter über ihn nach, wenn man durch ihn hindurch fährt. Aber, wie soeben beschrieben, lohnt es, sich einmal mit ihm zu beschäftigen.

In den Segelhafen von Brunsbüttel fuhren wir langsam, aber mit umso größerem Gottvertrauen hinein, denn er war wieder einmal gerammelt voll. Durch eine schmale Gasse „fummelten" wir uns mit unserem Schiff an die achte Position eines Päckchens dessen Bootslängen sich von außen nach innen auf die Länge eines Folkebootes verjüngten. Mit Vorder- und Achter-Landleinen wurde für größtmögliche Sicherheit gesorgt. Der Wirkungsgrad der Landleinen war allerdings sehr begrenzt, verliefen sie doch fast rechtwinklig zum Anleger.

Obwohl der Wind mit der niedergehenden Sonne einschlief und das Wasser mit seiner öligglatten Oberfläche zu der heimeligen Hafenatmosphäre seinen Teil beitrug, galt mein dankbarer Blick doch den hohen Schleusen-Anlagen und Bäumen ringsum, die bei einer nächtlichen Gewitterbö sicherlich einen guten Windschutz bieten würden. Ich hasse nächtliche Hafenmanöver mit ihrem Festmacher- und Leinengewirr und den vielen klugen Ratschlägen nicht betroffener Freizeitkapitäne!

Für ein Erlebnis der besonderen Art sorgte ein dänischer Skipper, der mit seiner geradezu Aufsehen erregend schönen Mahagoniketsch in dem Päckchen hinter uns lag: Gerade als die ersten Vorboten eines zünftigen Abendessens aus unserem Dorade-Lüfter herausdufteten, setzte unser Däne mit einer offensichtlich häufig praktizierten Selbstverständlichkeit eine Trompete an die Lippen und forderte mit einem sauber geblasenen Solo, offensichtlich die dänische Nationalhymne, die Skipper der Hafenlieger zur abendlichen Flaggenparade auf. Nach dem verdienten Applaus kamen alle gerne dieser Aufforderung nach und es war ein lustiger Anblick, als auf sämtlichen Schiffen gleichzeitig die Nationalen hereingeholt wurden.

Die Nacht war dann doch ruhig und verlief ohne Störungen. Wegen der Tidenverhältnisse hatten wir es am nächsten Morgen nicht besonders eilig, wollten wir doch eine Fahrt gegen das auflaufende Wasser der Elbe vermeiden. Erst als unsere Nachbarn ihr Schiff so langsam zum Auslaufen klar machten, warfen auch wir unsere Leinen los und fuhren vor die Sportbootschleuse.

Ein Schleusengang in Kiel oder Brunsbüttel ist immer wieder faszinierend, wird man doch regelmäßig und unfreiwillig Beobachter unkonventioneller Bootsmanöver. Vielleicht entstehen diese unglücklichen Manöver aber auch häufig aus dem mentalen

Druck aus der Frage heraus, wer von der Mannschaft denn dieses Mal den todesmutigen Sprung aus viel zu großer Höhe auf die glitschigen Schwimmstege wagen würde. Geradezu problematisch ist dieser Sprung bei den heute fast üblichen Zwei-Mann-Besatzungen. Welcher Kanalfahrer hat da nicht schon seine eigenen Erfahrungen gemacht und diese, im günstigen Fall, mit verstauchten Knochen oder blauen Flecken schmerzlich bezahlt? Selbst unsere schleusenerfahrenen holländischen Segelfreunde fahren mit Respekt in diese benutzerunfreundlichen Ungetüme.

Außer einer am Decksaufbau eines Frachters abgefahrenen Saling einer 10-m-Yacht gab es an diesem Tag nur noch eine mitgebrachte Aluminium-Leiter zu beobachten, mit deren Hilfe der Sprung in die Tiefe, jedenfalls für diese Vorschoterin, abgeschafft worden war. Eine durchaus nützliche Anschaffung!

Die Fahrt auf der Unterelbe lässt so viele Variationsmöglichkeiten nicht zu. Wir bemühten uns, möglichst zügig nach Cuxhaven zu kommen. Der Wind aus Südwest wehte mit der sehr angenehmen Stärke vier. Die Sonne schien vom Himmel, und wir rauschten bei schönstem Sommerwetter unserem Ziel entgegen. Bei diesen Windverhältnissen fuhren wir Großsegel und Genua, was auf unserem Schiff einhundertundvierzehn Quadratmeter bedeutet.

Der Hafenmeister des Yachtclubs Cuxhaven kannte uns noch von unserem letztjährigen Abenteuer und wies uns einen schönen Platz am nördlichen Steg zu. Bei unserem ersten Besuch hatte er uns einmal lautstark und mit eindeutigen Drohgebärden beschützt, als ein paar verrückte Motorbootfahrer, offensichtlich aus Russland und auf einer Überführungsfahrt dorthin, sich mit Enterhaken und sonstigen Stöcken von unserer nagelneuen Segelyacht abhalten wollten. Sie hatten schlichtweg keine Ahnung von Seemannschaft und ihr ebenfalls neues Boot war bereits durch etliche Schrammen verunziert.

Eine Nacht im Yachthafen von Cuxhaven vor der Überfahrt nach Helgoland, verbunden mit einem „Besüchle" der Verwandtschaft aus Bremen und einem „Schwätzle" mit dem immer freundlichen und hilfsbereiten Hafenmeister fängt an, zur lieben

Gewohnheit zu werden, bevor wir unser Schiff in die salzige Nordsee steuern.

Unsere Tochter, immer noch nicht so segelbegeistert wie die Eltern, hatte sich von dem geplanten Skagen-Törn den Abschnitt von Cuxhaven über Helgoland nach Sylt zum Mitsegeln ausgesucht und stand pünktlich, zusammen mit ihrem Freund, zum Leinenannehmen am Anleger in Cuxhaven.

Der August 1998 zeichnete sich nicht gerade als Schwachwind-Monat aus und so erlebten wir auf unserer Überfahrt am nächsten Tag bei sechs Windstärken eine erste Einstimmung auf die nächsten Wochen. An dieser Stelle sei nochmals und dankbar erwähnt, dass mich das Schicksal nicht nur mit einer segelbegeisterten, sondern auch mit einer seefesten Ehepartnerin gesegnet hat.

Wenn man in Süddeutschland lebt und bis zu seinem Schiff in Kiel endlose 826 km überwinden muss, dann ist es ganz zweckmäßig, wenn man bei der Törnplanung darauf verzichten kann, etwa seiner Frau zuliebe auf das gerade bevorstehende Wetter Rücksicht zu nehmen. Unsere Arbeitsteilung sieht im Regelfall so aus, dass Ine für die Navigation und die Kombüse verantwortlich ist, während meine Sache im Wesentlichen die Decksarbeit ist. Verantwortlich für Schiff und Mannschaft ist aber auch bei uns der Skipper. Und der bin ich!

Wir starteten nicht allzu früh bei bedecktem Himmel und etwas stärkerem Wind als am Tag zuvor von Cuxhaven aus. Das einmal gereffte Groß war gesetzt und wir glichen länger andauernde stärkere Windböen mit der Roll-Genua aus. Das ist die Art Wind, bei der unsere UTHÖRN gut läuft! Gut 15 t bei vollen Tanks stehen gegen den Winddruck in den Segeln und die 5,6 t Gewicht im Kiel sorgen für eine gute Stabilität, so dass wir selbst bei starkem Wind und rauer See relativ trocken segeln können. Einen Einsteiger in unser Mittelcockpit haben wir überhaupt erst einmal erlebt.

Die Elbmündung sollte der Binnenländer sich als eine ausgedehnte Wasserfläche vorstellen, deren gegenüber liegendes Ufer nur bei guter Sicht am Horizont zu sehen ist. Das ausgetonnte Fahrwasser wird von Freizeitschippern, Fischkuttern und Ozeanschiffen fast jeder Größe gleichermaßen befahren, und diese Giganten sorgen allein durch ihren Anblick dafür, dass man sich dagegen als Freizeit-Kapitän relativ unbedeutend vorkommt und besser einen Tonnenstrich am Rande der Fahrrinne für seine Fahrtroute aussucht.

Wegen ihres Tiefgangs tendieren diese Dickschiffe mit ihrem Kurs eher zur Mitte der Fahrrinne. Außerdem regeln die Wegerechtregeln das Befahren von betonnten Fahr-Wasserstrassen eindeutig und wir Wassersportler müssen den tiefgangbehinderten Schiffen ausweichen. Wir haben uns gleich nach dem Auslaufen aus dem Cuxhavener Yachthafen die rote Backbordtonne 32 a „geschnappt" und uns an diesen Tonnenstrich bis zur Tonne 2 gehalten.

An Backbord sahen wir Neuwerk, eine kleine, aber bewohnte Insel, deren Besuch wir uns schon lange einmal vorgenommen hatten. Neuwerk hat einen tidenabhängigen Hafen, was seinen Reiz hat. Bisher haben wir unseren Flügelkieler noch nie trocken fallen lassen. Aber irgendwann wird das kommen. Beim ersten Mal möchte ich das Schiff aber ganz gerne an einer Kaimauer festmachen können.

Nach Neuwerk tauchte die ansonsten unbewohnte Vogelinsel Scharhörn auf. Sie war uns noch gut bekannt aus dem letzten Jahr! Nur im Sommerhalbjahr sollen sich Biologen zu Forschungszwecken auf der Insel aufhalten.

Die Überfahrt nach Helgoland war ziemlich ereignislos, ja geradezu langweilig, wenn wir sie denn mit dem Vorjahr vergleichen wollten. Aber so war es uns bedeutend lieber. Ganz bestimmt auch unserer Tochter, die seinerzeit ganz schön mitgelitten hatte. Ihr Freund wurde ein wenig blass um die Nase und wir bemühten uns redlich, ihn durch angeregte Unterhaltung von seinem Problem abzulenken. Es half offensichtlich. Er hat jedenfalls „dicht gehalten".

Mit dem Auftauchen der Felseninsel an der Kimm setzte besseres Wetter ein, die Wolken verzogen sich und der Wind ließ nach. Es schien, als ob wir wieder ein paar schöne Tage auf Helgoland vor uns haben sollten: Mit Hängematte auf dem Vorschiff und behäbigem Nichtstun im Hafen. Mit Besuchen bei Freunden und Einkaufsbummel in den Gassen und mit Badefreuden auf der Düne.

Und mit einem lange geplanten Treff mit einem ehemaligen Sylter Schulkameraden. Wir haben uns 40 Jahre nicht gesehen! Auch er kommt mit einem Segelschiff. Er ist mit seiner Begleiterin auf der Rückfahrt nach Hamburg. Gestern lag er noch östlich von Hörnum vor Anker. Eine unruhige Nacht wird er hinter sich haben. Mir scheint, dass er mit seiner geplanten Weltumsegelung ernst machen will. So klang es jedenfalls, als wir am Telefon miteinander sprachen.

Im Vorhafen von Helgoland werden die Segel weg genommen und mit der zulässigen Geschwindigkeit von 8 km/h fahren wir in den Haupthafen ein. Der Hafenkapitän hat uns wieder erkannt, winkt freundlich aus seinem Hafenbüro und weist uns per Handzeichen unseren Liegeplatz zu. Er hat unter den Seglern nicht den besten Ruf wegen seiner manchmal etwas kleinlichen Auslegungen der Hafenregeln. Wir können nicht klagen. Wir mögen seine direkte Art und suchen gerne das Gespräch mit ihm.

Für den Abend waren wir mal wieder mit der „Singer-Truppe" zum Essen verabredet. Das wurde auch langsam zur Tradition und wir hatten immer viel zu erzählen. Die drei Singer-Brüder heißen nicht nur so, sie sind tatsächlich „halb-professionelle" Sänger im Helgoländer Shanty-Chor. Und Ferdinand, Harry und Günter nehmen das durchaus ernst! Müssen unsere „Halunner Songers" ihre Beliebtheit doch immer wieder gegen die „Karkfinken" verteidigen. So heißt der Konkurrenz-Shantychor. Dabei sind das in der Tat zwei sehr professionelle Chöre, die beide die seltene Fähigkeit haben, ihre Shanties mehrstimmig zu singen.

Aber der Wettbewerb ist unbestritten und nicht nur Show. Als ich einmal vorschlug, sich bei dem problematischen Nachwuchsmangel, mit dem beide Chöre zu kämpfen haben, doch zusammenzutun, wurde ich fast des Raumes verwiesen. Sie bezeugen sich aber durchaus gegenseitig ihren Respekt, indem sie die Vorträge der Wettbewerber besuchen und sogar loben. Vielleicht besuchen sie die Darbietungen der anderen auch nur, um auszuspionieren, was die im Repertoire haben? Würde ich als Möglichkeit nicht ausschließen.

Für die „Halunner Songers" bin ich zwischenzeitlich ein klein wenig zum Förderer mutiert. Ich habe ihre CD´s in größerer Stückzahl gekauft und in unserem firmeneigenen Werbegeschenk-Katalog platziert. Aufgenommen werden ihre Gesänge in der Helgoländer Kirche. Wegen der guten Akustik.

Neben der Shanty-Singerei pflegen meine drei Singer-Freunde recht intensiv das Hobby der Kleingärtnerei. Da scheint mir ein regelrechter interner Wettbewerb bezüglich der schönsten Gartenanlagen, der gemütlichsten Gartenhäuschen und des besten Windschutzes ausgetragen zu werden. Nicht zu vergessen die Wasserversorgung über die Dachflächen in Tonne, Teich oder sonst was. In Sachen Originalität liegt Harry zweifelsfrei vorne. Er sorgt mit seinem „Wetterstein" immer wieder für Menschenansammlungen am Gartentor vor seinem „Acker". So nennt der Helgoländer seinen Schrebergarten.

Der an einen Bindfaden gebundene „Wetterstein" hängt unter einer Holztafel, die Harry liebevoll beschriftet hat:

Bewegt sich der Stein, ist es windig.
Ist der Stein nass, regnet es.
Wirft der Stein einen Schatten, scheint die Sonne.
Ist der Stein weiß, schneit es.
Ist der Stein nicht zu sehen, ist es nebelig.
Hüpft der Stein auf und ab, bebt die Erde.
Hängt der Stein erkehrt herum, geht die Welt unter.
Ist der Stein weg, wurde er geklaut.

Ich hörte bei diesem Besuch auf Helgoland zum ersten Mal von einer geradezu unglaublichen Geschichte, die vor einigen hundert Jahren geschehen sein soll:

Von 1463 bis 1711 soll sie sich zugetragen haben. Die heutige „Düne" war bis zu dieser Zeit mit der Felseninsel verbunden. Diese Verbindung lag im Nordosten von Helgoland und bestand im Wesentlichen aus Kalkstein. Wie die meisten wissen, gibt es diese Landverbindung nicht mehr. Ein Gerücht besagt, dass die

Helgoländer diesen, sowohl für die Felseninsel als auch für die Düne wichtigen Küstenschutz „aus Habgier abgebaut und an die Stadt Hamburg verkauft haben" sollen.

Diese Behauptung ist so widersinnig, dass ich sie einfach nicht glauben wollte. Als ich dieses Thema bei meinen Helgoländer Freunden ganz vorsichtig anschnitt, stieß ich denn auch sogleich auf heftigsten Widerspruch. Aber Genaueres wussten sie auch nicht und verteidigten ihre Altvorderen wohl mehr aus Gewohnheit. Die Insulaner-Solidarität steckt eben tief in ihnen.

Lange nach unserem Besuch, als die langen Winterabende mir genügend Zeit bescherten, telefonierte ich in dieser Sache mit meinem Helgoländer Freund und bat ihn, sich auf der Insel doch einmal nach entsprechender Lektüre umzusehen und mir diese zuzuschicken. Was er auch prompt erledigte. Aus seinem Begleitbrief las ich eine deutliche Erleichterung heraus, hatte er aus dem Buch „Das witte Kliff von Helgoland" doch bereits vor mir erfahren, dass die Helgoländer selbst an diesem Kalkabbau ganz offensichtlich schuldlos waren.

Die bösen Festländer waren die Übeltäter! Die Hamburger benötigten den Kalkstein für den Auf- und Ausbau ihrer Stadt. Und zu dieser Zeit fackelten die Obrigkeiten nicht lange, ihnen genehme Lösungen zu erzwingen, auch wenn diese zu Lasten einer Minderheit gingen. Mir scheint, viel hat sich da bis heute nicht verändert. Die paar Helgoländer jedenfalls, die zu der damaligen Zeit auf der Insel lebten, konnten den Kalkabbau durch die Festländer sicher nicht verhindern. Schließlich lebten gerade einmal um die fünfzig Männer dort und ein Aufstand gegen die für diese Unsinnigkeit Verantwortlichen wäre für sie sicher übel ausgegangen.

Von Seiten der Festländer wurde später eine ganz tröstliche Theorie gerne aufgenommen: Der Abbau der Kalkfelsen durch den Menschen habe das Verschwinden dieser Landbrücke zwar beschleunigt, hauptsächlich aber hätten die Naturgewalten diesen Landverlust bewirkt. Das erscheint mir denn doch zu einfach: Ein paar hundert Jahre hätte die Landbrücke schon noch gehalten, und mit Hilfe der heute zur Verfügung stehenden Technik hätte sie spätestens im letzten Jahrhundert einen stabilen Küstenschutz erhalten können.

Soviel zum „Helgoländer Kalkabbau".

Mit meinem Klassenkameraden und seiner Weggefährtin verbrachten wir einen vergnüglichen Abend im Hafen-Restaurant „Bunte Kuh". Werner und ich bemühten uns, aus Rücksicht auf unsere Begleiter, nicht zu viel in alten Zeiten zu schwelgen. Aber natürlich wurde im Laufe des Abends das eine oder andere gemeinsame Erlebnis hervorgekramt. Auch die Erinnerungen an die Schrullen des einen oder anderen Paukers trugen durchaus zur allgemeinen Erheiterung bei. Er ist ein Jahr später zu einer Weltumsegelung gestartet! Er macht sie nicht „in einem Rutsch", sondern in Etappen.

Werner überraschte uns übrigens mit einem Helgoländer Spruch, den ich zum ersten Mal hörte:

„Ausbooten! Ausnehmen! Einbooten!"

Das soll das Leitmotiv der Helgoländer in Bezug auf die Tagesgäste sein, die täglich mit den Bäderschiffen eintreffen und von den Helgoländern mit ihren „Börte"-Booten auf die Insel und wieder zurück geschafft werden. Bereits wenn die Schiffe sich noch hinter dem Horizont befinden, kennen unsere Helgoländer schon die genaue Anzahl der Gäste, die ihre Insel erstürmen werden. Um die dreitausend sind das heute, während früher bis zu neuntausend täglich ausgebootet wurden. Wenn man berücksichtigt, dass diese Gäste der Haupterwerbszweig der Helgoländer sind, kann man ermessen, was das für ein wirtschaftlicher Niedergang ist.

Das Wetter blieb zwar zunächst schön, aber der Wind wehte weiterhin kräftig. Das spürte man in der Hängematte oder auf Deck im Schutz der hohen Kaimauer nicht. Der Wind hatte sich offensichtlich festgesetzt, er dachte nicht daran, abzuflauen. Ganz im Gegenteil! Er entwickelte sich zu einem beständigen Starkwind der Stärke acht.

Verständlicherweise wollten unsere jungen Leute unter diesen Umständen lieber auf die Überfahrt nach Sylt verzichten. Wir beschlossen gemeinsam, dass sie am nächsten Morgen die Katamaran-Fähre zurück nach Cuxhaven nehmen würden. Die Stammbesatzung würde mit der UTHÖRN nach Sylt auslaufen, wenn der Wind nicht noch mehr zulegen würde.

Und so wurde verfahren. Carola und Michael halfen uns früh am Morgen des nächsten Tages beim Ablegen und gingen dann zum Frühstück in das Hafenrestaurant „Marinas". Wir verholten das Schiff zunächst zur Treibstoff-Übernahme in den kleinen Binnenhafen. Mit den vielen bunten Hummerbuden an seiner Stirnseite sieht er übrigens recht malerisch aus. „Vor der Tür", aber noch im Windschutz der Felseninsel, bekamen wir einen Eindruck davon, was uns draußen erwarten würde: In der Fahrrinne zwischen der Insel und der Düne stand eine gehörige Dünung. Weiter draußen konnten wir die sich brechenden Seen ausmachen.

So früh am Morgen war unsere UTHÖRN das einzige Schiff an der Tankstelle. Das Wetter wird wohl auch eine Rolle gespielt haben. Denn es war nicht nur stürmisch, sondern der Himmel war von dunklen, bleigrauen Regenwolken verhangen. Eigentlich absolut kein Segelwetter! Überraschend stand unser Freund Günter auf dem Schwimmsteg, um sich von uns zu verabschieden. Er machte irgendwie einen leicht verärgerten oder vielleicht sogar verstörten Eindruck. Während er die Leinen annahm, erzählte er uns sein morgendliches Erlebnis:

Er ist beim Helgoländer Elektrizitätswerk angestellt und in dieser Funktion auch verantwortlich für die Überprüfung der Heizkessel der Helgoländer Einwohner. An diesem Morgen war er wieder auf „Heizkesselinspektionstour". Weil er sich ein paar Brötchen für sein Frühstück holen wollte, stellte er seine Werkzeugtasche für die Dauer des Einkaufs auf dem Fußweg vor dem Bäckerladen ab. Wahrscheinlich hat er auch noch einen gehörigen Helgoländer Klönschnack gehalten. Als er jedenfalls seine Werkzeugtasche wieder aufnehmen wollte, war diese weg. Er traute seinen Augen kaum. Die einzige Erklärung war, dass die Tasche ein Opfer der pflichtbewussten Müllwerker geworden war! Denn heute war Sperrmüllabfuhr... Wie Günter sein Problem gelöst hat, weiß ich nicht. Die Tasche blieb jedenfalls verschwunden. Sie war offensichtlich konsequent entsorgt worden. Auf die Möglichkeit einer „unredlichen Entfernung", sprich Diebstahl, ist Günter nie gekommen. So was gibt es auf Helgoland einfach nicht!

Während der Treibstoffübernahme fegten immer wieder mal ganz anständige Fallböen in den kleinen, aber doch sehr geschützten Hafen. Nach dem Betanken steuerte ich die Yacht ganz dicht an die Kaimauer, mit dem Bug in den Wind. So konnten wir die Zeit, bis wir vom Wind in die unruhigere Hafenmitte zurückversetzt wurden, für das Segelsetzen nutzen. Ich hatte vorher schon zwei Reffs in das Großsegel gebunden. Das sollte bei Windstärke acht genügen. Einen notwendigen Ausgleich würden wir über die Roll-Genua erreichen.

Wir wussten, worauf wir uns da einließen. Deswegen nahmen wir uns für die Überprüfung der Besegelung, unserer Lifebelts und Schwimmwesten und der anderen Sicherheitssysteme genügend Zeit. Es würde ungemütlich werden!

Gut gewappnet verließen wir den Hafen unter Maschine. Draußen wurde das Groß dicht geholt. Die Genua würden wir erst setzen, wenn wir nördlich der Insel etwas abfallen konnten. Aber da mussten wir erst einmal hinkommen! Zunächst hatten wir den Wind und die Wellen direkt von vorn. Als wir aus der Abdeckung der Insel herausfuhren, krachte auch sofort die erste Bö ins Segel. Wieso eigentlich? Der Wind kam doch von vorn! Aber in diesem Übergangsbereich von Abdeckung zu freier See entstanden starke Verwirbelungen, so dass man nicht mehr von einer eindeutigen Windrichtung sprechen konnte.

Die erste Meile war der reinste Höllentanz. Die Wellen waren, zumindest für den Kurs direkt gegenan, unangenehm steil und hoch. Die Gischt überschüttete immer wieder das gesamte Schiff, oft bis weit über das Heck hinaus. Wir mussten uns innerhalb der Fahrrinne aufhalten, weil links und rechts davon ganz gemeine Untiefen lauern. Aber endlich konnten wir abfallen und sofort kehrte eine gewisse Ruhe ein. Wir durchpflügten die Wellen nicht mehr senkrecht gegenan, sondern die UTHÖRN nahm sie jetzt schräg von vorn, wobei ihre Krängung durch den Sturm, zusammen mit den Wellen, stärker war, als ich vorher vermutet hatte. Das bewog mich auch dazu, nur das Kuttersegel zu setzen.

Jetzt konnten wir den Motor abstellen und uns dem ungetrübten „Segelvergnügen" hingeben. Aber gar so vergnüglich war es noch nicht! Wir waren noch in der „Eingewöhnungsphase". Die dauert erfahrungsgemäß ein bis zwei Stunden. Danach kommt einem alles nicht mehr so schlimm vor. Der Wind nicht mehr so stark, die Wellen nicht mehr so hoch. Der Mensch ist eben doch ein „Gewohnheitstier". Die Überfahrt nach Sylt würde als starkes Erlebnis in unserer Erinnerung bleiben.

Wie ich immer sage:

„Wenn man nicht raus fährt bei solch einem Wetter, kann man es auch nicht erleben! Und man kann auch keine Erfahrungen sammeln, die man in einem Ernstfall vielleicht bitter nötig hätte. Außerdem: Irgend etwas Schönes hat ein Segeltörn immer in Petto. Auch bei Extremsituationen."

Es war nicht gerade heimelig im Cockpit! Die Lufttemperatur lag mal gerade bei 17° und der Regen wurde vom Sturm, der in Böen schon mal 44 Knoten erreichte, waagerecht in die Segel gepeitscht. 44 Knoten entsprechen Beaufort 9. Die durchschnittliche Windstärke betrug ungefähr 36 bis 38 Knoten, was Beaufort acht entspricht.

Wie früher bereits erwähnt: Die Nordsee ist auf diesen Längengeraden nicht tief, eher flach mit ihren im Mittel fünfzehn Metern Tiefe, was die Wellenbildung beeinflusst. Sie entwickeln sich zu hohen und steilen Kalibern, wobei jede fünfte oder sechste sich durch eine besondere Höhe auszeichnet.

Wir hatten uns warm angezogen, aber als angenehm empfanden wir die Temperatur trotzdem nicht. Natürlich blieb die Kombüse kalt. Aber Ine hatte vorgesorgt und bereits im Hafen sowohl einen heißen Kaffee, als auch eine heiße Suppe in Thermoskannen gefüllt. Jede volle Stunde stieg ich den Niedergang hinab und übertrug die vom GPS ermittelten Koordinaten in die Seekarte. Wir machten im Mittel gute sieben Knoten Fahrt. Bei dieser ruppigen See kein schlechter Schnitt.

Unter Deck ist es unter diesen Umständen nicht sehr komfortabel und man muss Acht geben, dass man sich immer irgendwo festhält. Die Schiffsbewegungen sind einfach nicht vorhersehbar. Wir fuhren auf Steuerbordbug und so konnte ich mich ganz gut vor dem Navigationstisch aufhalten. Auf dem Backbordbug ist das schwieriger, weil die Navigationsecke an Steuerbord platziert ist. Dann stelle ich mich meistens seitlich vor den Navigationstisch.

Man glaubt es nicht, aber am frühen Nachmittag riss die Bewölkung unvermutet auf, und ohne Regen machte die Sache gleich mehr Spaß. Jetzt bildeten sich häufig kleine Regenbögen durch die Lichtbrechung, wenn der Sturm die Gischt von den brechenden Wellen weg riss. Das war ganz besonders dann zu beobachten, wenn eine sich überschlagende Welle gegen die Bordwand krachte und dadurch ein gewaltiger Gischtvorhang entstand. Aber obwohl die Sonne sich jetzt in der aufgewühlten See widerspiegelte, erschien uns das Meer kalt und abweisend, ja geradezu feindlich. Ohne die reflektierende Sonne hatten wir diesen Eindruck nicht, jedenfalls nicht so ausgeprägt.

Die Wahl des Kuttersegels als Vorsegel war genau richtig. Ich hatte früher bereits festgestellt, dass das Schiff sich bei solch extremen Windverhältnissen mit diesem Segel ausgeglichener verhält.

Die erste schwere Sturmbö mit 50 Knoten hatte uns mit der UTHÖRN, übrigens ausgerechnet bei der Einfahrt in unsere Liegebox, nach der ersten Überführung aus dem Winterlager in Kappeln erwischt:

Die Überfahrt von Kappeln nach Schilksee hatten wir bei ausgesprochen ungemütlichem Wetter mit acht, in Böen neun Windstärken hinter uns gebracht, als ich die UTHÖRN mit dem Heck voran zwischen die beiden äußeren Dalben unserer Box „eingefädelt" hatte. So war das Schiff zunächst einmal „fixiert" und mit ein wenig Routine hätte ich es mit Maschinenkraft genau in dieser Position ganz gut halten können, als uns die Bö traf.

Statt mehr Power zu geben um mit dem Vorschiff in jedem Fall zwischen den Dalben zu bleiben ließ ich es zu, dass der Sturm uns rückwärts aus dieser Position auf den Anleger zu trieb und, was dann hochdramatisch wurde, das Schiff seitlich versetzte, so dass es mit einer geradezu unglaublichen Geschwindigkeit breitseits auf den Schwimm-Steg zu getrieben wurde. Glücklicherweise hatten wir bereits vier Fender an eben dieser Seite festgemacht und auf Deck bereit gelegt. Meine Versuche, mit dem Bugstrahlruder gegenzuhalten waren geradezu lächerlich. Ine schaltete sehr schnell und warf flugs alle vier Fender außenbords. Diverse Vereinskameraden waren aufmerksam geworden und im Schweinsgalopp herbeigeeilt. Sechs Mann stemmten sich gegen die Bordwand, trotzdem wurden die vier Fender bis auf eine Stärke von vielleicht fünf Zentimetern zusammengedrückt!

Ich hatte vor meinem geistigen Auge unser Schiff bereits auf dem Grund des Hafens gesehen. Aber wir waren noch einmal davongekommen! Und ich hatte wieder viel dazu gelernt: Trotz Sturmbö wäre die Situation bei richtigem Verhalten des Skippers durchaus zu beherrschen gewesen. Niemals hätte ich die UTHÖRN aus der sicheren Fixierung der Dalben raus drücken lassen dürfen!

Unter Erfahrung abbuchen, hieß die Devise.

Wir hatten Kampen auf Sylt bereits querab liegen und ich machte Ine schon Hoffnung, dass es nicht mehr weit sei bis zur Tonne „Lister Tief". Von da an würden wir deutlich abfallen und vor dem Wind ablaufen. Dann wäre das Schlimmste geschafft!

Das war allerdings eine gründliche Fehlbeurteilung der Situation! Denn schon bald trauten wir unseren Augen nicht: Bereits von weitem konnten wir beobachten, dass sich im Lister Tief eine ganz fürchterliche See aufgebaut hatte. Was war da los? Unseren ursprünglichen Plan, die Tonne ein wenig zu „schnibbeln", wie zum Beispiel im letzten Jahr, ließen wir gleich wieder fallen.

Wir fuhren also tapfer in das Chaos hinein und so langsam wurde mir die Situation klar. Ich hatte nicht in den Tidenkalender geschaut! Das holte ich jetzt nach und musste feststellen, dass wir ungefähr noch zwei Stunden ablaufendes Wasser hatten. Strom gegen Sturm! Die Sache war klar. Wären wir doch nur zwei Stunden später von Helgoland aufgebrochen!

Was also tun? Nach solch einem unbequemen Törn will man eigentlich ganz gern so schnell wie möglich in einen Hafen. Also nahmen wir das Kuttersegel weg, starteten vorsorglich die Maschine, rundeten die Ansteuerungstonne und begaben uns in die Fänge dieser gewaltigen Wellen. Uns war nicht wohl dabei! Nicht unbedingt wegen der überaus groben See. Aber wir liefen in ein in seiner Ausdehnung sehr begrenztes Fahrwasser hinein und die nächste Tonne war bei diesem Seegang nicht auszumachen. Aber das Schlimmste war, dass die Wassertiefe abnahm und damit die Wellenhöhen weiter zunahmen. Und zwar beides in geradezu erschreckendem Maße.

Als das Echolot immer wieder Aussetzer hatte, wurde mir langsam und in brutaler Klarheit bewusst, dass wir es mit Grundseen zu tun hatten, und diese Monster überfielen uns geradezu in dutzendfacher Ausführung. Wenn wir unter diesen Verhältnissen auf den Grund durchknallen würden, dann „gute Nacht Marie"! Als das Echolot mal wieder für scheinbar ewige Zeiten keine Wassertiefe anzeigte, wendete ich unsere brave UTHÖRN kurz entschlossen, mitten in solch eine Monstersee hinein. Die Welle traf uns breitseits und drückte das Schiff weit auf die Seite, wobei die Gischt über das Großsegel hinausgeschleudert wurde.

Als wir ins nächste Wellental fielen, zeigte das Echolot wieder keine Wassertiefe an...

Irgendwann hatten wir die Wende geschafft und die Yacht kämpfte sich frontal gegen die Grundseen aus der Gefahrenzone. Nur noch weg von hier! So konnte das nicht weitergehen! Ich übergab Ine das Ruder und sie steuerte das Schiff, nach anfänglichem Zögern, mit unseren 100 PS bolzgerade gegen die Wellenberge an. Ich selbst rief über Kanal 16 den Vormann des Rettungskreuzers in List an, um mich von ihm beraten zu lassen.

Wir hatten auch sofort Funkverbindung und seine Aussagen waren zumindest beruhigend:

„Da haben wir noch nie Probleme gehabt! Kommt man rein. Und man immer schön an den Tonnenstrich halten und die Salzsände schön steuerbords liegen lassen."

Na, denn man zu!

Also wieder Wachwechsel, Ine auf das Sitzbrett im Niedergang, ich ans Ruder und das Schiff durch die Wellenberge drehen. Dieselbe Achterbahnfahrt wie bereits zuvor erlebt. Eine Wassertiefe wurde nicht mehr angezeigt. Aber wir „manschten" weiter durch diese Giganten, die eine Höhe hatten, wie wir sie noch nie erlebt hatten. Aber nicht diese Monsterseen haben wir gefürchtet! Die wurden von unserer UTHÖRN souverän genommen. Angst hatten wir vor dem Meeresgrund.

Irgendein Schutzengel hat sich dann wohl doch für uns zuständig gefühlt. Das Schiff hatte jetzt ungefähr dieselbe Geschwindigkeit wie diese Wellenungetüme. Ein besonders herausragendes Monster kam langsam von achtern auf. Irgendwann stand es förmlich über dem Heck und eigentlich erwartete ich, dass es uns überrollen würde. Aber nichts da! Die Welle hob ganz langsam das Schiffsheck in die Höhe und lief im Zeitlupentempo unter uns durch. Dabei kochte und brodelte das Wasser um uns herum, immer ungefähr auf Deckshöhe. Eine schöne, aber doch auch unheimliche Rauschefahrt vollführte dieses Ungetüm mit uns. Irgendwann lief es vorne unter dem Schiff durch, wobei das Heck langsam nach unten wegsackte.

Später konnten wir auf unserem Speedometer die über Satelliten gemessene Höchstgeschwindigkeit von 11,4 Knoten ablesen! Die Rumpfgeschwindigkeit unserer Yacht beträgt ca. neun Knoten. Die Welle hatte unser schweres Schiff also ins Surfen gebracht, ein einmaliges Erlebnis – wenn die Umstände ein wenig entspannter gewesen wären. Außerdem muss sie uns über die Barre getragen haben, die für unsere Adrenalinausstöße gesorgt hatte.

Die Sache war zwar noch nicht ausgestanden, aber wir sahen jetzt auch die nächsten Tonnen und hier wurden aus den Monsterwellen so langsam kleinere Monsterwellen. Unheimlich war, dass sich die Seen rund um uns herum an diversen Untiefen brachen und weiße Schaumkronen aufwarfen. Aber wir hielten eisern an dem Tonnenstrich fest und näherten uns nun sichtbar dem Westfeuer des Ellenbogens.

An der Ostspitze des Ellenbogens hatten wir es geschafft und umrundeten sie in der Gewissheit, wieder um eine Erfahrung reicher zu sein: Bei einer Törnplanung in der Nordsee haben die Tidenverhältnisse unbedingt Berücksichtigung zu finden! Auch wenn man sich in vermeintlich tiefem Wasser aufhalten wird.

Nach einer ausführlichen Duschorgie an Bord hat uns das Abendessen bei Gosch an diesem Abend ausnehmend gut geschmeckt. Klammheimlich tranken wir auf unsere „Wiedergeburt"...

Am nächsten Morgen habe ich mir dann doch noch einmal die Seekarte vorgenommen und versucht, die Situation im „Lister Tief" nachzuvollziehen. Und ganz so einfach, wie Klaus Detlefs sich das vorgestellt hatte, war es denn doch nicht!

In der Karte war als flachste Stelle eine mittlere Niedrigwassertiefe von 5,4 m eingezeichnet. Bekannt ist auch, so wurde mir von dem Fischer Paul Walter erzählt, dass die Barre wandert, also ihre Lage immer wieder verändert. Unter ungünstigen Umständen, wenn zum Beispiel eine besonders große Monstersee mit dem dazugehörigen Wellental auf unser Schiff über einer besonders flachen Stelle getroffen wäre, wären wir unter Umständen in große Schwierigkeiten geraten.

Na ja, nicht weiter drüber nachdenken.

Carola und Michael mussten sich auf Helgoland übrigens noch einen ganzen Tag um die Ohren schlagen. Die Katamaran-Fähren trafen erst gegen Abend wieder auf der Insel ein, nachdem der Sturm etwas nachgelassen hatte. Das hatte zur Folge, dass sie den letzten Autozug nach Sylt nicht mehr erreichten und eine unbequeme Nacht in irgendeiner Notunterkunft und ohne jedes Gepäck überstehen mussten.

Sie brachten dann jedenfalls bestes Wetter mit. Von Sturm und Wolken keine Spur mehr! Ein paar schönen Tagen im Lister Hafen sollte eigentlich nichts mehr im Wege stehen.

Warum muss man sich die „Schiffserfahrungen" eigentlich so schwer erkämpfen? Warum setzt ein Skipper sich so leichtfertig über Erfahrungen anderer Skipper hinweg? Von Haus aus bin ich im Grunde kein Besserwisser. Im Gegenteil, in der Regel nehme ich gerne Ratschläge an. Aber als es um Fäkalientanks ging, muss ich nicht „auf Empfang" geschaltet haben.

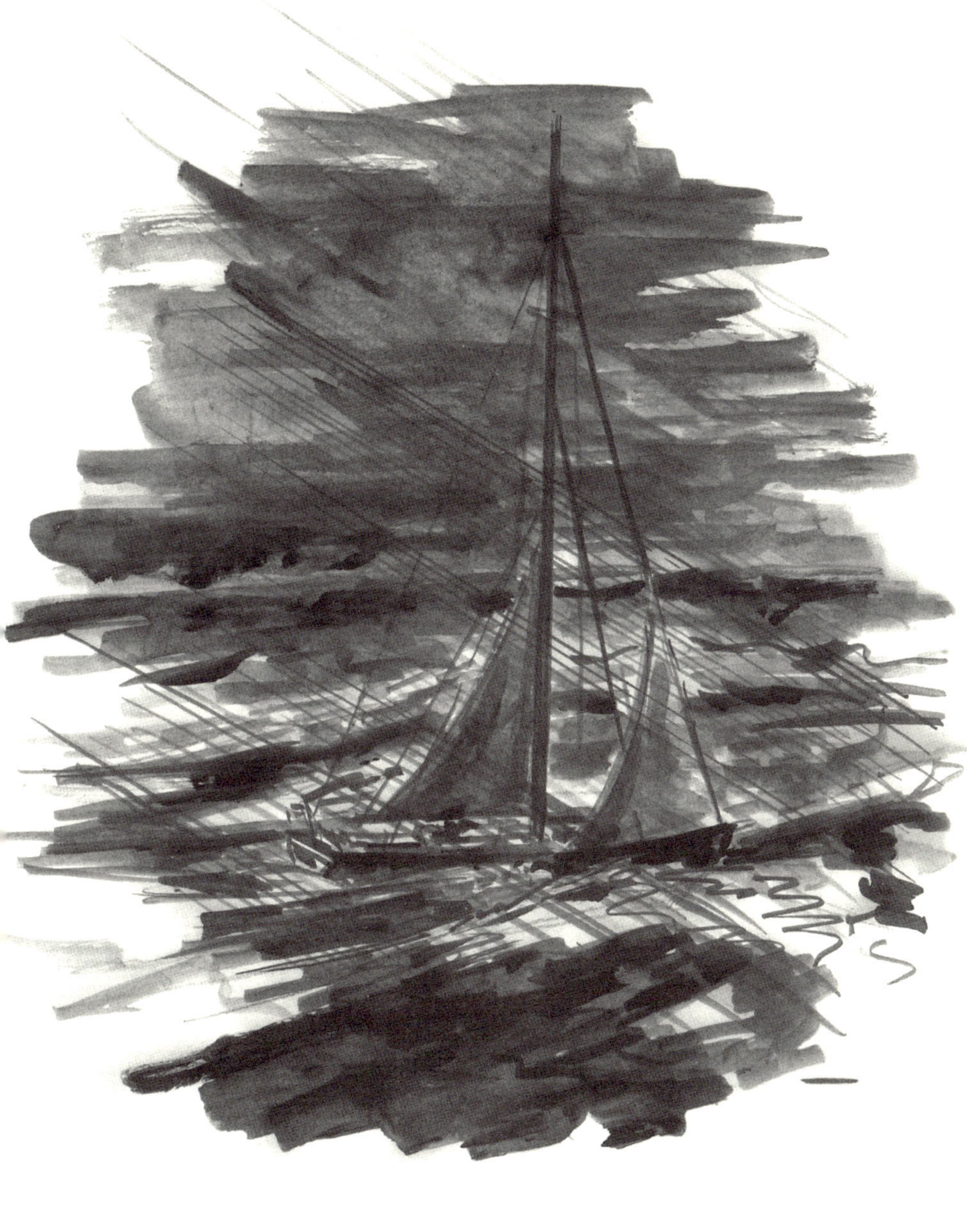

Denn als wir vor ein paar Jahren einen ehemaligen Studienkollegen auf seiner Segelyacht im Helgoländer Hafen trafen, erzählte er uns haarklein sein Abenteuer mit seinem verstopften Fäkalientank.

Fazit: „Bloß kein Toilettenpapier durch die Toilette spülen!"

„Igittigitt! Aber wie denn dann?"

Antwort: „In einem separaten, luftdichten Behälter verwahren und mit dem Bootsmüll entsorgen!"

„Was für ein Umstand! Und so unappetitlich! Wir haben noch nie Probleme mit unseren Fäkalientanks gehabt!"

...und jetzt waren gleich beide verstopft! Und das mit vier Mann an Bord. Es war einfach nicht zu fassen! Aber solche Stories schreibt das Leben. Spätestens, als in beiden Kloschüsseln die braune Brühe bis zum Rand stand, musste ich mich den Tatsachen beugen. Wenigstens hatten wir absolut ruhiges Wasser im Hafen. Aber auch ein Hafenfest. Das obligatorische, immer wenn wir in List sind. Das muss an unserer Feriensituation in Baden-Württemberg liegen.

Also, ran ans Werk! Der Schlauchanschluss am hinteren Tank ist wesentlich schlechter erreichbar als der vordere, daher hatte ich beschlossen, mich zunächst einmal um den vorderen zu kümmern. Leider hatte ich, bevor ich aktiv wurde, nicht über die sinnvollste Reihenfolge der Arbeitsabläufe nachgedacht, sondern erst im Nachhinein. Ine sagt, dass mir das öfter passiert.

Egal wie, ich musste ran an den Fäkalientank, der oberhalb der Kloschüssel eingebaut ist. Der Anschluss des Druckschlauches an diesen Tank ist durch eine Schelle gesichert und durch die Tür eines Wandschrankes gut erreichbar. Hingegen ist das untere Ende des Schlauches nur nach größeren Umbauten erreichbar. Sonst hätte ich nämlich diesen Weg gewählt.

Im Vertrauen darauf, dass der Tank auch wirklich verstopft war, löste ich mit einem Schraubenzieher die Manschette und zog mit viel Kraft den sehr dickwandigen und steifen Schlauch herunter. Und schon war ich unversehens in einer Situation, in die sich niemand gern hineinwünscht. Ein übel riechender Fäkalienstrom ergoss sich nach unten. Ich musste jetzt blitzartig reagieren!

Also drückte ich den Handballen meiner rechten Hand unter den Auslaufstutzen und schrie nach einem Eimer. Dabei konnte ich drücken, soviel ich wollte, ich bekam die Öffnung nicht richtig zu. Die Brühe lief mir den Unterarm hinunter, über den Oberarm durch die Achselhöhle, von da aus suchte sich diese schleimige, stinkende Masse den Weg zwischen Unterhemd und Körper unter Überlistung des Gürtels in meine Hose und troff endlich aus meinem rechten Hosenbein zwischen die Grätings vor dem Waschbecken.

Da stand ich nun mit meinem Talent! Loslassen konnte ich nicht. Was dann geschehen wäre, brauche ich nicht weiter auszuführen. Die Mannschaft hörte mich nicht! Wahrscheinlich standen sie geschlossen auf dem Steg und rauchten mal wieder.

... Außerdem knallte die Sonne aufs Deck, so dass mir nicht nur die stinkende Brühe, sondern auch noch der Schweiß in Strömen herunterlief.

Endlich bemerkte Carola, in welch vertrackter Situation ich mich da befand. Aber das kannte ich schon von anderen Gelegenheiten. Statt spontan zu helfen, fing sie erstmal fürchterlich an zu lachen. Ich sah wohl auch zu dämlich aus!

Schließlich wurde mir aber doch eine Pütz gereicht und des Dramas zweiter Teil konnte beginnen. Aber das ging mehr Ine an. Eine Eimerkette wurde gebildet und sie stand an ihrem Ende. Ich füllte immer mal wieder einen Eimer mit dem Tankinhalt, besudelte mich dabei vollends, worauf es nun aber auch nicht mehr ankam, und der Eimer wurde bis zu ihr durchgereicht. Ine hatte die angenehme Aufgabe, die vollen Eimer so diskret wie möglich in das Hafenbecken auszuleeren. Wie gesagt: Es war Hafenfest und hunderte Zuschauer beobachteten diese merkwürdigen Aktivitäten.

Irgendwann war aber auch dieser Fäkalientank leer und ich konnte ans Reinigen gehen. Natürlich war die Soße durch die Ritzen zwischen Bordwand und Schrankboden bis runter in die tiefsten Tiefen des Schiffes vorgedrungen. Die Reinigungszeremonie nahm kein Ende. Im Grunde genommen dauerte sie den Rest der Reise, weil ich immer wieder glaubte, dass ein entsprechender Duft aus irgendeiner Ecke hervor kroch. Flugs brachte ich wieder eine meiner zwischenzeitlich beschafften Kleinstpumpen in Anschlag und pumpte das vorher von mir in diese Ecke gespülte heiße Wasser wieder ab. Irgendwann wurde das wohl geradezu zu einer fixen Idee. Ine roch jedenfalls schon lange nichts mehr, als ich immer noch „auf die Jagd" ging.Hätte ich vorher nachgedacht, dann hätte ich in aller Ruhe diese verdammten Fugen zwischen den Schrankwänden und Böden mit Silikon abgedichtet und die Soße lediglich aus einem einzigen, sehr gut zugänglichen Bereich abpumpen müssen.

So ist das eben mit der Hektik.

Toilettenpapier wird auf unserem Schiff seit diesem Abenteuer jedenfalls fein säuberlich in Plastiktüten entsorgt! Eine Methode, die man sogar ohne Probleme auch fremden Mitseglern vermitteln kann. Mittlerweile können wir allerdings im hinteren Bad ein Elektroklo mit „Zerhacker" genießen. Sehr zu empfehlen! Auch für die Herren der Schöpfung: „gar nicht gefährlich"...

Am Abend erlebten wir mit unseren Sylter Freunden noch ein sehr schönes Feuerwerk, das von einem Marine-Boot aus vor dem Hafen abgefeuert wurde. Auf unserer Yacht hatten wir einen Logenplatz...

Am nächsten Tag verabschiedeten Carola und Michael sich von uns. Sie fuhren zurück nach Süddeutschland. Carola konnte sich die Bemerkung nicht verkneifen, dass es ihr bei uns an Bord doch immer ein wenig zu stressig sei!

Auf unserer Weiterfahrt Richtung Norden passierten wir nördlich des Ellenbogens zunächst wieder die „Seehund-Bänke". Das sind Sandbänke, die bei ablaufendem Wasser sichtbar werden und auf denen sich dann unzählige Seehunde versammeln. Seltsamerweise war ich als Junge niemals dorthin gekommen. Warum auch immer. Ich sah sie jetzt zum ersten Mal so richtig in aller Größe und war erstaunt, wie viele dieser Artgenossen sich dort aufhielten.

Im letzten Jahr waren wir offensichtlich sehr weit entfernt von ihnen, vielleicht war aber auch das Wasser noch nicht tief genug abgelaufen. Jedenfalls war der Anblick kein Vergleich mit heute.

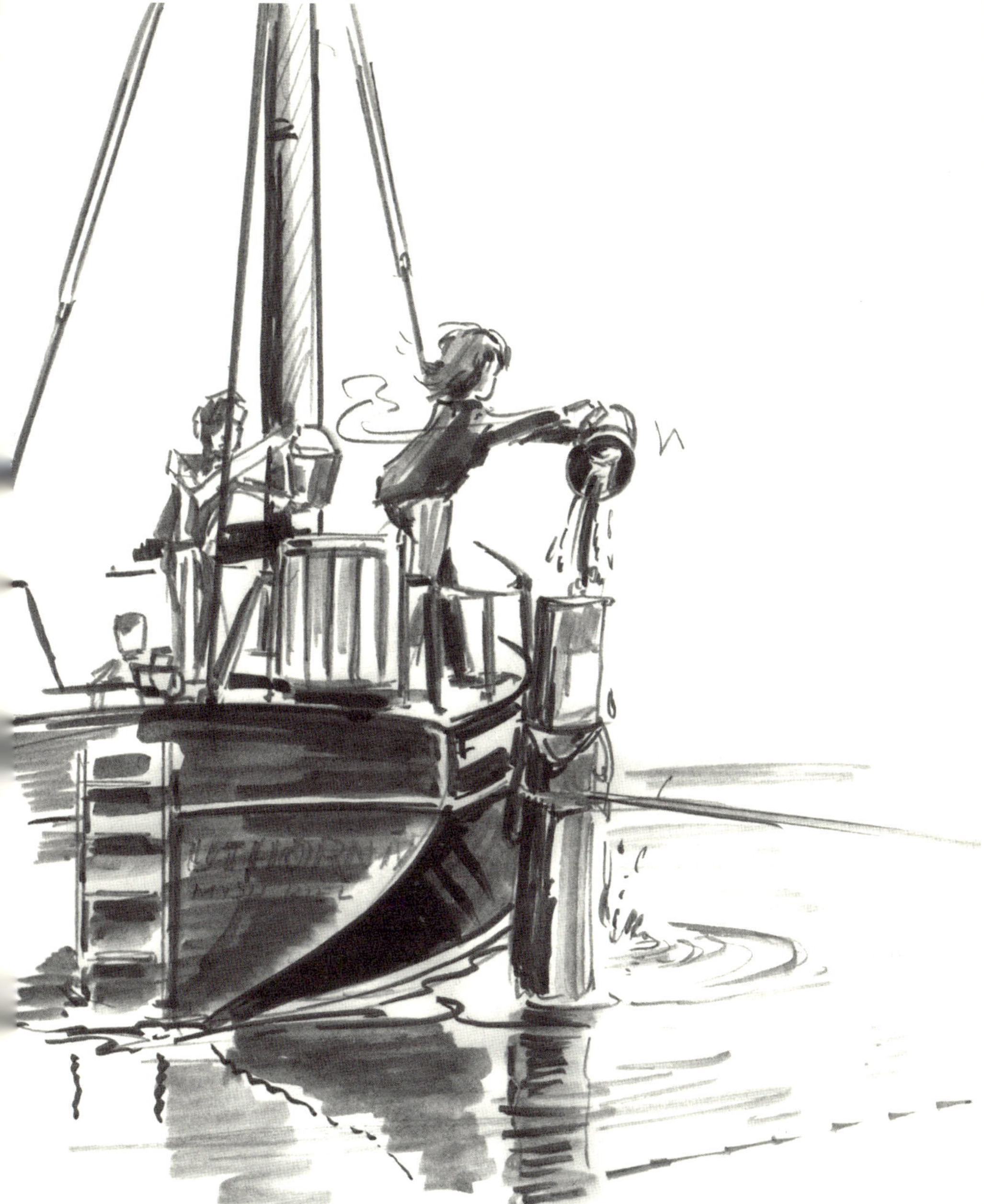

Aus der Ferne sah es zunächst wie buckelige Felsklippen aus. Erst beim Näherkommen konnte man die unzähligen Köpfe und Leiber der Tiere erkennen. Die Population hatte sich offensichtlich wieder gut erholt, nachdem sie erst vor einigen Jahren durch eine Seuche arg dezimiert worden war. Seitdem durften Seehunde nicht mehr gejagt werden. Ob das auf Dauer vernünftig sein würde? Immerhin frisst ein einziger Seehund pro Tag mindestens fünf Kilogramm Fisch! Die Fischer haben dazu ihre eigene Meinung!

Die Sicht war ausgezeichnet, so dass wir uns wiederum entschlossen, durch das Untiefengebiet „Horns Rev" zu fahren. Zwischen den Tonnen allerdings wieder unter Zuhilfenahme des Motors. Leider war Hvide Sande erneut unser nächstes Ziel. Dieses Mal machten wir unser Schiff aber so weit wie möglich von der Fischfabrik entfernt fest. Aber wir sollten an diesem Abend noch eine andere Erfahrung machen.

Hvide Sande ist das Tor zum „Ringköbing Fjord", einem ausgedehnten, aber flachen Binnengewässer. Mit einem tiefer gehenden Schiff sollte man auf einen Besuch besser verzichten.

Im Laufe des Abends machten noch zwei weitere Segelschiffe an unserem Anleger fest. Eines davon war ein Trimaran. Für die Nordsee erschien er mir deutlich zu klein. Später fuhr ein PKW auf den Anleger, dem eine Frau und ein Mann entstiegen. Sie kamen zielstrebig auf unser Schiff zu und fragten, ob sie an Bord kommen dürften. Ich war ob dieses Ansinnens ziemlich perplex und lehnte das dann auch spontan ab. Daraufhin zeigten sie uns ihre Ausweise und wiesen sich als Zollbeamte aus…

Wir hatten nichts zu verbergen und luden sie zu einer Tasse Kaffee ein, die sie auch gerne und höflich annahmen. Dabei haben wir uns mindestens eine halbe Stunde über „Gott und die Welt" unterhalten, und das war ein durchaus angenehmes Gespräch. Sie waren der deutschen Sprache nicht mächtig, daher lief unsere Unterhaltung in Englisch ab.

Als der Kaffee getrunken war, fragte uns einer der beiden, was wir denn so an alkoholischen Getränken an Bord hätten. Die Schnaps- und Kognakbuddeln stehen bei uns in einer extra dafür vorgesehenen Halterung offen herum und ich zeigte auf eben diese Flaschen. Nun wurden diese sechs Flaschen von unseren Zollbeamten akribisch in dafür vorgesehenen Formularen aufgelistet. Keine Frage danach, ob wir vielleicht noch weitere Flaschen an Bord hätten. Nichts!

Und dann fiel im wahrsten Sinne des Wortes „der Hammer"!

„Na, dann wollen wir mal gucken", hörten wir plötzlich in durchaus verständlichem „Amts"-Deutsch. Und dann wurde unser Schiff buchstäblich auseinander genommen! So was hatten wir uns nicht träumen lassen. Ganz bestimmt nicht nach diesem Vorspiel. Diese unverschämten Schergen! Ich war außer mir und gab das auch in eindeutigen Worten von mir. Aber das störte diese Herrschaften in gar keiner Weise. Sie kehrten das Unterste zu oberst und kein Schapp, kein Bodenluk war vor ihnen sicher. Als der männliche Partner dann einen Marlspieker aufklappte und versuchte, damit eine schlichtweg nicht zu öffnende Bodenabdeckung in einem Schrank mit Gewalt herauszuhebeln, bin ich ausgerastet. In diesem Augenblick hat er wohl gemerkt, dass er überzogen hatte.

Aber die Geschichte ging noch weiter:

Unser eifriger Zollbeamter förderte nämlich tatsächlich aus einem Schapp drei 0,5-Liter Flaschen Likör hervor, die wir längst vergessen hatten! Der Beweis dafür, dass die schon ewig und drei Tage dort gelegen hatten, war eindeutig: Die Etiketten hatten sich allesamt längst gelöst und lagen lose herum. Aber Argumente zählten bei diesem Herrn nicht. Seine Kollegin hatte sich mittlerweile, nun doch etwas peinlich berührt ob des Übereifers ihres Kollegen, auf das Deck zurückgezogen.

Ich kochte vor Wut.

Nicht nur wegen der 350 DM Strafe, die uns diese Erfahrung mit dem dänischen Zoll kostete. Die waren zwar auch ärgerlich genug, aber ich ärgerte mich im Wesentlichen über diese Abzockermentalität. Wäre es nicht eine Frage der Fairness gewesen uns darauf hinzuweisen, dass wir bitte sämtliche Alkoholvorräte, die sich an Bord befinden, angeben mögen. Denn dann hätte er zwar auch diese genau aufgeschrieben, allerdings hätten wir dann nichts dafür bezahlen müssen. Vielleicht wäre auch ein Hinweis auf eventuell vergessene Vorräte angemessen gewesen.

Der Typ hat uns schlichtweg gelinkt! Wahrscheinlich ist eine gewisse „Abschussquote" seiner Beförderung dienlich.

Nun, ich beruhigte mich irgendwann auch wieder. Ine bleibt in solchen Situationen cooler als ich. Aber ich habe keine meiner Ausfälle bereut. Auch das Angebot eines Trinkgeldes nicht.

Hvide Sande! Entweder stinkige Fischfabrik oder übereifrige Zöllner! Einen dritten Besuch wird es nicht geben.

Auch auf unserem weiteren Törn folgten wir den Spuren meiner Altvorderen: Wie bereits erwähnt, war mein Großvater mütterlicherseits Fischer. Er war gerade mal zwölf Jahre alt, als er begann, bei seinem Vater das Fischen zu lernen. Das spielte sich auf einer „Scheveningse Bomschuit" ab, einem geradezu unförmigen, fast viereckigen Segelschiff, einem Holzschuh nicht unähnlich. Bei einer Länge von 14 Metern hatten diese Fischerboote eine Breite von sage und schreibe 7 Metern! Ein Gaffel getakeltes Großsegel und bis zu drei Vorsegel sorgten für den Vortrieb, während Seitenschwerter sich gegen die Abdrift stemmten. Unter härtesten Bedingungen haben diese Menschen ihre mehrwöchigen Fangreisen bis hin nach Island durchstehen müssen. Das waren die reinsten „Himmelfahrtskommandos" und die Verluste waren entsprechend hoch.

An die heimatliche Küste endlich zurückgekehrt, mussten sie die Tide so abpassen, dass sie bei auflaufender Flut mit Hilfe von komplizierten Taljensystemen und Pferdegespannen auf den Strand gezogen werden konnten. Bei zu starker Brandung musste vor der Brandungszone gewartet werden. Das hieß so manches Mal tagelanges Kreuzen im Angesicht der Familien auf dem Strand…

Er und meine Großmutter waren in Holland geboren und 1908 aus wirtschaftlichen Gründen nach Deutschland ausgewandert. Sie lebten in Brake an der Unterweser, von wo aus mein Großvater es bis zur Seefahrtsschule nach Elsfleth, wo er sein Kapitänspatent machte, nicht weit hatte. Nach einigen Jahren als

Kapitän auf einem Fischlogger erwarb er einen Fischkutter. Er taufte ihn auf den Namen „Hoffnung" und verdiente sich von Stund an sein Geld mit der Fischerei auf seinem eigenen Kutter. Das muss ein hartes Geschäft gewesen sein, wie ich meine Großmutter verstanden habe, die ihren Mann lange überlebte.

Zwei seiner Söhne fuhren häufig mit ihm zum Fischfang auf die See hinaus. Wobei sie nicht selten den Fischschwärmen hinterherfuhren und auf diese Weise oft viele Wochen von zu Hause fort blieben. Diese Fischfangreisen führten sie über Helgoland, List auf Sylt und Esbjerg an der Westküste Dänemarks auch nach Hvide Sande und noch weiter nach Norden. Sie verkauften die unterwegs gefangenen Fische jeweils in den von ihnen angelaufenen Häfen.

Genau auf dem Kurs, den wir seit einigen Tagen anlagen. Und die Gedanken an diese Vorfahren ließen uns bei unseren Hafenbesuchen an der gesamten Nordseeküste nie los. Wo wir auch hinfuhren, sie waren vor langer Zeit schon dort gewesen. Meinen Großvater habe ich nie kennen gelernt, er starb bereits 1938 im Alter von gerade mal 62 Jahren.

Beinahe wäre, durch die Transusigkeit der Besatzung eines holländischen Fischdampfers, sein Leben bereits am 8. November 1928 zu Ende gewesen! Damals lag er nachts mit seinem Fischkutter nordwestlich von Helgoland vor Anker, das Helgoländer Leuchtfeuer in Sichtweite, als dieser Fischdampfer seinen Kutter rammte und innerhalb von ein paar Minuten in den Fluten der Nordsee versenkte. Dabei konnte sich sein Sohn nur durch einen Sprung in das eiskalte Wasser retten. Die gesamte Besatzung von vier Mann wurde von dem Fischdampfer gerettet. Die Seeamtsverhandlung ergab die eindeutige Schuld der holländischen Besatzung, was meinem Großvater zu einem neuen Fischkutter verhalf. Aber wahrscheinlich hätte er gerne auf diese Erfahrung verzichtet, denn bereits zu der damaligen Zeit haben Versicherungen nur ungern bezahlt und auch mein geplagter Großvater musste viel Geduld aufbringen, bis alles zu seiner Zufriedenheit abgewickelt war. Seinen neuen Kutter hat er auf den Namen „Liebe" getauft, warum auch immer.

Unser nächster Hafen war Hanstholm am Eingang zum Skagerrak. Der Törn dorthin war eher eintönig. Immer etwa drei Meilen parallel zur Küste. Und die ist nicht besonders aufregend: ein endloser Sandstrand mit einer endlosen Dünenkette dahinter. Das Wetter hatte sich geändert, Wolken waren aufgezogen. Aber es wehte ein beständiger Westwind, der bei der herrschenden Gewitterneigung immer wieder mal auffrischte, was wir aber allein durch die Verkleinerung der Genua gut ausgleichen konnten.

Hanstholm läuft man freiwillig nur an, wenn man diesen Hafen noch nicht kennt - so erging es uns – oder wenn man für die Nacht Schutz sucht und der nächste Hafen zu weit entfernt ist. Mit anderen Worten: Ein Fischerei- und Industriehafen, in dem man vergeblich nach einer etwas schöneren Ecke Ausschau hält. Rein, übernachten, raus. Das kann nur die Devise sein.

Wir wollten es nicht wahrhaben und machten uns auf einen endlos langen Fußmarsch zu einem Restaurant auf einer Anhöhe oberhalb des Hafens. Wohl eine halbe Stunde lang erklommen wir den steilen Weg dorthin. So jedenfalls ist es mir in Erinnerung geblieben. Das Restaurant, das uns erwartete, war dann ganz akzeptabel und neben einem guten Essen konnten wir einen schönen Sonnenuntergang genießen.

Auch der Hafen von Hirtshals ist ein reiner Berufshafen. Für die Zuweisung eines Liegeplatzes setzte ich Ine kurz an der Kaimauer vor dem Hafenbüro ab. Ein freundlicher Hafenmeister beorderte uns längsseits an einen kleinen Tonnenleger, der aber offensichtlich kurzzeitig nicht im Dienst war. Sonst wären wir am nächsten Morgen mit Sicherheit in der Frühe geweckt worden.

Ine reichte ihre Erfahrung vom Vorabend, und so verließ sie das Schiff gar nicht erst. Ich turnte dagegen an Land und verschaffte mir einen Überblick über den Hafen und die nächste Umgebung. Dabei entdeckte ich einen kleinen „Allerweltsladen", in dem ich am nächsten Morgen einen neuen Glasschirm für unsere Petroleumlampe besorgen würde. Außerdem entdeckte ich den kleinsten Fischkutter mit geschlossenem Steuerstand, den ich je gesehen habe. Er mag eine Länge von sieben Metern gehabt haben und sah aus wie ein Spielzeugkutter. Wahrscheinlich hatte ich hier ein reines Liebhaberstück vor mir. Er war top gepflegt und lag aufgepallt auf dem Trockenen.

Einmal um Skagen herum zu segeln gehört nach meinem Verständnis zum Pflichtprogramm eines jeden Nordsee- oder Ostseeseglers. Und wir standen nun kurz vor diesem Ziel. Zugegeben, es gibt herausragendere Ziele. Aber es gab nichts zu deuteln, diesen Törn wollten wir irgendwann einmal gemacht haben, und nun war es soweit.

An der Landspitze von Skagen, wo sich die Wassermassen des Skagerraks mit denen des Kattegats treffen, erlebten wir ähnliche Strömungsverhältnisse wie an der Ellenbogenspitze von Sylt. Hier schäumten die Wellen allerdings wesentlich höher auf und wir empfanden wieder diese gleiche, etwas unheimliche Beklommenheit. Insbesondere in den Phasen, wenn das Schiff plötzlich von irgendwelchen Kräften seitlich versetzt wurde oder sein Bug sich ohne unser Zutun einen anderen Kurs suchte. Bei ungünstigen Wind- und Strömungsverhältnissen können sich an dieser Ecke gewaltige Wellen aufbauen. Allerdings kann man hier, im Gegensatz zum Lister Tief, in tiefes Wasser ausweichen und muss keine Grundberührung befürchten.

Leider wurde ich ausgerechnet hier in einem ewig langen und unerfreulichen Telefongespräch aufgehalten, auf das ich mich auch noch erheblich konzentrieren musste, so dass wesentliche Eindrücke an mir vorbeigingen. Ärgerlich, aber nicht zu ändern.

Der Hafen von Skagen war ein lohnenswertes Erlebnis!

Wir schlichen uns mit unserer UTHÖRN bis ganz nach hinten durch und hatten das Glück, mal wieder einen zwar sehr engen, dafür aber im schönsten Eck des Hafens gelegenen Liegeplatz zu finden. Die alte Erfahrung hatte wieder ihre Gültigkeit bewiesen: Einfach bis ans Ende durchfahren! Oft findet sich genau dort noch ein Platz, wo man es am wenigsten erwartet!

Unser Eindruck bestätigte sich, dass Skagen als Ausgangshafen sowohl nach Schweden als auch nach Norwegen genutzt wird. Natürlich auch von Seglern, die ihren Törn „rund Skagen" abspulen. So wie wir gerade. Hier sahen wir viele Nationalitäten, was unsere Theorie unterstrich: Holländer, Engländer, Schweden, Norweger, Polen, Deutsche und natürlich jede Menge Dänen. Hier war Leben im Hafen. Auf den meisten Schiffen hatten sich die Besatzungen zu einem „Schnack" an Deck eingefunden. Das hielt zum Teil auch in der Nacht an, wobei sich deutsche Charterer leider wieder mal besonders hervor taten. Die Deutschen neigen offensichtlich, vielleicht mentalitätsbedingt, ein wenig zu lautem, manchmal auch rücksichtslosem Verhalten. Die Holländer scheinen ähnlich veranlagt zu sein. Das haben wir auf unseren Reisen immer wieder festgestellt.

Die Sonne unterstrich die schöne Hafenstimmung. Es war aber nicht zu verkennen, dass sie bereits für eine Spätsommer-Atmosphäre sorgte. Hier oben stand die Sonne nicht mehr so hoch am Himmel, ihre Kraft hatte schon nicht mehr die Intensität wie weiter südlich. Der Sommer neigte sich seinem Ende zu, was hier deutlicher zu erkennen war.

In einem sehr schönen Restaurant direkt am Hafen gönnten wir uns auf dem „Kulminationspunkt" unserer Reise ein etwas aufwändigeres Abendessen. Das waren wir uns schuldig auf dem nördlichsten Breitengrad, den wir mit unserer UTHÖRN bisher erreicht hatten.

Die Ortschaft selbst „riss uns nicht vom Hocker". Die Atmosphäre in Skagen lebt vom Hafengetriebe. Den Winter stelle ich mir hier ganz fürchterlich vor.

Nachdem sich der Wind über Nacht weiter beruhigt hatte, frischte er zum Morgen wieder auf. Er blies mit sechs Windstärken aus West, als wir den Hafen in Richtung Läsö verließen.

Läsö ist eine dänische Insel, die südöstlich von Skagen inmitten des Kattegats liegt; relativ nahe an der schwedischen Grenze, die hier mitten durch den Kattegat verläuft.

Unterwegs nahmen wir über Handy Kontakt mit meinem schwedischen Freund Lars Berg auf, der mit seiner Lebensgefährtin in unmittelbarer Nähe von Göteborg lebt. Wir hatten uns wohl 15 Jahre nicht mehr gesehen. Traumhaft muss die Lage seines Domizils sein: Am Ende eines kleinen Fjordes, den Bootssteg mit seinem Segelschiff direkt vor der Tür. Nach unserem Telefongespräch waren wir kurzzeitig entschlossen, den Schlag zu ihm rüberzusegeln. Aber diesen Entschluss korrigierten wir sehr schnell, nachdem ich festgestellt hatte, dass unsere Seekarten für diese Exkursion nicht ausreichten. So hielten wir weiterhin auf Läsö zu und verabredeten eine Kontaktaufnahme von der Insel aus. Mit dieser Verabredung brach der Handy-Kontakt auch ab. Wir waren mittlerweile zu weit entfernt von der dänischen Festlandsküste.

Bei dem frischen Wind hätte das eine schnelle Reise nach Läsö werden können. Aber Petrus war da anderer Meinung und ließ diesen schönen Segelwind viel zu früh einschlafen. Und zwar von den ersten Anzeichen bis zur absoluten Flaute innerhalb von gerade mal einer Stunde. Das Wasser des Kattegats beruhigte sich fast genauso schnell, so dass die Yacht bald nur noch von einer behäbigen Restdünung auf und ab bewegt wurde.

Wieder einmal ließen wir uns von einer ganz besonderen Stimmung einfangen. Die Sonne hatte sich hinter einen dicken Wolkenteppich verkrochen. Der Horizont verschmolz mit dem bleigrauen Wasser zu einer scheinbaren Kugel, in deren Mitte wir uns, träge in der Dünung dümpelnd, allein auf weiter Flur befanden. Nichts, aber auch gar nichts ließ den Eindruck verwischen, dass wir uns ganz allein auf diesem Meer - im Mittelpunkt dieser Kugel - befanden. Wir ließen diese Stimmung lange auf uns wirken. Wir erlebten eine geradezu unwirkliche Einsamkeit. Niemals zuvor hatten wir so etwas in dieser Intensität erlebt. Und wir zögerten den Start der Maschine noch lange hinaus.

Erst am Spätnachmittag liefen wir in den Hafen von Vesterö auf Läsö ein. Ein kleiner, romantischer Hafen nahm uns auf, an dessen Westseite einige Boxen eingerichtet waren. Sie waren zu klein für uns und so gingen wir direkt hinter der Hafeneinfahrt an einem Holzsteg längsseits. Er war offensichtlich für größere Schiffe vorgesehen. Auch hier wieder diese unübertreffliche Atmosphäre, die so viele dänische Häfen auszeichnet. Alles überschaubar, gepflegt und mit einer ausgeprägten Liebe zum Detail hergerichtet. Und, passend dazu, die freundlichen Menschen.

An der Stirnseite des Hafens, gegenüber der Hafeneinfahrt, befand sich eine Bäckerei mit einem kleinen Cafe. Dort verwöhnten wir uns zuerst einmal mit einer Tasse Kaffee und einem Stück Kuchen. Dabei saßen wir auf einer hölzernen Terrasse, die direkt an das Hafenbecken herangebaut war. In vielleicht einhundert Metern Entfernung lag unsere schöne Yacht, an deren Anblick ich mich immer wieder weiden kann. So ist das nun mal mit Segelschiffen, wenn man sich mit ihnen einen Jugendtraum erfüllt hat.

Am Abend gelang uns dann eine ganz vernünftige Verabredung mit Lars Berg: Wir würden nach Säby an der dänischen Festlandsküste segeln und Lars und Lotta würden mit einer Fähre von Göteborg aus dorthin kommen. Weil wir dazu wegen ihrer Berufstätigkeit aber ein Wochenende brauchten, würden wir entweder in Vesterö oder aber in Säby einen Tag warten müssen. Das machte uns nichts aus. Aber wir entschieden uns, doch schon am nächsten Tag loszusegeln und in Säby auf die zwei zu warten.

Wind mit vier Beaufort aus Westsüdwest und eine Waschküche zum Gotterbarmen erwarteten uns auf unserer Überfahrt nach Säby. Annähernd zeitgleich mit einer anderen Segelyacht waren wir am späten Vormittag ausgelaufen, hatten wir doch gehofft, dass sich der Nebel verziehen würde. Obwohl wir offensichtlich dasselbe Ziel hatten, verloren wir die fremde Yacht bald aus den Augen. Ich verfolgte sie allerdings auf dem Radarschirm. Sie konnten scheinbar nicht die Höhe halten, um mit einem Schlag nach Säby zu gelangen.

Wir schätzten die Sicht auf maximal 100 Meter. Ine hatte die Koordinaten der Hafeneinfahrt von Säby als Waypoint eingegeben und wir ließen unseren „dritten Mann" das Schiff steuern. Auf halbem Weg nach Säby hatte sich uns ein Frachtschiff genähert, das aber mit seiner Geschwindigkeit extrem heruntergingt – bis zum Stillstand.

Ich konnte das auf dem Radarbild ganz gut verfolgen. Warum der Kapitän das machte, konnte ich mir nicht eindeutig erklären. Etwa aus lauter Rücksichtnahme auf uns? Das konnte ich mir eigentlich nicht vorstellen. Auch er wird uns auf dem Radarschirm verfolgt haben. Aber wie sollte er wissen, dass es sich um ein Segelschiff handelt? Jedenfalls passierten wir irgendwann eine graue, schemenhafte Wand an unserer Steuerbordseite und hielten weiter auf Säby zu.

Aus den Tiefenlinien, die von unserem Echolot gemeldet wurden, ermittelten wir unseren ungefähren Standort. Quasi als Kontrolle unserer vom GPS ermittelten Koordinaten. Dann tauchte auch die Küstenlinie auf dem Radarschirm auf und die Wassertiefe nahm später rapide ab. Ohne unsere technische Ausrüstung wäre spätestens jetzt der Beginn erhöhter Aufmerksamkeit gekommen. Aber so entstand niemals ein Augenblick der Unsicherheit. Es wurde eine Punktlandung: Irgendwann tauchten voraus zwei dunkle Flecken aus dem dichten Nebel auf. Das waren die Molenköpfe des Hafens, dazwischen öffnete sich die Hafeneinfahrt. Genauer konnte man nicht navigieren. Ine wird mit großer Akribie die Koordinaten herausgegriffen haben.

Es gab ein schönes Wiedersehen mit Lars. Seine Lotta kannten wir noch nicht. „Passt!" war unsere einhellige Meinung. Sie hatten klugerweise ihre Fahrräder mitgebracht, weil sie die Entfernung zwischen dem Fährhafen in Frederikshafen und Säby überbrücken mussten. Aus dem Treffen im Folgejahr wurde leider nichts. Unsere süddeutschen Ferientermine sind mit den schwedischen Gepflogenheiten nur sehr schwer in Einklang zu bringen.

In Hals lagen wir am nächsten Tag in derselben Ecke des Hafens wie bei unserem ersten Besuch im vergangenen Jahr. Wir konnten weitere Fortschritte bei der Bebauung des Hafenareals feststellen. Bei unserem nächsten Besuch, irgendwann einmal, würde hier alles komplett fertig sein. Erfreulich, was eine engagierte Kommunalverwaltung auf die Beine stellen Kann!

Leider entwickelte sich auf unserem Schiff ein Problem.

Wir hatten früher schon bemerkt, dass das Kontrollgerät für unsere Maschine bei höheren Drehzahlen sehr früh zu piepen anfing. Dieser Zustand schien sich „schleichend" in Richtung geringere Drehzahl zu verändern, beziehungsweise verändert zu haben. Jedenfalls als ich bei der Ausfahrt aus dem Außenrevier des Limfjordes einmal richtig durchziehen wollte, piepte dieses wundersame Gerät bereits bei 2.500 Umdrehungen pro Minute.

Da stimmte was nicht! Nur, was war es? Mit der Betriebstemperatur einer Maschine ist nicht zu spaßen. Aber das konnte es nicht sein. Die lag genau im richtigen Bereich.

Wir wollten die Insel Anholt ansteuern, bei sechs Windstärken aus Südwest und stärker werdender Dünung, je weiter wir uns vom Festland entfernten. Wir hatten das Groß einfach gerefft und rauschten bei halbem Wind und fast klarem Himmel Richtung Südost. Anholt liegt, wenn man so will, im „Schwerpunkt" der Wasserfläche des Kattegats.

Bei den beständig höher werdenden Wellen könnte die Einfahrt in den Hafen von Anholt problematisch werden. Ich hatte früher bereits berichtet, dass die Wassertiefe dort bei entsprechendem Seegang manchmal nicht ausreichend ist. Irgendwann mussten wir uns entscheiden: Auf dem Backbordbug weitersegeln oder eine Wende machen und Grenaa, einen Hafen auf dem Festland, anlaufen. Wir entschieden uns für Letzteres. Das fiel auch deswegen nicht schwer, weil wir bis dahin noch keinen Raum verschenkt hatten, und sowieso hätten kreuzen müssen, wenn wir Grenaa von Anfang an hätten anlaufen wollen. Nichts war „kaputt", also wenden!

Wir konnten den Tonnenstrich vor Grenaa direkt anliegen. Obwohl die Sonne weiterhin schien, wurde es frisch an Bord. Wir fuhren jetzt deutlich höher am Wind, was die Überfahrt wesentlich unbequemer machte. Keine Frage, dass wir einen wesentlich nasseren Kurs fuhren als vorher nach Anholt. Wir hielten höher ´ran als unbedingt nötig, so dass wir auf die Landzunge Fornäs zu hielten. Das würde uns später mehr Freiraum lassen, wenn wir uns in den Tonnenstrich einfädeln müssten.

Auch weiter unter Land hatten wir es immer noch mit einem ganz ansehnlichen Schwell zu tun. Kurz vor der Ansteuerungstonne, die hier einige Meilen von der Küste entfernt liegt, rollte ich die Genua ein. Im Tonnenstrich mussten wir fast vierkant gegen den Wind und die immer noch sehr unbequemen Wellen laufen. Natürlich taten wir das mit Maschinenkraft. Der Piepton setzte jetzt bereits bei 2.200 U/min ein, also bemühte ich mich, immer kurz unterhalb dieser „Pieptonschwelle" zu fahren. Das hatte leider den Nachteil, dass wir nur sehr langsam gegen Wind und Strom ankamen. Natürlich ist einem in solch einer Situation ein wenig mulmig zumute. Was passiert, wenn in diesem engen Fahrwasser die Maschine ausfällt? Reicht der Freiraum bis zum Flachwasser für die notwendige Kursänderung, dann unter Segel? Um für diesen Fall die beste Ausgangsposition zu haben, hielt ich das Schiff dicht am Luv-Tonnenstrich.

Nach einer ausgesprochen feuchten Maschinenfahrt „direkt gegenan" erreichten wir schließlich den Hafen von Grenaa. Im Vorhafen nahmen wir das Großsegel weg und fuhren auch hier wieder bis ins letzte und am meisten geschützte Eck, wo wir auch prompt einen sehr schönen Liegeplatz fanden. Der Hafenmeister nahm die Leine an, verstand aber überhaupt nicht, dass Ine ihm eine Mittelspring gereicht hatte und dass ich das Schiff dann auch in diese Mittelspring eindampfen wollte. Ein Anlegemanöver, das wir, insbesondere bei schwierigen Windverhältnissen, jedem anderen „Gewurschtel" vorziehen.

Was konnte das mit dem Piepton nur auf sich haben? Dieses Problem fing an, lästig zu werden!

Wir erreichten am folgenden Tag den Hafen Ballen auf der Insel Samsö. Das Wetter wurde unbeständiger, wobei wir uns über mangelnden Wind auch weiterhin nicht beklagen konnten. Aber die Wolkenfelder wurden dichter, es regnete auch hin und wieder. Ballen würden wir auf jeden Fall später noch einmal wieder besuchen wollen. So ging es uns mit vielen Ortschaften, die wir bis jetzt mit unserem Schiff besucht haben. Wir würden zukünftig die Länge unserer Reisen etwas besser auf die zur Verfügung stehende Zeit abstimmen. Und natürlich würden wir ja irgendwann unendlich viel Zeit haben. Aber das sind vorerst noch Visionen...

So langsam mussten wir uns mit dem bevorstehenden Ende dieser Sommerreise abfinden. Die verbleibende Zeit fing an, knapp zu werden. Nicht zuletzt aus diesem Grund verzichteten wir am nächsten Morgen auf die fällige Ortsbesichtigung und warfen früh die Leinen los. Ziel: Nyborg. Wenn es schlecht liefe, wollten wir in Kerteminde unterschlüpfen.

Das Wetter war jetzt deutlich unangenehmer geworden. Ein frischer Wind blies weiterhin aus Südwest, noch blieb es aber trocken. Wir segelten zügig in den Großen Belt hinein und sahen bald am Horizont die neue Großer-Belt-Brücke auftauchen. Beim näher kommen erkannten wir, dass ein großer Teil des Fahrbahnelementes bereits von Zugseilen getragen wurde. Aus der Ferne sah es aus, wie wenn ein flaches Lineal von Bindfäden in der Waagerechten gehalten würde. Sie soll sich im Betrieb durch die von den Benutzern zu zahlenden Gebühren selbst finanzieren. Ein Weg, der bei den angespannten Finanz-Verhältnissen der meisten Staaten Schule machen könnte.

Diese Brücke besticht durch ihren Gigantismus!

In gewisser Weise hatte ich erst im vergangenen Winter beruflich mit diesem Bauwerk zu tun:

Zu einem unserer Kundenforen, die wir in einem Zwei-Jahresrhythmus in Weimar abhalten, hatte ich den Oberbauleiter und den Chefkonstrukteur dieser Brücke eingeladen. Aus ihrer äußerst interessanten Präsentation hatte ich mir einige Details gemerkt:

Von Ufer zu Ufer, also von Fünen nach Seeland, überbrückt das Bauwerk eine Länge von 6,8 km, wobei das Mittelstück über 1.642 m frei gespannt ist. Die Pylone aus Stahlbeton, über die die Tragseile gespannt sind, haben eine Höhe von 254 m. Unter Tragseilen stelle man sich Seile mit einem Durchmesser von 85 cm vor! Ein laufender Meter dieser Seile wiegt 3,2 Tonnen! Gehalten werden die Tragseile von zwei gewaltigen Gegengewichten aus Beton, von denen jedes 325.000 Tonnen wiegt. Von weitem sehen sie aus wie gewaltige, ein wenig seltsam geformte Bauklötze.

Die Kehrseite für die zweifellos erhebliche Zeitersparnis auf dem Weg von und nach Kopenhagen ist, dass die Fährschiffer, die vorher den Transport der Kraftfahrzeuge über den Großen Belt erledigten, ihre Arbeitsplätze verlieren werden.

Wir hielten uns bei der Durchfahrt an den westlichen Pylon und hatten es wieder einmal mit einem gehörigen Schwell zu tun, der nur ein sehr langsames Vorankommen zuließ. Wir nahmen das Vorsegel weg und schalteten die Maschine zu. Natürlich setzte auch prompt der Piepton an unserem Anzeigegerät ein. Jetzt bereits bei 2.100 U/min! Ich pendelte die Drehzahl also wiederum kurz unterhalb dieser „Pieptonmarke" ein. Leider bedeutete das bei dem anstehenden Gegenstrom gerade noch 2 Knoten Fahrt über Grund, weil auch das Großsegel nicht mehr zog. Wir mussten zu hoch am Wind segeln.

Hinter der Brücke drehten wir in einem Bogen Richtung West und kamen in ruhigeres Gewässer. Das Groß brachte auch auf diesem Kurs nichts mehr, also ließen wir es in die Lazy-Jacks fallen und banden es am Großbaum fest.

Auf diesem eher harmlosen Kurs erlebte Ine einen gehörigen Schreck: Sie kramte unter Deck herum und hielt sich offensichtlich in der Achterkajüte auf. Nachdem ich wegen der Brückenunterquerung seit mindestens drei Stunden am Ruder gestanden hatte, schaltete ich den Autopiloten ein und ging ins Vorschiff, einer menschlichen Regung folgend. Auf dem Niedergang rief ich meiner Frau zu, was ich da gerade vorhatte. Ich hatte es mir bereits bequem gemacht, als ein ähnlicher Schreckensschrei durchs Schiff hallte, wie ich ihn bereits von unserem Abenteuer in Darßer Ort kannte. Ich schoss natürlich in die Höhe, was in meiner Situation eigentlich nicht unbedingt besonders empfehlenswert war, und ließ meinerseits einen Schrei raus, was denn los sei.

Wieder einmal kam mir ein zitterndes und den Tränen nahes Bündel von Vorschoterin entgegen, mit vor Schreck geweiteten Augen.

Was war geschehen?

Ich hatte mich mit einem Zuruf, dass ich das Cockpit verlasse, nicht gegen den Maschinenlärm durchsetzen können und so fand Ine, als sie wieder an Deck kam, ein leeres Cockpit vor. Als sie mich dann auch noch auf dem gesamten Deck nicht ausmachen konnte, dachte sie sofort an „über Bord gegangen", was dann zu diesem Schrei geführt hatte.

Bei strömendem Regen, der uns fast waagerecht traf, liefen wir bei einbrechender Dunkelheit in den überfüllten Yachthafen von Nyborg ein. Unsere Taktik, auf der Suche nach einem geschützten Platz zunächst erst einmal bis in die hinterste Ecke des Hafens zu fahren, ging dieses Mal nicht auf. Enttäuscht drehten wir die UTHÖRN und fuhren zurück zur Hafeneinfahrt, wo wir neben einem Segler festmachten, an einem geradezu unangenehm ungeschützten Platz.

Das würde unter Umständen eine unruhige Nacht werden. Trotzdem waren wir froh, als wir uns endlich aus unserem Ölzeug herauspellen und es uns in unserem geheizten Schiff gemütlich machen konnten. Wir hatten reichlich Fender herausgehängt und obwohl der Schwell durch die Hafeneinfahrt direkt auf unser Schiff traf, wurde es doch eine eher ruhige und erholsame Nacht. Schlaf-Probleme kennen wir auf unserer UTHÖRN eigentlich nicht. Die viele frische Luft, aber auch die dauernde Betätigung, sorgen für die nötige Bettschwere.

Ohne Landgang verließen wir am nächsten Morgen bei übelstem Regenwetter und Starkwind, der uns direkt entgegenstehen würde, den Hafen. Wir fuhren im Vorhafen an diversen Fähranlegern vorbei. Mit der Fertigstellung der Brücke über den Kleinen Belt würde hier Ruhe einkehren. Und viele Arbeitsplätze würden verloren gehen...

Wir sollten in vier Tagen in Schilksee sein. Das heißt, dass wir jeweils relativ große Strecken zurücklegen müssen und auf den Wind nicht mehr soviel Rücksicht nehmen können. Wie viele andere Segler träumen auch wir von einer Zeit, in der uns kein Schul- oder Arbeitsbeginn mehr plagen wird.

Der Törn nach Svendburg entlang der Ostküste Fünens würde unsere Geduld in den nächsten Stunden auf eine harte Belastungsprobe stellen. Ein ruppiger Südsüdwest mit sechs Beaufort stand genau gegen an, so dass wir uns das Segelsetzen sparen konnten. Kein Problem mit einer 100 PS-Maschine an Bord. So war es auch bei uns bis vor kurzem. Aber mittlerweile reichten schon 1.800 U/min für unseren Piepton! Wobei „Piepton" eine eindeutig falsche Bezeichnung für dieses nervtötende Geräusch ist. Außerdem wussten wir nicht, ob der Warnton nicht doch einen kritischen Zustand der Maschine signalisierte. Schließlich war diese Einrichtung ja für genau diese Fälle geschaffen worden. Aber die Maschinentemperatur wurde weiterhin als „normal" angezeigt. – Später sollte sich nach langwierigen Untersuchungen herausstellen, dass lediglich das Anzeigegerät einen Defekt hatte...

Vorsichtshalber steckten wir uns keine Watte in die Ohren und drehten die Maschine auch nicht weiter auf, sondern zuckelten bei kaltem Wetter gegen einen unangenehm kurzen und steilen Seegang unserem Ziel entgegen. Häufig nur mit knapp zwei Knoten über Grund. Der Regen kam waagerecht und vermischte sich mit der immer wieder über das Schiff hinweg gischtenden See. Das war ein Tag, den es nur abzuarbeiten galt. Urlaubssegeln stellt man sich anders vor. Aber was soll´s, das gehört in unseren Breiten nun mal dazu. Ine hatte es sich wieder auf dem Sitz auf unserem Steckschott „bequem" gemacht. So saß sie wenigstens ziemlich genau im Drehpunkt des Schiffes und hatte keine Probleme mit Seekrankheit. Ich selbst scheine dagegen ja vollkommen unempfindlich zu sein.

Aber irgendwann hatten wir auch diese Bolzerei geschafft und liefen am Spätnachmittag, das Wetter hatte sich sogar gebessert, nach Passieren der Inseln Thurö und Tasinge in den alten Handelshafen von Svendborg ein. Wir mussten unsere UTHÖRN mal wieder in eine eigentlich viel zu kleine Lücke quetschen, was aber problemlos gelang, zumal hier im Hafen, der quasi mitten in der Stadt liegt, fast Windstille herrschte. Unangenehm in Erinnerung ist mir geblieben, dass „keine Sau" von einem benachbarten Charterschiff Anstalten machte, eine Leine anzunehmen. Der Sittenverfall greift um sich...

Wir müssen in drei Tagen in Schilksee sein. Das heißt, dass wir bis zu unserem Heimathafen nur noch zwei fremde Häfen anlaufen würden. Nichts ist es mehr mit dem „Komm´ ich heute nicht, – komm´ ich morgen – Gefühl". Plötzlich setzen auch wieder ziemlich überflüssige Telefongespräche ein. Aber vielleicht sorge ich ja selbst durch mein Verhalten für diese Entwicklung? Ich erwische mich dabei, wie ich wieder häufiger „ans Geschäft" denke. Genau wie im letzten Jahr. Ich hoffe sehr, dass ich mir irgendwann einmal eine gewisse Abgeklärtheit zulegen kann, die dann nicht bereits drei Tage vor Urlaubsende wieder zum Teufel geht.

Svendborg hat ungefähr 26.000 Einwohner und ist damit eine Stadt, die als alte Handels- und Seefahrerstadt so ziemlich alles zu bieten hat. Auffällig sind die vielen Fachwerkbauten, Kirchen und Brunnen, die immer wieder zum Verweilen und Anschauen einladen. Ein wenig Sightseeing, ein wenig Shopping, ein gutes Abendessen in einem zu einem Restaurant umgebauten alten Vergnügungsdampfer, auch das ist Svendborg. Wir haben es nicht versäumt, in die kleinen und kleinsten Gassen zu schauen, die immer wieder rechtwinklig von der Hauptstraße wegführen. Nach denen man fast suchen muss, so versteckt sind die Zugänge zu ihnen, die mit ihren vielen kleinen Läden aber einen wesentlichen Charakterzug dieser Stadt ausmachen.

Der Südwestwind hatte über Nacht wieder kräftig aufgefrischt. Er fegte die Wolken am blauen Himmel vor sich her, als wir am nächsten Morgen mit Maschinenkraft wieder in den „Svendborg-Sund" einbogen, nach Westen hielten und den Weg nach Ärösköbing auf der Insel Ärö einschlugen. Links und rechts von uns, auf den Inseln Fünen und Trönse grüne Hügel und schöne Wohnhäuser, fast jedes mit der dänischen Nationalflagge geschmückt. Eine Gegend, in der sich wohnen lässt! Wir stellen uns vor, dass die Grundstückspreise hier Schwindel erregende Höhen erreicht haben könnten.

Wir unterqueren die 33 Meter hohe Straßenbrücke, von wo an die Fahrwassertonnen die Farben wechselten. Hier öffnete das enge Fahrwasser sich langsam wieder in eine größere Fläche. Das bedeutete kabbelige See. Wir wollten keinen Umweg um die kleine Insel Skarö machen und hielten auf die ausgetonnte Durchfahrt zwischen Tasinge und Skarö zu. Wir befanden uns in relativ flachem Wasser und es galt, die Ansteuerungstonne in noch flacherem Wasser zu finden. Bei Seegang treiben mir solche Situationen den Adrenalinspiegel immer ein wenig in die Höhe, wobei ich mich redlich bemühe, nach außen eine unerschütterliche

Ruhe zu demonstrieren. Was sich hoffentlich beruhigend auf den Rest der Mannschaft auswirkt.

Als wir den Tonnenstrich zu fassen hatten, ging es mir wieder bedeutend besser. Die Anspannung hatte sich gelöst, wenn die Wassertiefe unter dem Kiel auch bedenklich abgenommen hatte. Keinen Meter hatten wir stellenweise. Ich hielt die UTHÖRN dicht am Steuerbord-Tonnenstrich, also soweit es ging in Luv für den Fall, dass wir unvorhergesehen einen Maschinenausfall haben würden. Vorsichtshalber hatten wir auch die Fock gesetzt, um im Fall der Fälle manövrierfähig zu sein. Die Windrichtung ließ das zu.

Aber nichts dergleichen geschah. Die paar Meilen im Fahrwasser waren bald zurückgelegt, die Inseln Drejö und Hjortöwaren bald passiert und dann sollten wir auf diesem Sommertörn noch einmal Segeln vom Feinsten erleben! Satte relativ gleichmäßige sechs Windstärken drückten in die Genua, die wir bis auf Größe zwei ausgerollt hatten. Ein kräftiger Schwell stand parallel zum Schiff und sorgte immer wieder für kräftige Duschen. Bei Sonnenschein ist das kein Problem! Die Yacht fuhr mit bis zu acht Knoten durch die aufgewühlte See. Von Zeit zu Zeit legte sie sich weit über, was den Reitz dieses Wellenrittes nur noch verstärkte. Wir kosteten diese Überfahrt nach Äröskobing voll aus und nahmen die Genua erst unmittelbar vor der Hafeneinfahrt weg.

Unterwegs beobachteten wir einen Schoner, der aus dem Hafen von Äröskobing auslief und gegen den Schwell nach Westen lief. Aber der Kapitän hatte seine Rechnung offensichtlich ohne die Reaktion seiner Mannschaft gemacht! Trotz seiner Länge von mindestens zwanzig Metern stampfte der Schoner ganz fürchterlich, als er aus der Abdeckung der kleinen Halbinsel Urehoved, nordwestlich der Hafeneinfahrt von Äröskobing, herauskam. Er lief unter Maschine, machte aber fast keine Fahrt voraus. Nach einer halben Stunde gaben sie auf und liefen zurück in den Hafen. Wahrscheinlich war das eine vernünftige Entscheidung. Aus meiner Sicht hatte entweder der Zustand seiner Gäste den Skipper dazu bewogen, oder aber seine Maschine war zu schwach für diese Seeverhältnisse. Vielleicht ja auch beides.

Wir ließen uns am Abend im Restaurant „Mumm" verwöhnen. Der Wind ließ über Nacht nicht nach. Nach unserem ausgiebigen Frühstück mit frischen Brötchen drehte ich zwei Reffs in das Großsegel, hatte ich doch den vergeblichen Versuch des Schoners vom Vortage noch in guter Erinnerung. Wir mussten heute Maasholm erreichen und würden versuchen, hoch am Wind bis zur Westspitze von Äräsköbing zu gelangen. Wenn es sein musste mit Maschinenunterstützung. Am Skjoldnäs-Huk würden wir dann abfallen und mit nahezu halbem Wind parallel zu den Wellen nach Norden segeln.

Und so machten wir das auch. Als anstrengend und feucht, trotz Sonnenschein, aber auch als schön blieb dieser Segeltag in unserer Erinnerung. Der obligatorische „Dorsch mit Senfsoße" im Restaurant „Störtebeker" in Maasholm linderte unseren „Urlaubsabschiedsschmerz". Und so liefen wir am letztmöglichen Urlaubstag am nächsten Nachmittag in Schilksee ein.

Alles in allem haben wir eine schöne Rundreise erlebt – natürlich von einer ganz großen Ausnahme abgesehen. Auf das Abenteuer im „Lister Tief" hätten wir gut verzichten können...

Der Sommer neigte sich zwar seinem Ende zu, war es aber noch nicht. Und wir würden noch den einen oder anderen Wochenendtörn vor uns haben. Carola freute sich natürlich wieder auf unsere Heimkehr, ein wenig ist sie immer in Sorge um ihre Eltern. Zu Recht, wie wir erlebt haben! Der Hund war mittlerweile annähernd ausgewachsen und immer noch kein Wachhund geworden. Und als erstes musste der Rasen gemäht werden. Diese Arbeit hatte meine Tochter „extra" für mich aufgehoben.

Der Alltag hatte uns wieder...

VI

Zum ersten Mal seit unserer Studentenzeit würden wir die Gelegenheit haben, fünf Wochen „am Stück" Urlaub machen zu können. Und das wollten wir voll ausschöpfen! Der einzige Wermutstropfen in unserer Vorfreude war der Umstand, dass Carola nun doch keine Teilstrecke mitfahren würde. Die Hausarbeit für ihr Jurastudium ließe das nicht zu... Das wird wohl nur die halbe Wahrheit gewesen sein. Ihre Leidenschaft liegt nun mal auf dem Rücken der Pferde und nicht auf einer Lage schiebenden Segelyacht, die abends einsame Häfen anläuft.

Die Umstände des abgelaufenen Jahres brachten es mit sich, dass Ine und ich uns rechtschaffen urlaubsreif fühlten, und dementsprechend groß war unsere Erwartungshaltung in Sachen Erholungswert eines solch ausgedehnten Urlaubstörns.

Nach einem Wiedersehen mit meiner ehemaligen Sekretärin, wir hatten sie einige Jahre nicht gesehen und sie machte zum ersten Mal in ihrem Leben an der Ostsee Urlaub, stachen wir am Tag darauf bei bestem Wetter von Kiel-Schilksee aus in See. Grobe Richtung: Erst Ost, dann Nord. Eine feste Routenplanung gab es nicht, wir wollten uns eher „treiben" lassen und uns keinen Zwängen unterwerfen. Außerdem wollten wir auch mal kleine Etappen oder Hafentage mit Besichtigungen einlegen.

Eigentlich wollten wir am ersten Abend Heiligenhafen anlaufen, ließen unsere UTHÖRN aber dann doch mit Rauschefahrt unter Blister an der Ansteuerungstonne Heiligenhafen vorbei laufen und steuerten Burgtiefe auf Fehmarn an. Erst kurz vor der Fehmarnsund-Brücke ließen wir den Blister in seinem Bergeschlauch verschwinden und tasteten uns mit Maschinenkraft an die Brücke heran. Wir wussten, dass wir drunter durch passen würden, die Erfahrung hatten wir seinerzeit mit fremder Hilfe gemacht:

Als wir das erste Mal die Sund-Brücke unterfahren wollten, kamen wir gegen Abend von Osten her und fühlten uns noch sehr unsicher bezüglich der exakten Gesamthöhe unserer Yacht. Kurz entschlossen baten wir einen vor uns fahrenden Motorbootfahrer per Funk, mit dem Fernglas unsere Mastspitze zu beobachten, während ich das Schiff, natürlich mit Maschinenkraft, langsam an die Brücke heran manövrierte. Der freundliche Skipper hatte das nötige Verständnis für uns und lieferte uns den erbetenen „Beistand", indem er uns mit Handzeichen heran winkte. Es hat natürlich gut gereicht und heute fahren wir mit der nötigen Routine drunter durch, zumal man an den Brückenpfeilern sehr gut die freie Durchfahrtshöhe ablesen kann.

Trotzdem tut es meinem Wohlbefinden gut, wenn wir uns umsichtig heranarbeiten, zumal, je nach Wasserstandshöhe, nicht übertrieben viel Freiraum zwischen UKW-Antenne und Brückenträger verbleibt.

Nach Warnemünde dümpelten wir zunächst mehr als dass wir segelten, so dass wir irgendwann den Motor zuschalteten und brav den umgekehrten Kegel in der Steuerbordsaling setzten. Vor der Hafeneinfahrt von Warnemünde frischte der Wind plötzlich und unnötigerweise ganz erheblich auf, was das Segelbergen wegen dem entstandenen Schwell noch recht unbequem gestaltete.

Im „Alten Strom" in Warnemünde kommt es sehr darauf an, an der westlichen Kaimauer zu liegen, weil man hier das neu entstandene Ambiente des mittlerweile größtenteils renovierten Ostseebades am besten einfängt. Wir lagen mal wieder direkt vis à vis der Bierkneipe „Störtebeker" und mussten theoretisch nur „zweimal umfallen", um nach unserem nächtlichen Kneipenbesuch wieder an Bord zu kommen. Ein besonderer Service dieser originellen Kneipe: Frisch gezapftes Bier wird bis ans Schiff gebracht, wenn es denn nicht zu weit entfernt liegt!

Wir hatten von vorneherein einen zusätzlichen Hafentag für Warnemünde eingeplant, weil wir die Stadt ein wenig näher kennen lernen wollten als bei unserem ersten Besuch vor zwei Jahren. Und wir haben es nicht bereut! Von See kommend lässt man sich allzu leicht dazu verführen, nur die besondere Atmosphäre unmittelbar am „Alten Strom" zu genießen. Ich rate dringend, durch die kleinen Querstraßen in die mit Schatten spendenden

Alleebäumen reich bestückten Parallelgassen einzudringen. Hier sieht man überraschenderweise viele kleine Geschäfte, die in den mit Veranden zur Straßenseite hin erweiterten Häusern untergebracht sind.

Die vielen Veranden an den eher schmalen aber tiefen Häusern sind auffällig. Das heißt, sie sind eigentlich schon gar nicht mehr auffällig, weil es fast keine Häuser ohne eine solche Veranda gibt. Diese Art der nachträglichen Hauserweiterung ist zurückzuführen auf das damalige Recht der Einwohner, die Veranden anbauen zu dürfen, ohne den dafür benötigten Baugrund von der Stadt erwerben zu müssen. Es war ihnen also per Gesetz erlaubt, diese Anbauten auf städtischem Grund zu errichten! Heute ist so was wohl nirgendwo mehr denkbar. Zumindest nicht in Deutschland.

Der Besucher von Warnemünde sollte auch unbedingt das „zweite Zentrum" der Stadt – um die Kirche herum – in seine Tourenplanung einbeziehen. Er wird überrascht sein von dem quirligen Leben, auf das er unvermittelt stößt. Wenn er Glück hat, ist gerade Wochenmarkt, auf dem die unterschiedlichsten Waren angeboten werden.

1195 wird der Fischerort erstmalig erwähnt. Seit 1323 ist Warnemünde ein Ortsteil der Stadt Rostock. Diese Eingemeindung wird den Vorfahren ganz und gar nicht gefallen haben. Kontakte der Warnemünder Bürger zu Dörfern und Städten in der Umgebung wurden früher nicht gepflegt, ja eher sogar bewusst unterbunden. Man sagte den Warnemündern sogar eine gewisse Weltfremdheit nach. So wird die Geschichte von dem Rostocker Senator Eggers überliefert, der von einem siebzig Jahre alten Fischer-Ehepaar in Warnemünde ein Haus kaufte und bei dem Kaufakt erfahren musste, dass „sie des Schreibens nicht mächtig und bis zu diesem Zeitpunkt nicht in Rostock gewesen waren."

Fremden gegenüber war man aus Prinzip erst einmal misstrauisch und es war sehr schwer, sich das Vertrauen der Warnemünder zu erarbeiten. Amtspersonen gegenüber soll das Misstrauen sogar mit Starrsinn angereichert gewesen sein. So erzählt man sich, dass „der mecklenburgische Großherzog Paul Friedrich in strengstem Inkognito, nur von seinem Adjutanten begleitet, beim Schiffer Boldt am Leuchtturm eine Wohnung mieten wollte. Anscheinend fiel jedoch seine äußere Erscheinung bei der Frau des Schiffers durch. Sie brach das Verhandlungs-Gespräch kurzerhand mit den Worten ab:

„Nee, an Stinkbüddels vermieden wi nich!", wobei sie dem verdutzten Landesherrn die Tür vor der Nase zuschlug.

In nicht so guter Erinnerung bleibt dieser Besuch in Warnemünde, weil es mir in meiner Schusseligkeit gelungen ist, nacheinander zwei Lesebrillen in der Warnow zu versenken. Was habe ich daraus gelernt? Stecke als seefahrender Mensch niemals eine Brille in eine Oberhemdentasche!

Seit Jahren verwendete ich eine Klapp-Lesebrille, die den Vorteil hatte, dass ich sie zu einer ganz kleinen Einheit zusammenfalten und in einem Metall-Etui verstauen konnte. Dieses Etui steckte mal wieder, trotz häufiger Ermahnungen meiner Frau, in meiner Oberhemdentasche, als ich „zwecks Seekarteneinsicht" über die Reling zu unserem Nachbarn turnte und dabei prompt stolperte. Nicht weiter schlimm, wenn sich denn nicht mein gutes Stück in einem hohen Bogen zwischen den beiden Schiffen hindurch in den „Alten Strom" verabschiedet hätte.

Mein freundlicher Nachbarlieger hatte das nicht mitbekommen und so habe ich das denn auch gar nicht erst erwähnt sondern bin zurück auf unser Schiff, um meine andere Brille zu holen. Natürlich habe ich Ine von meinem Malheur erzählt und sie hat mich, wie es so ihre Art ist, getröstet:

„Das ist zwar ärgerlich, aber doch nicht so schlimm. Du hast ja noch eine Brille."

Weiß der Kuckuck, warum ich nicht meine eigene Brille mitgenommen habe, sondern Ines! Wahrscheinlich lag sie gerade greifbar auf dem Kartentisch.

Nach der Routendiskussion mit meinem Nachbarn habe ich die Karten zusammengefaltet und die Brille natürlich nicht in die Oberhemdentasche gesteckt. Ich habe sie stattdessen mit meiner freien Hand krampfhaft fest gehalten und bin dann, man glaubt es kaum, wiederum gestolpert und dabei wurde mir die verflixte Brille von einer Relingstütze aus der Hand geschlagen. Sie nahm denselben Weg wie meine erste Brille und spätestens in diesem Moment zweifelte ich ernsthaft an meiner Seetauglichkeit. Glücklicherweise wurden beide Brillen-Unfälle von keinem beobachtet, so dass mir wenigstens diese Peinlichkeit erspart blieb.

Aber Ine musste ich das Malheur natürlich beichten! Erstens hatte sie jetzt ja auch keine Brille mehr und zweitens konnte ich ihr mit meiner auch nicht mehr aushelfen... Unser diesbezügliches Gespräch ist mir ungefähr so in Erinnerung geblieben:

„Du, Ine, glaubst Du wohl, dass mir dasselbe wieder passiert ist?"

„Was denn, wieder die Brille versenkt?"

Zerknirscht habe ich das bestätigt. Und sogleich fand Ine die vermeintlich richtigen Worte:

„Ach, wenn es nicht mehr ist! Deswegen musst Du doch nicht die Ohren hängen lassen! So was kann schon mal passieren. Nimm so lange meine. Morgen holen wir Dir eine neue".

Die Versuchung war groß, den Mund zu halten und die Angelegenheit zunächst auf sich beruhen zu lassen. Aber das hätte natürlich nichts gebracht. Spätestens beim Versuch ihre Abendlektüre zu lesen hätte sie ja ins Leere gegriffen...

„Also, hm, hm, – das war deine Brille".

„Wie bitte?!!"

Vor unserer Abreise am nächsten Vormittag haben wir uns bei einem der drei Warnemünder Optiker mit Billig-Ersatzbrillen und Brillenbändern eingedeckt. Ohne „Sehbesteck" in fremden Gewässern kann es zu fatalen Folgen kommen. Was nützen einem die neuesten Seekarten, wenn man sie nicht lesen kann?

Von Warnemünde liefen wir aus, ohne klar definiertes Ziel. Wir entscheiden uns häufig erst für einen Zielhafen, wenn wir schon eine Weile unterwegs sind. Obwohl uns in Warnemünde von (besagtem) Nachbarlieger der Weg in den Greifswalder Bodden südlich vorbei an Hiddensee empfohlen wurde, entschlossen wir uns doch für die nördliche Route.

Ine nutzte die beschauliche Fahrt auf ruhiger See nach Darßer Ort zur Aufstellung eines Menüplanes für die nächsten Tage. Für diesen Abend hatte ich Bratwurst, Salzkartoffeln und grüne Bohnen bestellt.

Darßer Ort ist wohl nicht unser Hafen! Der Wind stand relativ günstig für unser Anlegemanöver mit Buganker, der ja zwischenzeitlich repariert worden war. Er wurde von mir mit Hilfe der Bedienungsknöpfe im Cockpit punktgenau in der richtigen Entfernung zum Steg auf den Grund des Naturhafens versenkt. Ich brachte die Yacht in langsamer Rückwärtsfahrt bis auf einen halben Meter an den Steg, so dass Ine, mit zwei Festmachern bewaffnet, nur einen kleinen Schritt auf den Steg machen musste.

Sie belegte die Luvleine wie es sich gehörte. Die UTHÖRN driftete derweil, was vollkommen normal ist, ein wenig vom Anleger weg in Richtung Anker. Dieses leichte Abtreiben muss Ine vollkommen falsch interpretiert haben. Wahrscheinlich dachte sie, dass ich ihr davonfahren würde. Wahrscheinlicher aber ist, dass sie gar nichts gedacht hat.

Jedenfalls machte sie vollkommen unmotiviert einen Riesensatz auf unser Achterschiff, der selbst Heike Drechsler, unserer Weltmeisterin im Weitsprung, zur Ehre gereicht hätte. Dabei rutschte meine liebe Ine mit ihrem rechten Fuß über die Waschbordleiste und verdrehte ihn ganz fürchterlich. Mir wurde ganz anders, während ich diesen Übereifer fassungslos beobachtete. Ich sah schon unseren Urlaub zu einem Kurzurlaub zusammenschrumpfen...

Das kannte ich doch schon irgendwoher?

Aber, wie früher schon festgestellt: Frauen sind hart im Nehmen. Mit viel Mobilat und vor allem Zähnezusammenbeißen kam Ine über die nächsten Tage hinweg. Allerdings machten ihr die Schmerzen noch wochenlang zu schaffen. Wir waren nicht sicher, ob nicht doch ein größerer Schaden entstanden war.

Zingst strich ich daraufhin aber aus unserer Planung. Ich hatte den Eindruck, dass ich Ines Nerven in dieser Phase nicht auch noch mit unsicheren Flachwasserfahrten übermäßig strapazieren sollte. (Bei einem späteren Besuch von Zingst stellte sich heraus, dass dieses Gebiet vollkommen problemlos angelaufen werden kann!) Dafür liefen wir am nächsten Tag Vitte auf Hiddensee an. Und Hiddensee offenbarte sich uns wieder einmal als eine unserer Trauminseln.

Zunächst segelten wir bei Sonnenschein und mäßigen Winden bis zur Ansteuerungstonne Gellen, knapp drei Meilen westlich des Hiddenseer Nord-Leuchtfeuers Dornbusch. Nachdem wir die 70 Meter hohe Erhebung des Dornbusches an der Nordspitze mit ihrem mittlerweile durch die Fernseh-Wetterberichte bekannten Leuchtturm umfahren hatten, konnten wir zunächst noch hoch am Wind ganz gut anliegen. Das war aber vorbei, als wir dem Tonnenstrich rechtwinklig nach Westen – und später nach Norden folgen mussten.

Im Osten lag der Landzipfel Bug der Insel Rügen. Zu DDR-Zeiten ein gesperrtes und extrem bewachtes Gelände, ranken sich zehn Jahre nach der Wende wieder Gerüchte um diese lang gestreckte, schmale Landzunge. Ein westdeutscher Unternehmer soll sie gekauft haben und irgendwelche lukrativen Pläne mit ihrer Verwertung haben. Unverständlich bleibt, dass es einem Privatmann möglich war, von der Treuhand eine ganze Halbinsel zu kaufen. Jedenfalls hat er erst einmal genau dort, wo früher die NVA einen Schlagbaum aufgestellt hatte, ebenfalls einen Schlagbaum – mit Wachpersonal – aufgebaut. Wahrscheinlich hat er den alten NVA – Schlagbaum nur neu anmalen lassen.

Sachen gibt es...

Eng wird es auf den schmalen Wasserwegen zwischen den Inseln, wenn man einem dieser unendlich langen „Wasseromnibusse" begegnet. Das sind Vergnügungsdampfer der besonderen Art, die ausschließlich für Binnengewässer gebaut werden. Schön sehen sie wirklich nicht aus. Wie überlange Zigarrenkisten mit Bullaugen, die fast ins Wasser reichen. Aber ihren Zweck werden sie wohl erfüllen, und ein neuer Erwerbszweig wurde damit offensichtlich etabliert. Sollte man den Tonnenstrich versehentlich überfahren, kann man von Glück sagen, wenn man sein Kielschiff nicht unvermittelt „auf Schiet" setzt ... Zur Beruhigung trägt es beim ersten Besuch auch nicht gerade bei, wenn man plötzlich feststellen muss, dass die Seevögel im Wasser gar nicht schwimmen – sondern stehen!

Der Stadthafen von Vitte war randvoll, alle Schiffe lagen in Viererpäckchen, mehr ist wegen des Berufsverkehrs nicht erlaubt. Nur einer lag allein und verteidigte dieses Privileg mit allen möglichen Erklärungen. Aber ich hatte keine Lust, mich mit einem Unverbesserlichen anzulegen. Wir drehten ab und legten uns neben eine alte Mahagoniyacht im Außenhafen. Beim Festmachen half uns ein Clubkamerad aus Kiel. Er war seit einer Woche auf einer Herren-Segeltour.

Wir fühlten uns in Vitte auf Anhieb wohl. Abends war Fischessen angesagt. Wir machten eher zufällig das Restaurant „Zum Sanddorneck" aus, wo wir eine sehr gute Küche und angenehm aufmerksames Personal vorfanden. Wir ließen uns mit gekochtem Dorsch und Senfsauce verwöhnen, dazu einen kühlen Pinot Grigio.

Der überaus freundliche Hafenmeister verhalf uns am nächsten Morgen zu einem Liegeplatz innerhalb des Hafens. Wir liehen uns bei Fahrrad-Müller zwei leichtgängige Aluräder und radelten los, immer auf dem Deich entlang in Richtung Kloster im Norden der Insel. Kloster ist wohl das schönste Dorf auf Hiddensee. Mit seinen von großen Laubbäumen überdachten Sandwegen erinnert mich Kloster an Keitum auf Sylt, wie es in meiner Jugend den Besucher noch empfangen hat. Bei Regen ist das allerdings nicht so romantisch…

Wir radelten an dem Haus des großen Schriftstellers Gerhart Hauptmann vorbei. Ich hatte kurz vorher eine Postkarte mit einer Abbildung seines Hauses aus der Zeit gesehen, in der der Schriftsteller dort gewohnt hat. Er würde es heute nicht mehr wieder erkennen! Das Haus stand zu seiner Zeit auf einer freien Fläche, heute ist es geradezu waldartig von großen Bäumen umgeben. Auf dem Friedhof der Dorfkirche besuchten wir seine Grabstätte, die zu einem Anziehungspunkt für die Besucher der Insel geworden ist. Jedenfalls wurde Hiddensee im Gefolge des großen Dichters offensichtlich zu so einer Art Prominenten-Insel. Die Gäste- oder Einwohnerliste aus der Zeit nach der vorigen Jahrhundertwende liest sich wie ein Auszug aus dem „Who is who".

Wir erkundeten mit unseren Rädern zunächst den nördlichen Teil der Insel und fuhren dann auf den alten Deichen und entlang des Weststrandes nach Süden. Die Insel erschien uns wie eine gepflegte Parklandschaft. Wir glaubten sogar Ähnlichkeiten mit Teilen der Lüneburger Heide zu entdecken. Nicht auf Autos Rücksicht nehmen zu müssen empfanden wir als besonders angenehm. Das hatten wir bisher nur auf der holländischen Insel Vlieland kennen gelernt.

Auf ein nachmittägliches Bad in der Vitter Bucht verzichteten wir wegen der extremen Kälte des Wassers. Bis zu den Knien und nicht weiter! Selbst Kinder, die ja ganz offensichtlich temperaturunempfindlicher sind als Erwachsene, sahen wir nicht im Wasser, obwohl die Sonne von einem tiefblauen Himmel herunter schien und die Hitze eher lästig war. Der Hafenmeister erklärte uns, dass diese niedrigen Wassertemperaturen symptomatisch für die Ostwind-Wetterlage sind, weil das Oberflächenwasser von der durch den Wind entstehenden Oberflächenströmung ständig in Bewegung gehalten würde.

Aber seit gestern hatten wir Südwestwind…

Wir hatten erfahren, dass auf der Insel ungefähr 1.700 Einwohner leben, davon in Vitte allein 600. Die Insel wird dominiert von landwirtschaftlich genutzten Flächen, die von Büschen, Baumgruppen, Kiefernwäldern und harmonisch in die Landschaft gestellten einzelnen Häusern und einer bewegten Topographie aufgelockert werden. Überall gibt es Radwege. Es fällt auf, dass Fußgänger und Radfahrer sehr rücksichtsvoll miteinander umgehen. Außer dem einen oder anderen Gemeindefahrzeug gibt es auf der Insel keine Autos.

Hiddensee dürfte als Wellenbrecher eine ähnliche Schutzfunktion für Rügen ausüben wie Sylt für das dahinter liegende Festland. Diese Insel ist mit ihren 16 Kilometern Länge aber um über 10 Kilometer kürzer als Sylt.

Für meine Kuriositäten-Fotosammlung fand ich in unserem Nachbarlieger noch ein geeignetes Motiv: Am Heck seiner Yacht, da, wo andere ihre Radarantenne an einem kleinen Mast montieren, hatte dieser Individualist eine gewaltige Satellitenantenne für seinen Fernseher montiert. Über ein aufwändig konstruiertes

Kugelgelenk konnte er sein Schmuckstück auf jedem Liegeplatz nach dem jeweils aktuellen Fernsehsatelliten ausrichten.

Unser Speedometer zeigte keine Geschwindigkeit an, als wir am nächsten Morgen ablegten und Richtung Rügen starten wollten. Offensichtlich hatte sich nur Seegras darin verfangen. Einmal im Hafenbecken kräftig den Rückwärtsgang eingelegt und die Sache war wieder in Ordnung: Das Schraubenwasser hatte den Impeller vom Seegras befreit.

Leider stellten sich Probleme mit unserem Kühlschrank ein. Und da hört der Spaß auf: Urlaub ohne kaltes Bier oder gekühlten Wein, von der zerfließenden Butter ganz zu schweigen, war nicht nach unserem Geschmack. Der Kompressor sprang nur selten an und wenn er lief, brachte er keine Leistung. Ein Telefongespräch mit Conyplex kreiste die Fehlerquellen zumindest ein: Regeltechnik, Kühlflüssigkeit oder Thermostat. Der Kompressor schied aus, daran kann eigentlich nichts kaputt gehen. Ich setzte auf die Regelung und verabredete mit Conyplex, dass sie uns einen neuen Regelungsautomaten nach Greifswald schicken.

Das Wetter machte weiter mit. Die diesbezüglichen Logbucheintragungen sind geradezu langweilig. Wir passierten gegen Mittag Kap Arkona, die Nordostecke von Rügen. Zwei Türme grüßten von den Kreidefelsen herüber. Erst bei näherem Hinschauen durch das Fernglas sah man über den Baumwipfeln eine dritte Turmspitze hervorlugen. Das war die Glaskuppel des „Schinkel-Turms", der bereits im Jahre 1827 von dem Baumeister Karl Friedrich Schinkel als Orientierungsfeuer gebaut wurde. Mit seiner Höhe von gut 19 Metern und dem viereckigen Grundriss wirkt er gedrungen, eher wie ein Bollwerk gegen den Feind.

Er wurde 1905 durch einen runden und wesentlich höheren Turm unmittelbar in seiner Nachbarschaft abgelöst. Mit seinen 35 Metern Bauhöhe und seiner Feuerhöhe von 75 Metern über dem Meeresspiegel ist er noch heute eines der herausragenden Leuchtfeuer in der Ostsee. Südlich dieser zwei Türme steht noch ein einzelner Turm, der früher als so genannter „Peilturm" genutzt wurde.

Nachmittags um drei Uhr liefen wir in den kleinen Hafen von Lohme ein. Ein Ort, der als guter Ausgangshafen für einen Törn nach Bornholm gilt, was wir durchaus bestätigen können. Er liegt an der Südküste der Sassnitzer Bucht, an die Steilküste geschmiegt. Um aufs „Oberland" zu kommen muss man die Kleinigkeit von 244 Stufen einer neu erstellten Holztreppe erklimmen. Wegen des übertriebenen Umweltgehabes einiger politischer Strömungen in Ostdeutschland nennt sich dieser Hafen aber nicht „Hafen", sondern führt die Schutzbezeichnung „Wasser-Wander-Rastplatz!" Man ist geneigt, solchen Unsinn bissig zu kommentieren, ich erspare mir das. Auch, oder insbesondere vor dem Hintergrund der exorbitanten Umweltvergewaltigungen ganzer Landstriche in der früheren DDR. Wir Deutschen neigen nun mal zur Gründlichkeit, bis in die Absurdität. Der Hafen wurde während des DDR-Regimes nicht genutzt und war zu Wendezeiten verfallen. Nach dreijähriger Erneuerung konnte er im Juli 1997 wieder eingeweiht werden. Lohme ist ein gemütlicher und gepflegter Schutzhafen geworden, der jedoch nicht unbedingt zu längerem Verweilen einlädt, weil das Hinterland fehlt. Aber einen Besuch ist er allemal wert, zumal er recht idyllisch liegt und von einem überaus freundlichen und kompetenten Hafenmeister geführt wird. Den üblen Gerüchen, die durch die Faulgasbildung im Schlamm des Hafenbeckens entstehen, will er mit einem einfachen Plan zu Leibe rücken: Die bereits bestehende, aber viel zu klein bemessene Ostschleuse in seinem Hafen will er erheblich erweitern und so für einen natürlichen Durchfluss sorgen. Das klang sehr logisch, als er mir seine Konstruktionszeichnung erläuterte. Die finanziellen Mittel waren ihm schon genehmigt worden.

Auf halber Höhe zur Steilküste hat sich das kleine Restaurant „Cafe Niedlich" etabliert. Mit herrlichem Blick über die Bucht der „Tromper Wiek" hin zum Kap Arkona, ist es geradezu prädestiniert für die Beobachtung von Sonnenuntergängen. Das Essen und das Bier sind ordentlich, nur mit der Freundlichkeit des Personals, einschließlich des Betreibers, hapert es. Wir kamen uns, zusammen mit unseren sehr netten Nachbarliegern, fast als Bittsteller vor. Beinahe zehn Jahre nach der „Wende" ein leider immer wieder zu beobachtendes Problem in den neuen Bundesländern. Glücklicherweise ist insgesamt aber eine Entwicklung zum Besseren erkennbar.

Ein paar hundert Meter südöstlich von Lohme steigt der „Königsstuhl" steil aus dem Meer empor. Er ist ein imposanter Aussichtsplatz mit einer Höhe von 119 Metern inmitten der Kreidefelsen. Von See aus ist er deutlich zu erkennen und eine gute Orientierungshilfe. Er fällt an drei Seiten steil ins Meer hinab und soll einer Sage nach bei früheren Königswahlen eine wichtige Rolle gespielt haben: Wer König werden wollte, musste den steilen Kreidefelsen von der Seeseite aus ohne Hilfsmittel erklimmen. Als Lohn dafür durfte er sich auf dem Gipfel des Königsstuhls auf einen steinernen Thron setzen, woraufhin er zum König ausgerufen wurde.

Klaus Störtebeker kam übrigens aus dieser Gegend! Eine zu Unrecht erlittene Bestrafung soll den bärenstarken Mann in die Arme seines späteren Kumpans Gödecke Michel, und damit in die Seeräuberei, getrieben haben. Diese Begegnung soll sich unterhalb von Kap Arkona zugetragen haben. Später hatte er wohl im Bereich des „Königsstuhls" einen seiner ersten Schlupfwinkel.

Der Sage nach soll er große Schätze im Waldstück von Stubbenkammer, direkt westlich des „Königsstuhls", versteckt haben, die er nie wieder abholen konnte, wurde ihm am Ende seiner Karriere doch in der Hansestadt Hamburg der Kopf abgeschlagen. Der üble Trick eines Kopfgeldjägers, wie man heute wohl sagen würde, war den beiden Räubern zum Verhängnis geworden. Dieser einfallsreiche Mann goss des Nachts flüssiges Blei in die Scharniere der Ruderblätter der vor Anker liegenden Schiffe, womit er sie ohne viel Aufwand manövrierunfähig machte.

Zum Königsstuhl kann man übrigens sehr bequem von Lohme aus über Wanderwege und Uferpromenaden gelangen, wobei man an uralten Buchen vorbeikommt, die unmittelbar an der Kreideküste stehen. Überall liegen Findlinge und findet man Hünengräber. In der Steinzeit wurde hier Feuerstein in großen

Mengen gefunden und „exportiert". Haben wir es hier vielleicht mit einem steinzeitlichen Wirtschaftszentrum zu tun? Von dieser Theorie hörten wir in einem Gespräch mit Einheimischen auf Rügen.

Unmittelbar östlich des Yachthafens liegt der Schwanenstein, ein großer Findling, im Wasser. Vielleicht zehn Meter vom Land entfernt. Er hat einen Rauminhalt von cirka 60 Kubikmetern und wiegt 162 Tonnen, wurde in einer der Eiszeiten hierher transportiert und gehört zu den größten sichtbaren Geschiebesteinen auf Rügen. 1829 wird er erstmals erwähnt und es verwundert nicht, dass sich um ihn Sagen gebildet haben.

Eine davon erzählt, dass sich auf Rügen Storch und Schwan bei der Arbeit des Kinderkriegens abwechseln. Wenn der Storch seinen verdienten Urlaub im Süden nimmt, vertritt ihn der Schwan. Der fischt die Babies aus der Ostsee und legt sie dann zum Trocknen auf dem Schwanenstein ab. Beobachtet wurde das aber noch nicht...

Eine sehr traurige Geschichte hat sich aber tatsächlich im Winter 1956 auf ihm abgespielt. Auf einer Gedenktafel, ganz in der Nähe des Steines, kann man diesen Text lesen:

Am 13.02.1956, die See war am Zufrieren, waren einige Jungen aus dem Kinderheim und dem Dorf Lohme auf dem Eis. Wie so oft an unserer Küste wechselten auch an diesem Tag schnell die Wetterverhältnisse. Aufkommender Sturm ließ das Eis brechen, und drei Jungen konnten sich nur noch auf den Schwanenstein retten.

Der Sturm wurde zum Orkan, eine fieberhafte Rettungsaktion begann. Fischer, Grenzsoldaten, ein Kutter des Fischkombinats Saßnitz, und sogar ein Hubschrauber aus Berlin sollten zum Einsatz kommen. Aber alle Rettungs ersuche wurden durch die heranstürzende See und den Sturm zunichte gemacht. Rettungstruppen on außerhalb, in Pro a lief ein mit Panzern bestückter Pionierzug aus, blieben in den meterhohen Schneewehen stecken.

Das Drama nahm ein trauriges Ende: Am Morgen des 14. Februar 1956, die See war spiegelblank, es war windstill und die Sonne schien, wurden die drei Jungen

Helmut Petersen
Uwe Wassilowsky
Manfred Prewitz

om Schwanenstein als Eisblöcke geborgen. Die Beerdigung fand auf dem Friedhof Nipmerow statt. Auf Initiati e on Kindern des Kinderheimes Lohme wurde am 14. Februar 1995 das Grab mit einem Grabstein ersehen. Bitte gedenken Sie am Schwanenstein dieser drei Jungen und ihrer schrecklichen Geschichte.

Man kann sich das eigentlich gar nicht vorstellen, zumal der Stein nicht weiter als zehn Meter vom Ufer entfernt im Wasser liegt!

Unser Kühlschrank lief wieder, seit wir unser Schiff den Bewegungen der See ausgesetzt hatten. Ine schwor Stein und Bein darauf, dass es damit zusammenhängen würde. Einen gewissen Zusammenhang konnte ich nicht leugnen. Am Ende unserer Reise genügte jedenfalls ein einziger Tag in der Box, um unseren Kühlschrank wieder zum Schweigen zu bringen.

Mit unseren Nachbarn zur Rechten hatten wir einen sehr schönen Abend im „Cafe Niedlich" verbracht. In Erwartung eines wundervollen Sonnenunterganges, der dann aber doch nicht so wundervoll wurde, weil über der Insel eine schmale Wolkenbank lag, hatten wir gemeinsam zu Abend gegessen und danach so manchen Tropfen zusammen getrunken. Bernd hatte seinen Firmenanteil verkauft und war sozusagen seit Anfang des Jahres Aussteiger. Er war seit drei Monaten auf seinem Motorsegler unterwegs, und seine Frau hatte ihn hier in Lohme besucht. Es schien alles gut zu laufen, die Segelei war sein großes Hobby und sollte den nachberuflichen Teil seines Lebens verschönen. Wie so häufig schon bei anderen, hörte ich aber auch bei ihm noch so gewisse Umstellungsschwierigkeiten vom Arbeitsleben in den Ruhestand heraus. Das vermeintlich „Nicht-mehr-gebraucht-werden" scheint ein Problem zu sein. Aber ich traue ihm die Umstellung zu. Er wird nur ein wenig Zeit dazu benötigen.

Unser Cockpit sah schlimm aus. Jede Menge Krümel und sonstiger Schmutz unter den Grätings. Nach dem Frühstück unter blauem Himmel füllte ich die Wassertanks auf und spritzte das Cockpit aus. Dabei musste ich mich doch tatsächlich von unserem anderen Nachbarn anblödeln lassen:

„Das Wasser sollte 5,00 DM pro Liter kosten, dann würde dieser Unsinn aufhören!"

Solche unqualifizierten Angriffe vertrage ich nicht besonders gut und meine Reaktion war entsprechend. Seiner Frau war seine Attacke sichtlich unangenehm. Sie versuchte mit ein paar verbindlichen Worten der Situation die Peinlichkeit zu nehmen. Natürlich bin ich gleich darauf eingegangen. Selbstverständlich soll auch in unseren Breitengraden mit dem Wasser sparsam umgegangen werden, aber doch wohl eher aus wirtschaftlichen Gründen. Ich frage mich, was es einem durstigen Kind in Afrika hilft, wenn ich mir in Deutschland den Verbrauch von Wasser verkneife?

Der Tag führte uns bei strahlendem Sonnenschein und einem zunächst beständigen Wind aus Südost in den Tonnenstrich südlich der Landzunge Mönchgut in den östlichen Teil des Greifswalder Boddens. Im Tonnenstrich überholten wir ein großes holländisches Plattbodenschiff mit drei Masten, von dessen Steuermann wir alsbald annahmen, dass er volltrunken sein müsste, solche Schlangenlinien fuhr er in dem engen Fahrwasser. Wir wurden einmal fast aus dem Tonnenstrich hinausgedrängt, obwohl der Wind mehr achterlich als raum kam und überhaupt keine Veranlassung zu hektischen Manövern bestand. Aber wir waren in guter Urlaubsstimmung und wichen während des Überholmanövers aus, die Wassertiefe mit drei Metern unter dem Kiel ließ das ohne weiteres zu. Irgendwann sahen wir dann jemanden laut schimpfend an Deck stürzen und uns heftig zuwinken, womit wohl eine Entschuldigung gemeint war. Wir schlossen daraus, dass es sich um den Schiffsführer handeln müsste und dass er offensichtlich eine Ausbildungscrew an Bord hatte, die er kurz allein gelassen hatte. Auch ein Skipper verspürt einmal ein menschliches Bedürfnis!

Der Wind frischte immer mehr auf und wir stoben, jetzt mit raumem Wind, auf dem in der Seekarte mit 153,4 Grad eingezeichneten Kurs in Richtung Peenestrom. An Backbord sahen wir in der Ferne die kleine Insel Ruden. In dem Flachwasser davor mühte sich ein viel zu kleines Motorboot ab, einen aufgelaufenen Segler wieder frei zu schleppen. Vergeblich, wie wir beobachteten. Wenn man von flachen Gewässern umgeben ist, sollte man peinlich exakt navigieren und immer genau wissen, wo man sich gerade befindet.

Am späteren Nachmittag machten wir bei Sonnenschein, aber einer unangenehm kalten und ungemütlichen Brise in der nagelneuen Marina von Kröslin fest. Platzprobleme hatten wir nicht, es waren nur wenige Boxen besetzt. Wenn das man gut geht! Eine Marina, nach modernsten Standards aus dem Boden, bzw. aus dem Wasser gestampft, moderne Bootshallen mit isolierten Wänden und Dächern, aber keine Schiffe weit und breit! Ein Bistro direkt am Hafen, in dem es am nächsten Morgen aber kein Frühstück gab! Ich befürchtete, dass der Pleitegeier hier schon bald zuschlagen würde. Ich sah ihn schon im Tiefflug über der Marina kreisen…

Abends fuhren wir mit einem Taxi zu Freunden auf die Insel Usedom, die zweitgrößte deutsche Insel. Wir hatten Gelegenheit drei ungewöhnlich gefühlvoll restaurierte Seebäder, die wir bis dahin nur aus der Literatur kannten, kennenzulernen: Bansin, Heringsdorf und Ahlbeck. Mit Heringsdorf wurde die Insel seinerzeit, um 1823 herum, von den Berliner Bürgern als Naherholungsgebiet erschlossen. Es werden aber wohl nur die wohlhabenden Berliner gewesen sein, die sich ihre Ferien in den aufstrebenden, eleganten Badeorten leisten konnten.

Hier wurde die DDR-Unsitte, „feudale" Bauten, von ganz seltenen Ausnahmen abgesehen, verfallen zu lassen, zum Glück für die heutigen Bewohner. Sicherlich auch für so manchen Investor. Aber sei es, wie es sei: Der Umstand, dass man die wunderschönen Villen aus dem vorigen Jahrhundert nicht abgerissen hatte, sondern einfach nur verfallen ließ, war die Voraussetzung dafür, dass man sie nach der Wende wieder restaurieren konnte und so die Gelegenheit hatte, wirklich sehenswerte Ostseebäder zu schaffen. Auch die gelungene Erschließung der Ortschaften mit Wegen und Straßen und nicht zuletzt der Wiederaufbau der Seebrücken haben ihren Teil zu dem harmonischen Ganzen beigetragen.

Geradezu begeistert haben uns die ewig langen, mit uralten Bäumen gesäumten Alleen direkt am Strand, die die drei Seebäder miteinander verbinden. Hier wird wohl eine ernst zu nehmende Konkurrenz zu den deutschen Nordseebädern entstehen. Das kann nur gut sein! Konkurrenz belebt das Geschäft und setzt Ideen frei. Das ist lange überfällig, wenn ich da zum Beispiel an Westerland auf Sylt denke. Ein großes Problem für die Insel ist allerdings der Engpass durch die einzige Brücke über die Peene. Eine geradezu unglaubliche Situation! Und wir hatten es nur der Ortskenntnis unseres pfiffigen Taxifahrers zu verdanken, dass wir unsere Freunde nicht eine übermäßig lange Zeit warten lassen mussten. Hier wird sehr schnell Abhilfe geschaffen werden müssen.

Eine kurze Runde durch den Peenemünder Hafen am nächsten Morgen konnten wir uns einfach nicht verkneifen. Auch wenn, wahrscheinlich aus alter DDR-Gewohnheit, ein Einfahrtsverbotsschild die Hafeneinfahrt zierte. Die Wirkungsstätte Wernher von Brauns in „Groß-Deutschlands" ehemaligem Raketenzentrum wollte ich einfach gesehen haben. Außerdem lag da noch ein riesengroßes U-Boot aus alten Sowjetbeständen.

Aber wir hielten uns dort nicht lange auf, machte doch alles noch einen sehr abgetakelten und ungepflegten Eindruck. Nach einer langsamen Ehrenrunde in dem kleinen Hafenbecken machten wir uns auf in Richtung Wieck, dem Außenhafen von Greifswald. Wieck liegt am Ryck, einem kleinen Fluss, der an Greifswald vorbei nach Westen verläuft.

Wir liefen unter Maschine bis kurz vor die historische Klappbrücke, die ihren Ursprung, zumindest die Art der Konstruktion, ganz bestimmt aus Holland herleitet. Wir fanden eine freie Box in einem der Segelvereine und nach einem kurzen Spaziergang setzten wir uns zu einer Tasse Kaffee und einem Stück Kuchen in den Garten eines direkt an der Brücke gelegenen Restaurants. Der Ort selbst war eher bedrückend eintönig. Hier dürfte in der Zukunft noch einiges zu verbessern sein. Aber wo liegen die Anreize für Investoren?

Wir hatten übrigens bisher so eine schöne Klappbrücke noch niemals gesehen. Auch nicht in Holland. Da stimmt einfach alles, nicht zuletzt der ausgezeichnete Pflegezustand. Die Bedienung der Brücke ist ganz schön aufwändig; zwei Mann sind dafür jede volle Stunde nötig! Interessant ist, dass Schiffspassagen kostenlos sind, hingegen müssen die Autofahrer bezahlen.

Für den Abend erwarteten wir meine Nichte Fenja mit ihrem Mann Martin. Sie sind beide Rechtsanwälte und bauen ihre gemeinsame Existenz in Dresden auf. Die Segelleidenschaft hat Fenja wohl von ihrem Vater übernommen und auf ihren Mann übertragen, der sich eigentlich eher dem Reitsport verschrieben hatte. Außerdem sollte der Regelautomat für unseren Kühlschrank im Greifswalder Yachtzentrum abholbereit sein. Die holländische Yachtwerft hatte meinen Auftrag offensichtlich zuverlässig ausgeführt.

Während wir auf unsere Mitsegler warteten, kam ich mit einem Segler ins Gespräch, der auf seinem Boot arbeitete. Es stellte sich heraus, dass er sein Segelboot im Segelclub „Skt. Veit" erworben hatte. In diesem Segelclub an der Weser war ich als junger Bursche aktiv. Mein damaliger Skipper kam vor vielen Jahren leider auf tragische und niemals gänzlich geklärte Weise ums Leben: Sein offenes Boot wurde eines Tages, bei absoluter Flaute und spiegelglatter See, ohne Besatzung in der Außenweser treibend gefunden. Das Kofferradio dudelte vor sich hin, aber von meinem Manfred keine Spur. Seine Leiche wurde Wochen später in der Elbmündung auf eine Sandbank gespült. Er war eher ein Einzelgänger, hatte keine Freundin und ist häufig allein losgesegelt. Vielleicht hatte er einfach keine Lust mehr...

Während unserer kurzen Stadtbesichtigung stellten wir schnell fest, dass Greifswald seine Hanse-Vergangenheit nicht verleugnen kann. Bereits 1456 wurde die Universität gegründet. Sie genießt auch heute noch einen ausgezeichneten Ruf. Wir holten noch den Regler für den Kühlschrank ab – er war vor sage und schreibe gerade einmal zwanzig Minuten per UPS angekommen – und machten, dass wir los kamen.

Wir kreuzten ein paar Tage durch den „Greifswalder Bodden", wobei wir sehr heimelige und kleine Häfen anliefen. Mit unserem Tiefgang ging es manchmal recht knapp zu. Unsere Gäste wollten in Lohme wieder aussteigen und wir wollten von dort weiter Richtung Osten segeln. Bei vier Windstärken setzten wir den Spinnaker – endlich mal wieder – und versäumten prompt den richtigen Zeitpunkt zum Bergen! Es war halt zu schön, diese Rauschefahrt vor dem großen Segel zu genießen. Der Wind fiel mittlerweile fast seitlich in das Segel, jetzt aber mit sechs Windstärken.

Und es dauerte nicht lange, bis uns eine Bö packte und die UTHÖRN gehörig aufs Wasser drückte, wobei der Spinnaker tief durch die Fluten gezogen wurde. Ich sah ihn schon in Fetzen davon fliegen! Und das viele Geld, das das wieder kosten würde... Aber ich hatte eine aufmerksame Nichte an Bord: Sie warf, gerade noch rechtzeitig, die Schot los und mein Spinnaker konnte sich, entlastet von dem gewaltigen Wasserdruck, in die Lüfte befreien. Das sah zwar nicht besonders schön aus, aber mein Spinnaker war gerettet. Die Yacht richtete sich wieder auf und die zwei männlichen Crewmitglieder bargen flugs das wild schlagende Tuch mit Hilfe des Bergeschlauchs.

Übrigens auch so eine segensreiche Erfindung. Nur mit ihrer Hilfe können wir uns überhaupt trauen, zu zweit die 163 Quadratmeter unseres Spinnakers zu setzen. Und da gibt es Einhandsegler, die mehrfach so große Segel allein „bedienen". Für mich unvorstellbar. Eine andere Liga!

Heiko Stark, der engagierte und freundliche Hafenmeister in Lohme empfing uns am Abend „leicht umflort" von den Hafendüften. Aber er wird das schaffen! Die Hafeneinfahrt ist bei Dunkelheit nur mit einem Sektorenfeuer gekennzeichnet. Die grüne und rote Kennzeichnung der Einfahrt fehlt. Zumindest bei stärkerem Wind aus nördlicher Richtung und dem entsprechenden Schwell dürfte ein Anlaufen dieses Hafens bei Nacht nicht ganz einfach sein.

244 Stufen rauf ins „Panorama Hotel Lohme" – und später wieder runter – zwecks angemessenem Abschiedsessen für unsere Gäste. Diese körperliche Anstrengung haben wir gerne auf uns genommen, hatten wir doch ein paar sehr lustige Tage miteinander gehabt. Man weiß vorher ja nie so richtig, wie eine Mannschaft auf dem engen Raum eines Segelschiffes zusammen passen wird.

Am Abend waren wir noch von einem kräftigen Ostwind bis vor den Hafen geschoben worden. Der sorgte für sehr kabbeliges Wasser im Hafen, so dass eine unruhige Nacht mit häufigem Leinen kontrollieren durchgestanden werden musste. Am nächsten Morgen überraschte uns ein kräftiger Westwind. Das kam uns für unseren Kurs nach Bornholm natürlich sehr entgegen! Unsere Gäste hatten sich verabschiedet und wir konnten ihre Plackerei mit den Seesäcken die „Himmelsleiter" hinauf noch eine ganze Weile verfolgen. Ein letztes Winken und weg waren sie.

Der Himmel war bedeckt, von der Sonne keine Spur.

Wir setzten nicht das Großsegel, sondern gönnten uns eine bequeme Überfahrt nur vor der Genua nach Hasle an der Westküste von Bornholm. In den ersten Stunden war es allerdings nicht gar so „bequem", weil die Wellen dem abrupten Richtungswechsel des Windes nicht so schnell folgen konnten und noch gegen den Wind liefen. Dadurch waren sie wesentlich steiler als für vier Windstärken angemessen. Das wirkte sich in einem unangenehmen „Wackelkurs" aus.

Wir liefen gegen Abend in den Hafen von Hasle ein. Obwohl es Sonntag war, war es kein Problem, Weißbrot und geräucherte Makrelen und Heringe einzukaufen. In Dänemark gibt es keine geregelten Laden-Öffnungszeiten, was den Wassersportlern sehr entgegen kommt. Und in der Tat gewöhnt man sich sehr schnell an diesen Umstand – und wird ein wenig nachlässiger mit der Proviant-Planung. Ansonsten verließen wir unser Schiff in Hasle überhaupt nicht. Irgendwie war uns nach einem beschaulichen Abend.

Eine für das weitere Schicksal der Insel Bornholm ganz maßgebliche Geschichte ereignete sich im Jahr 1658. Zu dieser Zeit war Bornholm von Schweden besetzt und – kein Wunder – die „Besatzer" erfreuten sich einer großen Unbeliebtheit bei der Insel-Bevölkerung. Unter der Führung des Gemeindepfarrers Povl Anker organisierten einige Bürger von Hasle eine Untergrundbewegung, die schließlich zum Aufstand und zur Befreiung der Insel von den Schweden führte.

Der schwedische Oberst Johan Printzensköld, der sein Hauptquartier in der Festung Hammershus aufgeschlagen hatte, begab sich nach Rönne, um mit den Aufständischen zu verhandeln. In der Aufregung fielen bei der Ankunft des Obersten Schüsse mit dem Ergebnis, dass ein übereifriger Rebell den armen Oberst erschossen hatte, bevor es überhaupt zu Verhandlungen kam. Jetzt war „Holland in Not"! Es war ein großes Gemetzel durch die Schweden zu befürchten, wenn die erst mal die Situation gespannt hätten. Aber auf den Kopf gefallen waren unsere Hasler Meuterer nicht: Schnell steckten sie einen ihrer eigenen Leute in die Uniform des Obersten, führten ihn mit Getöse nach Hammershus und taten dort so, als ob sie den Oberst als Geisel genommen hätten. Daraufhin räumten die schwedischen Soldaten umgehend die Burg und verließen die Insel.

Bei einer Audienz am 28. Dezember desselben Jahres schenkten die Akteure dem dänischen König ihre Insel „auf immer", womit sie auf immer in die Geschichte der Insel Bornholm eingingen.

Als wir am nächsten Morgen am Kai unser Großsegel mit einem Reff setzten, was natürlich nur bei der richtigen Windrichtung funktioniert, sprach uns unvermittelt und aus heiterem Himmel der betagte Skipper eines deutschen 8m-Motorseglers an, der direkt hinter uns lag:

„Das Schiff ist aber auch nicht schneller als meins!"

„???"

„Kann ich mir jedenfalls nicht vorstellen!"

„???"

Das war die ganze Unterhaltung! Was hatte der denn für ein Problem? Wenn man das hätte fotografieren können wäre das etwas für meine Kuriositätensammlung gewesen. Wenn sie auch nicht die Schnellste ist: Einen 8m-Motorsegler packt unsere UTHÖRN denn doch noch! Unser „Gesprächspartner" verschwand denn auch achteraus recht zügig hinter dem Horizont.

Leute gibt es!

Wir wollten wieder einmal Allinge, ganz im Norden an der Ostseite von Bornholm, anlaufen. Die Einfahrt war bei unserem letzten Besuch wegen des starken Ostwindes nicht unproblematisch gewesen. Das konnte uns dieses Mal nicht passieren, hatten wir doch ablandigen Wind. Trotzdem war die See unruhig. Das war selbst im Hafen von Allinge noch zu spüren. Das Schiff lag trotz der eigentlich geschützten Lage unruhig an der Kaimauer und ich musste sehr bald ein Fenderbrett auslegen, um die Fender zu schonen. Wir lagen auf demselben Liegeplatz wie bei unserem letzten Besuch.

Allerdings mussten wir mit Bedauern feststellen, dass mittlerweile offensichtlich auch die letzten Fischer ihren Beruf aufgegeben hatten. Der Wettbewerb muss mörderisch sein, und deswegen sind die Stilllegungsprämien häufig der letzte Ausweg für die Fischer, einen halbwegs akzeptablen Ausstieg zu finden. Das ist eine bedauerliche Entwicklung! Die schönen hellblauen dänischen Fischkutter degenerieren immer mehr zu Raritäten.

Hier mussten wir für den Liegeplatz übrigens den vollen „Bornholm-Tarif" bezahlen! Immerhin die Kleinigkeit von 190 Kronen. Dafür lagen wir dicht am Zentrum der Ortschaft und mussten nur die Straße überqueren, um in das schöne Restaurant „Algarve" zu gelangen.

Auch Gudhjem hatte uns bei unserem ersten Besuch so sehr gefallen, dass wir auf eine Stippvisite nicht verzichten wollten.

Als ich mal wieder an Deck mit meinen Pflegearbeiten zugange war, bemerkte ich, dass ein „typischer" Tourist – von relativ kleinem Wuchs – am Kai auf und ab schlich und unser Schiff (oder mich?) scheinbar gewollt auffällig fixierte. Und es dauerte nicht lange, bis er mich in ein Gespräch verwickelte, wobei ich natürlich sehr schnell erkannte, dass er in der Tat ein Tourist war und aus Deutschland kam. Genauer aus Göppingen in Süddeutschland, was mal gerade fünfzig Kilometer von unserem Wohnort entfernt liegt.

Aber nicht der Austausch von Wohnsitz-Informationen war das Ziel meines Gesprächspartners, sondern er wollte schlicht und ergreifend ein Stück mit uns segeln. Im Gegenzug wollte er uns für einen Tag sein Auto zur Verfügung stellen, damit wir die Insel besichtigen könnten. Das fand ich geradezu rührend und ich konnte mir sehr gut vorstellen, welche Überwindung ihn die Frage nach der Mitsegelmöglichkeit gekostet haben musste. Aber genau diese Offenheit war es, die mir an diesem Mann so gefallen hat.

Natürlich durfte er mit uns am nächsten Tag nach Christiansö segeln und natürlich habe ich das „Gegengeschäft" mit seinem Auto nicht gemacht. Wir haben das anders geregelt: Am selben Nachmittag noch haben wir, zusammen mit seiner Frau, die Insel besichtigt. Wobei er uns zielsicher zu zwei der typischen Rundkirchen fuhr, nämlich der kleinsten und der größten auf Bornholm. Sein besonderes Interesse hatte einen ganz einfachen Grund: Ulli Zimmermann ist Pfarrer.

Die weißen Rundkirchen gelten als Wahrzeichen Bornholms. Neben ihrer Kirchenfunktion wurden sie ursprünglich gebaut zur Verteidigung gegen Piraten und sonstige Eindringlinge, war Bornholm doch seit jeher ein Objekt der Begierde. Innen zieren frühgotische Fresken die Bögen und Pfeiler in bestem Pflegezustand.

Seine Frau ist am nächsten Tag nicht mitgesegelt, sie leidet unter Seekrankheit, aber wir haben einen sehr unterhaltsamen

Törn zusammen gemacht. Dabei stellten wir erst fest, was für einen Segelprofi wir uns aufs Schiff geholt hatten! Ein begeisterter Mittelmeer- und Atlantiksegler, der in seinem Segler-Freundeskreis sehr beliebt sein muss, weil er sämtliche Chartertörns, an denen er teilnimmt, grundsätzlich selber organisiert. Ein Mann mit sämtlichen Segelscheinen, die sich der Gesetzgeber und der DSV im Laufe der Zeit so haben einfallen lassen. Was waren wir doch für Waisenknaben (-Mädchen) gegen ihn!

Ine und ich haben nämlich nur die vom Gesetzgeber vorgeschriebenen Scheine. Und dazu gehören schlichtweg keine Segelscheine. Natürlich steht dagegen unsere jahrzehntelange Praxis. Ich weiß selbstverständlich auch, dass der gute Deutsche ein wenig zur „Schein-Manie" neigt. Im Vergleich zu unseren holländischen Nachbarn scheinen wir in Deutschland geradezu unter einer „fixen Idee" zu leiden... Trotzdem befürworte ich es durchaus, dass „Scheine zum Nachweis der Fähigkeit..." erworben werden können. Wie soll denn der Normalbürger das Segeln erlernen, wenn nicht mit Hilfe eines Segelkurses? Und dann macht man selbstverständlich gleich den passenden Schein dazu. Spätestens beim Chartern eines Segelschiffes wird sich das als sehr nützlich erweisen - natürlich auch für die Chartergesellschaft. Hat sie doch so einen Nachweis darüber, dass ihr Charterer sich mit der Segelei auskennt.

Auf der Überfahrt nach Christiansö standen wir um 12.20 Uhr mit Carola in telefonischer Verbindung: In Süddeutschland erlebte sie gerade eine totale Sonnenfinsternis! Mit allem, was dazu gehört: einer Dunkelheit wie an einem späten Sommerabend und dem Verstummen des Vogelgezwitschers unmittelbar mit dem Einsetzen der Dämmerung – bis hin zur Totenstille. Das alles hat sie uns über zwanzig Minuten hinweg geschildert, während sie den Vorgang durch ihre Spezialbrille beobachtete.

Bedauerlich fanden wir auf Christiansö, dass keine Fische mehr geräuchert werden. Hatten wir daran doch die schönsten Erinnerungen. Ine konnte stattdessen aber ausgezeichnete marinierte Heringe besorgen. So konnten wir unseren neuen Freund zum Abschied doch noch mit einem genüsslichen Cockpit-Dinner verwöhnen. Die Verbindung hat gehalten. Wir treffen uns heute noch hin und wieder in Süddeutschland.

Der Kühlschrank lief seit dem Auswechseln des Reglers wieder einwandfrei. Jetzt tat sich ein neues Problem auf: Der B&G-Windrichtungsanzeiger fing an zu spinnen. Das hatte er ausgangs der vorherigen Segelsaison auch schon getan. Deswegen hatte ich ihn zur Reparatur gegeben! Das Ergebnis fand ich jetzt nicht so toll. Mit Thitronik habe ich telefonisch vereinbart, dass sie uns einen neuen zum Stützpunkt der Kreuzerabteilung in Kalmar schicken.

Wie sagte mein holländischer Freund Ton seinerzeit, als unser Schiff noch nagelneu war und er sich mit der Technik seines älteren Schiffes häufiger herumplagen musste?

„Mein Freund, Du hast jetzt noch ein neues Schiff. Da funktioniert alles wie geschmiert. Aber warte mal ein paar Jahre, dann fangen die Probleme auch auf Deinem Schiff an".

Er hat Recht behalten!

Aber ist das ein Wunder? Die hoch technisierten Freizeitschiffe liegen bei Wind und Wetter in einem „feindlichen" Umfeld: Feuchtigkeit, salzhaltige Luft und häufige hohe Beanspruchung bei starkem Wind und in schwerer See. Ich kenne Segler, die bei stärkerem Wind den Hafen nicht verlassen, um ihr Schiff zu schonen. Dazu gehören wir nun mal nicht. Ich hatte mir aber von Anfang an vorgenommen, den Zustand unseres Segelschiffes ständig auf dem bestmöglichen Standard zu halten. Notwendige Reparaturen werden umgehend ausgeführt, verschlissene Teile sofort ausgewechselt. Ich glaube, dass man sich auf Dauer nur so die Freude an seinem Schiff erhalten kann. Wie ist der Standardspruch an unserem Steg in Schilksee?

„Is immer watt!"

Mit dem schönen Wetter war es scheinbar vorbei. Wir knüppelten am nächsten Tag bei bis zu sieben Windstärken gegen den Nordwind. Die See war ausgesprochen ruppig und verursachte zum ersten Mal Schäden an Bord: Davon abgesehen, dass sämtliche Schrankinhalte durcheinander gewirbelt waren, hatte der Herd sich aus der Arretierung gerissen. Unterwegs entdeckte ich außerdem einen relativ großkalibrigen Bolzen auf dem seitlichen Deck liegend. Da gehörte der nun ganz bestimmt nicht hin! Bei diesen Wetterverhältnissen fand ich das gar nicht lustig. Was würde geschehen, wenn das ein Haltebolzen aus dem Rigg war? Nicht auszudenken!

Zu der Zeit hatte ich noch keine Strecktaue gespannt. Jedenfalls habe ich darauf verzichtet, bei der hoch gehenden See auf dem Vorschiff herumzuturnen und das Loch zu suchen, aus dem der Bolzen stammen musste. Ein Stoßgebet zum Himmel – und hoffen, dass es gut geht!

Im Hafen der kleinen Felseninsel Utklippan haben wir aus Platzmangel bei strömendem Regen neben einer Yacht aus Bremen fest gemacht. Der Wind war nahezu schlagartig eingeschlafen.

Als wir fest machten, ging kurzfristig der Rolladen an Gunnars „Hafenkneipe" hoch, ein kurzes Winken und schon ging der Rolladen wieder runter! Entweder waren wir nicht schnell genug oder das Wetter war ihm zu schlecht. Wahrscheinlicher aber war, dass sein Geschäft an diesem Tag besonders gut gelaufen war. Zumindest ließen die vielen Segelschiffe im Hafen diesen Schluss zu. Außerdem bedeuten bei Gunnar viele Kunden viele „Drinks". Wir werden nicht die einzigen gewesen sein, die gerne mit ihm zur Begrüßung anstoßen… Am nächsten Morgen sind wir unsere Schnapsflasche trotzdem noch losgeworden.

Die traurige Nachricht: Gunnars Möwe war tot! Die Möwen-Tochter – oder war es ein Sohn? – war verschwunden. Einzelheiten haben wir aus Pietätsgründen nicht hinterfragt. Ine hat bei ihm gerade noch ein Stück Lachs kaufen können, dann ist Gunnar mit seiner Schnapsflasche in das Ruderboot gestiegen und die dreißig Meter zur „Leuchtturminsel" gerudert. Sollte dort vielleicht ein Personalwechsel stattgefunden haben? Vielleicht eine Leuchtturmwärterin? Eher nicht!

Aber, wie auch immer: Gunnar hatte sich irgendwie verändert…

Im Hafen von Utklippan habe ich dann entdeckt, wieso da plötzlich ein Bolzen auf dem Deck herum gelegen hatte: Eine schwere See muss den Buganker so unglücklich getroffen haben, dass er aus der Halterung herausgerissen wurde und sich auf

Nimmerwiedersehen in die See verabschiedet hatte. Und wieder war es mein eigener Fehler, der zu diesem kostspieligen Verlust geführt hatte: Ein Motorboot hatte unseren Anker in Gudhjem beim Anlegen mit dem Heck immerhin so heftig gerammt, dass die Halterung des Sicherungsstiftes verbogen wurde. In meinem Ärger über diese Tollpatschigkeit habe ich zwar überprüft, ob der

Sicherungsstift noch funktionsfähig war, habe aber ganz bestimmt nicht gründlich genug kontrolliert. Denn wenn ich das getan hätte, hätte ich sehen müssen, dass der Bolzen zwischen Anker und Kette nicht gesichert war. Aus welchem Grund auch immer wird der Sicherungs-Splint wohl nicht vorhanden gewesen sein. Einen anderen Grund kann es nicht dafür gegeben haben, dass der Anker sich losgerissen hat.

Nachdem der Wind bereits am Abend eingeschlafen war, hatte sich das Unwetter über Nacht vollends verzogen und wir verließen am Vormittag bei ruhiger See, mäßigem Wind und schönstem Sonnenschein Utklippan. Vorher durften wir uns am frühen Morgen aber noch über das unsanfte Wecken durch unseren Nachbarlieger ärgern. Er wollte ablegen. Normalerweise vereinbart man die Uhrzeit am Abend zuvor! Wir stellen immer wieder fest, dass die Yachtgebräuche mehr und mehr verkümmern…

Ob wir Gunnar noch einmal wieder sehen würden? Als wir uns noch in unmittelbarer Nähe der Insel befanden, kreisten plötzlich tausende Möwen über uns. Ein beeindruckendes Bild! Ines Kommentar:

„Eine scheißt bestimmt auf unser Schiff!"

Sie tat es nicht und wir genossen einen schönen Segeltag. Der Wind frischte auf fünf Beaufort auf, leider aus Nord. Wir arbeiteten uns mit häufigen Kreuzschlägen in den Kalmarsund hinein. Unser nächster Zielhafen war Kristianopel. In unserer Erinnerung: Das „Astrid Lindgren-Rosendorf" mit einem sehr, sehr netten Hafenmeister, der uns auch prompt von unserem letzten Besuch wieder erkannte. Sven-Eric heißt er und ist Jazz-Fan.

Er bastelte uns eine Steckverbindung zusammen, so dass wir Landstrom nutzen konnten. Gegen Abend, in Schweden wird viel früher als in Deutschland zu Abend gegessen, ein Spaziergang durch die Dorfidylle zum Restaurant „Kristianopels Gästgiveri", in dem wir wie in einem Wohnzimmer speisten. Zurück im Hafen saßen wir mit dem Hafenmeister und seinen Freunden zusammen. Eine Gitarre unterstützte die Lieder, die wir aus Mangel an Sprachkenntnis natürlich nur anhören konnten. Dafür leisteten wir unseren „Stimmungsbeitrag" in flüssiger Form. Obwohl Sven-

Eric eine Tankstelle in seinem Hafen hat, haben wir am nächsten Morgen doch nur 100 Liter gefasst. Sie mussten nämlich per Hand gepumpt werden. Außerdem schien mir, dass er ganz froh über unsere Bescheidenheit war. Vielleicht hatte er vergessen, rechtzeitig Diesel nachzubestellen?

Zum Abschied tauschten wir noch einige Jazz-CDs aus und weiter ging es auf unserem Törn bei Sonnenschein, Windstille und auf spiegelglatter See. Wir machten uns gar nicht erst die Mühe, die Segel auszupacken. Fern am östlichen Horizont sahen wir Öland im Sonnenglast liegen. Um diese geradezu „sichtbare" Ruhe genießen zu können, stellten wir für eine Weile den Motor ab und ließen unsere UTHÖRN einfach nur treiben.

Wir beobachteten in sehr großer Entfernung ein Segelschiff, das ebenfalls keine Segel gesetzt hatte und offensichtlich ebenfalls „vor sich hin trieb". Weitere Schiffe, weder klein noch groß, waren weit und breit nicht zu sehen.

Ine sonnte sich, ihre Lieblingsbeschäftigung, während ich mir ein Erfrischungsgetränk gönnte, als ich eher zufällig wieder mal zu der einsamen Segelyacht hinüber schaute. Jetzt stand eine deutlich sichtbare Qualmwolke über ihr, was bei mir natürlich alle möglichen Überlegungen in Gang setzte.

„Brannte der Kahn etwa?"

Ine war auch schon aufmerksam geworden und stellte die gleichen Überlegungen an, zumal sich die Qualmwolke auf ihrem senkrechten Weg in den Himmel sichtbar vergrößerte! Wie wir gleich erfuhren, waren wir doch nicht allein auf dem Wasser. Aber die zweifellos deutschen Schiffe müssen so weit entfernt gewesen sein, dass wir sie nicht ausmachen konnten. Selbst mit dem Fernglas nicht. Wahrscheinlich standen sie in dem dunstigen Übergang von der See zum Horizont. Aber ihren Funkverkehr konnten wir mithören:

„Seht Ihr auch den Qualm über dem Segelschiff?"

„Natürlich, was ist da los?"

„Weiß´ nicht! Sieht aber nicht gut aus!"

„Was sollen wir machen?"

„Weiß´ nicht! Sieht aber wirklich irgendwie blöd aus!"

„Ruf doch die Küstenwache an. Vielleicht hört sie uns ja!"
„Mach´ Du das! Dein Englisch ist besser!"
„Hallo coastguard, hallo coastguard! Here is the German sailing-ship»............ . «We are swimming in the Kalmar-Sund and looking on a burning sailing-ship!"
"Here is the Swedish coastguard! What is your position?"
"My position is roughly 56°20´North and 16°20´East".
"Thank you for information! We will look for it."

Und wiederum konnten wir uns über die Schnelligkeit, mit der die schwedische Küstenwache arbeitet, nur wundern! Es dauerte exakt acht Minuten, bis ein Hubschrauber im Tiefflug über dem schwedischen Festland auftauchte und auf die Havarie-Yacht zu hielt. Er zog eine enge Schleife über dem qualmenden Segelschiff und hielt sofort wieder auf Land zu. Folgenden Funkverkehr hörten wir:

„Information for the German vessel ʻ…………..ʻ: It´s not an emergency-situation. The crew of the "burning vessel" is barbecueing on their quarterdeck!"

Kein Kommentar mehr vom deutschen Schiff! Wir haben uns wahrscheinlich bepinkelt vor Lachen!

Aber was soll´s? Falsch gemacht haben sie eigentlich nicht viel. Wir kannten ihre Entfernung zu dem „brennenden Schiff" nicht. Vielleicht hätten sie zunächst einmal schauen sollen, ob sie nicht selber erste Hilfe leisten könnten...

Nach einer beschaulichen Fahrt, der Wind war fast eingeschlafen und wir starteten alsbald den Motor, liefen wir am frühen Nachmittag in den kleinen Clubhafen von Bergkvara ein. Ursprünglich hatten wir nicht vor, diesen Hafen anzulaufen, aber ein Segler, den wir auf Utklippan trafen, riet uns, hier reinzuschauen. Er erzählte von Tausenden von Zugvögeln, die sich hier um diese Jahreszeit sammeln oder auf ihrer endlos langen Reise nach Afrika Rast machen würden.

Ehrlich gesagt, dieses „Hitchcock-Ambiente" hatte uns letztendlich dazu bewogen, Bergkvara anzulaufen. Wenn wir auch nicht besonders viele Vögel beobachten konnten, wahrscheinlich hatten wir den Zeitpunkt verpasst, so sollten wir unseren Besuch auf keinen Fall bereuen.

Das gut ausgetonnte Fahrwasser bis in den Hafen hinein entsprach zwar nicht unseren neuesten Seekarten, aber das spielte keine Rolle, zumal wir bei bester Sicht einliefen. Wir fanden uns inmitten einer Schärenlandschaft wieder und machten unsere UTHÖRN mit Hilfe einer Heckboje am Gästesteg fest.

Unser Landgang führte uns an malerischen Holzhäusern vorbei, von denen ich einige Fotos schoss. Die Farbenvielfalt der Häuser in Skandinavien fasziniert uns immer wieder. An den Besuch des Seefahrtsmuseums erinnern wir uns besonders gern, weil uns als einzige anwesende Gäste von dem Betreuer und Mitbegründer, Professor Gunnar Alexandersson, eine ganz individuelle Führung zuteil wurde.

Zunächst einmal erfuhren wir, dass der Museumsbau eine alte Lagerhalle aus dem Hafenbereich war, die 1995 auf einem Tieflader an den jetzigen Standort, und damit näher ans Zentrum der Ortschaft, versetzt wurde. Bergkvara war bis über das Ende des letzten Jahrhunderts hinaus ein sehr bedeutender Segelschiffhafen Schwedens. Von hier aus wurden große Mengen Feuerholz für die Heizung der Häuser in den Städten Schwedens und anderen fremden Ländern verfrachtet. Nach Norden zu in kleinen Schiffen, wegen der geringeren Entfernungen, nach Süden zu, wegen der weiten Entfernungen, in großen Frachtsegelschiffen.

Ein Wandel vollzog sich, als die Beheizung der Häuser in den Städten mehr und mehr auf Kohle umgestellt wurde. Jetzt verlegte man sich auf den Export von Grubenholz, insbesondere in die Kohlenreviere von England, aber auch in die von Deutschland. Das wegen der niedrigen Temperaturen in Skandinavien langsam wachsende und damit wegen der engeren Jahresringe festere Holz ist besonders gut für diesen Einsatz geeignet.

Aber mit dem Rückgang der Kohleförderung schlief auch dieser Erwerbszweig ein und Bergkvara verfiel in einen „Dornröschenschlaf". Seit etlichen Jahren jedoch wird hier in relativ großen Mengen Holz aus Russland umgeschlagen. Dieses Holz kommt im Handelshafen von Bergkvara unbearbeitet in cirka sechs Meter langen Stämmen an und wird in Tag- und Nachtarbeit auf LKWs in die verschiedenen Sägewerke transportiert. Auf die Idee, das Holz gesägt, und damit bereits veredelt, zu exportieren, kommt in Russland offensichtlich keiner.

Die ständigen Einwohner von Bergkvara freuen sich über diesen neuen Erwerbszweig, bringt er doch Geld in die Kasse dieser kleinen Gemeinde. Hingegen haben diejenigen ihre Probleme mit dem LKW-Verkehr, die sich hier ihr Sommerhaus erworben haben und eigentlich wegen der Erholung vom Alltagsstress dieses liebliche Fleckchen Erde aufsuchen.

Man betritt das Museum übrigens über eine Außentreppe im Obergeschoß, und so entdeckten wir erst am Ende unseres Rundgangs im Erdgeschoß ein uns irgendwie bewegendes Ausstellungsstück. Der Professor hatte uns bei seinen Ausführungen auch von einem ehemaligen Seemann aus der Gemeinde erzählt, der das Museum über viele Jahre und bis ins hohe Alter tatkräftig unterstützte. Er baute bestechend naturgetreue Modelle von diversen Segelschiffen, die in der Geschichte des Hafens von Bergkvara eine Rolle gespielt haben und als Draguerrotypien an den Wänden des Museums hingen. Ausgestellt war sein kleiner Basteltisch, eher eine Kommode, auf der noch, in scheinbarer Unordnung, alles so herumlag, wie er es wohl plötzlich verlassen musste. Zwischen den vielen Werkzeugen sah man unter anderem das halbfertige Modell der „Cutty Sark" und ein Mini-Buddelschiff.

Interessant war auch die Schilderung unseres Professors über die Eigeninitiative der Kirchengemeinde in Bergkvara. Jeden Mittwoch wird von den Frauen der Gemeinde ein Mittagessen zubereitet und in der Kirche gegen einen Obulus von umgerechnet drei Euro zum Verzehr angeboten. Nutznießer kann jeder sein, solange der Vorrat reicht. Der Jahreserlös von im Mittel dreißigtausend Kronen kommt der Kirche und wohltätigen Zwecken zugute.

Zum Schluss haben wir ihm noch eines seiner selbst verfassten Bücher abgekauft: „Segelfart och Skeppsbygge i Bergkvarabygden 1815-1950" (Segelschifffahrt und Schiffbau in der Bergkvarabucht 1815-1950), das er uns freundlicherweise signiert hat.

Die Schweden sind ganz offensichtlich ein segelbegeistertes Völkchen. Denn obwohl am späteren Nachmittag ein recht kalter Wind wehte, sah man sie in großer Anzahl in kleinen, offenen Booten in Längen zwischen vier und sechs Metern, vor der Hafeneinfahrt herumsegeln. Das Rigg dieser geklinkerten Boote besteht aus einem Mast mit Wanten und Vorstag. Gefahren wird ein rechteckiges Großsegel, das von einer diagonalen „Spiere" gehalten wird. Also kein Großbaum und keine Gaffel. Dazu wird eine Fock gesetzt. Mit anderen Worten: Die Boote sind restlos übertakelt! Konsequenterweise trägt jedes Besatzungsmitglied eine Schwimmweste. Wobei die Disziplin in Sachen Schwimmwesten in Schweden mit Deutschland sowieso nicht zu vergleichen ist.

Seitdem wir unsere UTHÖRN haben, erlebten wir am Abend im Hafen von Bergkvara zum zweiten Mal das Phänomen, dass sich in der Takelage ein Vibrationsgeräusch aufbaute, das in den Schiffsrumpf wie in den Resonanzkörper einer Geige übertragen und teilweise unangenehm laut wurde. Ich kann mir das nur so erklären, dass verschiedene Faktoren exakt so zusammentreffen, dass sie annähernd die Eigenschwingung des Riggs erzeugen und dass die Überlagerung dieser fast identischen Schwingungen zu diesen Geräuschen führt. Wir haben das Geräusch bisher nur noch ein einziges Mal gehört.

Die folgende Nacht werden wir unter dem Motto „schnell wieder vergessen" abbuchen! Die anfangs nur leichte Brise aus Ost steigerte sich bis zu einem ausgewachsenen Sturm, der den Schwell aus dem Kalmarsund direkt in den Hafen und auf unsere Yacht trieb. Die Vibrationsgeräusche waren zwar weg, dafür pfiff jetzt aber ein Kuhsturm durch die Takelage und die Wellen schlugen in vorher nicht erlebter Lautstärke gegen das Achterschiff und damit gegen die „Wände unseres Schlafzimmers". An Schlaf war nicht zu denken! Hinzu kam die jedem Wassersportler vertraute Unsicherheit, ob denn wohl die Mooringboje hält, was wiederum mit ständigen Kontrollen an Deck verbunden war – natürlich im Pyjama. Eine so genannte Scheißnacht! Und wir waren froh, als sich um 04.30 Uhr herum endlich die Dämmerung im Osten gegen die dicken Wolken hervorarbeitete. Irgendwann fielen wir dann doch noch für eine Stunde in einen traumreichen und wenig erholsamen Schlaf.

Die Fahrt unter Maschine durch die enge Austonnung verlief am Morgen problemlos. Aber wir hatten keinen Buganker mehr und in solchen Situationen neigt man ja dazu, sich alle möglichen Schwierigkeiten auszumalen, angefangen beim möglichen Ausfall der Maschine. Was dann?

„Klar bei Heckanker!"

Aber der war nicht vorbereitet. Und das bei zwei Meter Schwell. Unter Segel wäre bei dieser Windrichtung nichts zu machen gewesen. Was soll's? Ich verdrängte die Gedanken daran, brachte Ine gar nicht erst auf solche Unsicherheiten und konzentrierte mich auf die Navigation. Solche Situationen wird es immer wieder einmal geben. Gewundert haben wir uns allerdings über die Wellenhöhe, die wir draußen im Sund vorfanden. Das kannten wir bisher nur aus der Nordsee, was wohl bedeutete, dass hier ein gehöriger Strom gegen Wind stand. Das Wasser machte einen geradezu feindlichen Eindruck und wir wurden ordentlich durchgebeutelt. Bevor wir das Vorsegel setzen konnten, mussten wir uns die eine oder andere Dusche gefallen lassen. Natürlich hatte ich wieder einmal keinen Südwester auf mein Haupt gezogen und so hatte das Wasser, sowohl vom Himmel als auch aus dem Sund, freien Zugang in meinen Halsausschnitt.

Die Fahrt nach Kalmar vor einmal gerefter Genua, später zweimal gerefft, ohne Groß, entwickelte sich zu einer Rekordfahrt. Mit so wenig Tuch waren wir noch nie so schnell vorangestürmt. Dafür kam der Regen mehr und mehr waagerecht und ließ auch nicht nach, als wir, vorbei an dem wunderschönen Wasa-Schloß in den Hafen einliefen und an einem geschützten Liegeplatz an der Pier im „Ölandshamnen" fest machten. Endlich einmal Grund genug, die Kuchenbude aufzubauen!

Beim Anlegen stand der Eigner einer nagelneuen Baltic 63 bereit, um unsere Leinen anzunehmen. Er war auf der Überführungsfahrt von der Baltic-Werft ins Mittelmeer und lag schon seit einigen Tagen hier, um besseres Wetter abzuwarten. Mit einem gewissen Fatalismus erzählte er von diversen technischen Problemen, die bisher aufgetreten waren und die er bei einem neuen Schiff für völlig normal hielt. Solche Äußerungen hatte ich schon öfter gehört. Insgeheim leistete ich bei unserer Schiffswerft Abbitte für meine zeitweise Ungeduld. Denn auf unserem Schiff funktionierte buchstäblich alles bei der Übernahme und auch in der Zeit danach. Lediglich die elektrische Ankerwinsch hatte für einige Zeit unsere Nerven malträtiert.

Die elektronische Wetterfahne war bisher noch nicht in Kalmar eingetroffen. Das war mir gerade recht, denn bei dem herrschenden Wind und den wolkenbruchartigen Regenfällen verspürte ich wenig Lust, mich in fast zwanzig Meter Höhe hinaufziehen zu lassen. So hatten wir Muße, uns unter unserem Regenschirm ein wenig in der Stadt umzusehen.

Kalmar, heute eine Stadt mit knapp 60.000 Einwohnern, ist eine geschichtsträchtige Stadt und sie spielte in der schwedischen Vergangenheit eine ganz wesentliche Rolle. Vor langer Zeit war Kalmar einmal die drittgrößte Stadt Schwedens und dominierte mit ihrer strategisch günstigen Lage die Handelsroute am Kalmarsund, was den damaligen Finanzministern half, die Staatskasse zu füllen.

Bereits im 13. Jahrhundert war Kalmar eine blühende Handelsstadt, in der sich viele reiche Kaufleute deutscher Herkunft niedergelassen hatten. Sie nahmen großen Einfluss auf den Fernhandel und exportierten im wesentlichen Holz, Holzteer, Butter, Roggen, Felle und sehr früh schon in Schweden produziertes Eisen. Von ihren Auslandsreisen brachten sie Salz, Bier, Wein, Tuch, Malz und Gewürze mit. Obwohl Kalmar kein Mitglied der Hanse war, pflegte die Stadt sehr intensive Handelsbeziehungen mit ihr.

1397 wurde im Schloss zu Kalmar die „Kalmarer Union" besiegelt, ein Staatenbund zwischen Dänemark, Schweden und Norwegen. Sicherlich aus schwedischer Sicht nicht ganz freiwillig. 1520 landete Gustav Wasa ganz in der Nähe von Kalmar auf der Landzunge Stensö. Nur drei Jahre brauchte er, um sich zum König von Schweden krönen zu lassen.

Um die wichtige Fahrrinne im Sund zu kontrollieren, sie führt in unmittelbarer Nähe des Festlandes vorbei, wurde Ende des 12. Jahrhunderts zunächst ein Burgturm erbaut, der im 13. Jahrhundert zu einer mächtigen Burg ausgebaut wurde. In ihrem Schutz entstand die ursprüngliche Stadt Kalmar. Im 16. Jahrhundert wurde die Burg durch die Wasa-Könige Gustav, Erik XIV. und Johann III. zum jetzigen Renaissance - Schloss um- und ausgebaut.

Nachdem die mittelalterliche Stadt Kalmar bereits im Kalmarer Krieg von 1611 bis 1613 teilweise zerstört und von dem dänischen König Christian IV. erobert worden war, gaben ihr zwei verheerende Brände in den Jahren 1643 und 1647 den Rest. Nur noch Fragmente blieben übrig und die Regierung setzte ihren Beschluss aus früheren Jahren in die Tat um, die mittelalterliche Stadt von der exponierten Lage direkt am Schloss nach Kvarnholmen zu verlegen, einer Insel im Sund, die leichter zu verteidigen war.

Unser Rundgang durch Kalmar führte uns natürlich auch zum direkt am Wasser gelegenen Landesmuseum, in dem sehr eindrucksvoll die Tragödie des Untergangs der „Kronan" übermittelt wird.

Die „Kronan" war das Flaggschiff der schwedischen Flotte und imponierte durch ihre geradezu übermäßige Größe. Sie war doppelt so groß wie das bekannte Kriegsschiff „Wasa". Aber mit der Schwerpunktberechnung nahm man es früher nicht so genau. So kenterte sie in der Seeschlacht von 1676 gegen die vereinte Streitmacht der Holländer und Dänen vor der Südostküste der Insel Öland. Bei einem überhasteten Wendemanöver, die Geschützluken im unteren Batteriedeck waren noch nicht geschlossen, krängte sie weit über, lief voll Wasser und wurde von dem Gewicht ihrer eigenen 120 Geschütze mit „Mann und Maus" in die Tiefe gerissen. Zu allem Unglück explodierte auch noch eine Munitionskammer, so dass sich von der 842 Mann starken Besatzung gerade mal 40 Mann retten konnten.

Einer von ihnen war der Offizier Gyllenspak, der später berichtete:

„... aber ich war kaum unten angekommen, als das Schiff sich schon drehte, und alle Kanonen landeten mit der Mündung in der

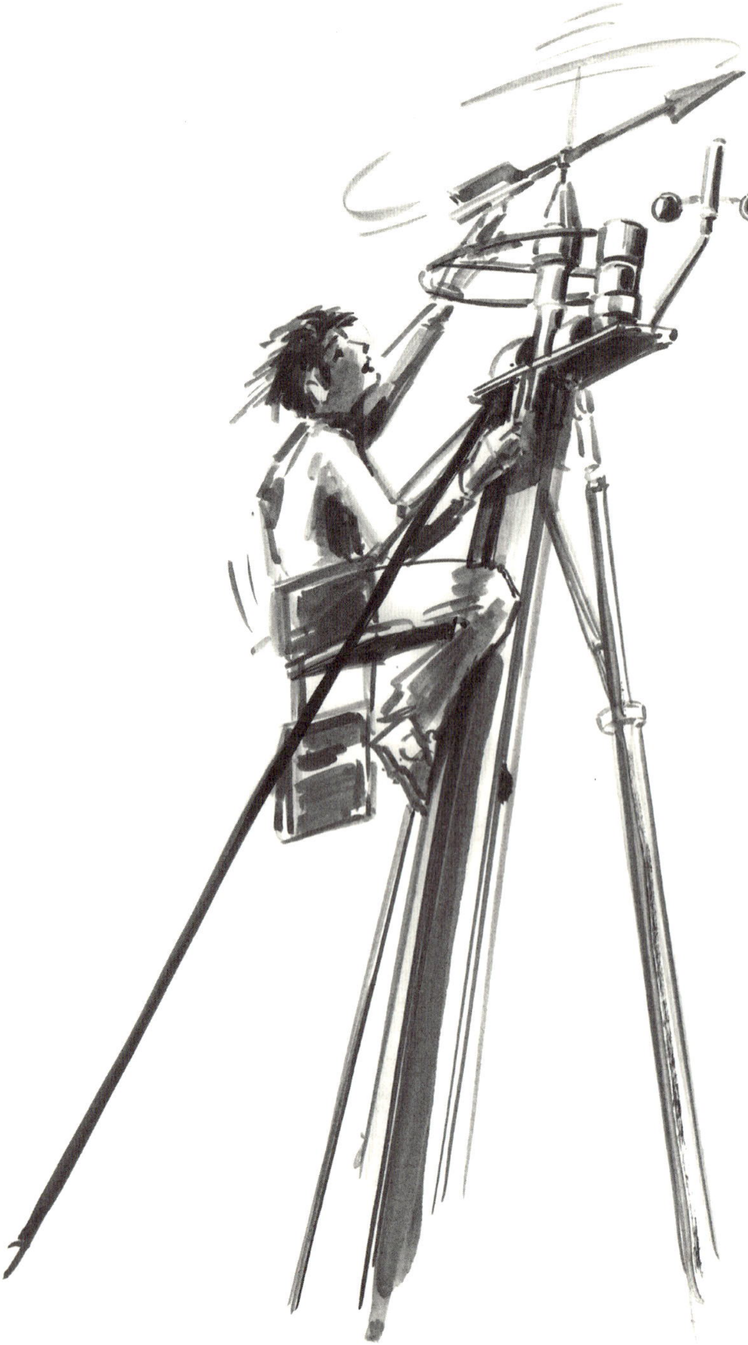

See. Wie schwer auch der Kapitän arbeitete, er konnte sie nicht wieder hochziehen. Das Schiff hatte so große Schlagseite, dass man die Kanonen fast senkrecht hätte einholen müssen. Im gleichen Augenblick geschah ein schauerliches Erbeben, so dass das Schiff platt auf die Seite fiel und Segel und Maste auf dem Wasser lagen. Das Schiff sank schnell und außer der Steuerbordseite war nichts mehr zu sehen. Danach explodierte das Schiff in der Mitte, ich nehme an, in der großen Pulverkammer. Die Menschen, die sich auf der Steuerbordseite versammelt hatten, flogen in die Luft, worüber andere berichten können, weil ich selber schon im Wasser lag und nicht merkte, als das Schiff explodierte."

Das Wrack der „Kronan" liegt in 26 Metern Tiefe und Jahr für Jahr holen die Schweden in einer professionell angelegten Bergungsaktion viele weitere Teile aus der See. In einigen Jahren soll die relativ gut erhaltene Backbordseite geborgen werden. Das wird Lagerungsprobleme mit sich bringen und dürfte der Anlass dafür werden, speziell für die „Kronan" ein neues Museum zu bauen, so hörten wir jedenfalls aus dem Munde des schwedischen Königs bei einem Interview im Fernsehen. Er ist Schirmherr über die Bergungsarbeiten und war selbst schon einige Male unter Wasser „vor Ort". Bei einer dieser Gelegenheiten wurde er verulkt, indem man ihn eine Münze finden ließ, auf der nach intensiver Reinigung sein eigenes Konterfei sichtbar wurde...

Nachmittags war die Wetterfahne dann doch noch eingetroffen und ich durfte mich von Ine zweimal in den Masttop hieven lassen. Mit einem anständigen Bootsmannsstuhl und einer vertrauenswürdigen Mannschaft ist das kein Problem, so man denn schwindelfrei ist. Außerdem hatten Wind und Regen ein wenig nachgelassen.

Unser „Bergfest", was entfernungsmäßig gemeint ist, feierten wir bei einem vorzüglichen Abendessen mit freundlicher und aufmerksamer Bedienung im „Calmar Hamnkrog" gleich um die Ecke. Von nun an würde es wieder südwestwärts gehen.

Am nächsten Morgen übernahmen wir den restlichen Treibstoff, den wir, wie geschildert, bei Sven-Eric in Kristianopel nicht getankt hatten. Das Wetter hatte sich gravierend gebessert, die Sonne knallte vom Himmel und bei drei Windstärken aus Ost ließen wir uns von unserem Blister und dem einmal gerefften Groß südwärts ziehen. Der Vorabendwetterbericht hatte noch von fünf Beaufort aus West gesprochen!

Auf der Höhe von Bergkvara kreuzte ein hoch mit Rundholz beladener russischer Frachter unseren Kurs. Das erinnerte mich an die Erzählungen unseres Professors aus dem Museum von Bergkvara. Wir kannten jetzt die Zusammenhänge. Ein Lotsenschiff fuhr ihm entgegen.

Der Wind schlief irgendwann vollends ein und wir trieben unser Schiff mit Motorkraft durch die spiegelglatte See auf Sandhamn zu, unseren nächsten Hafen, am südlichen Ausgang des Kalmar-Sundes. Eine eigenartig unwirkliche Stimmung hatte sich ausgebreitet. Die wie blassgraue Seide wirkende See bewegte sich nur träge und schien am nicht auszumachenden Horizont nahtlos in die Atmosphäre überzugehen.

Vor dem Hafen von Sandhamn gilt es eine grüne Spierentonne zu erwischen und von ihr aus in einem Winkel von 342 Grad den Hafen anzulaufen. Auf die Tonne zu sind wir direkt in die Abendsonne gefahren, weswegen wir sie erst sehr spät entdeckten und, bei den geringen Wassertiefen, bereits anfingen uns unsicher zu fühlen. Aber als wir erst einmal auf unserem "Richtungsstrahl" fuhren, kehrte die Gelassenheit zurück. Bald darauf konnten wir auch die Richtungsbaken ausmachen, die es in Deckung zu bringen galt.

Der Hafen ist nach Osten hin vollkommen ungeschützt und bietet nichts außer Stromanschluss, nicht einmal einen Wasseranschluss haben wir entdeckt. Dafür trafen wir die Baltic 63 wieder und bekamen die Gelegenheit, sie in aller Ausführlichkeit zu besichtigen. Ein Traumschiff! Und schnell obendrein. Sie trägt den bedeutungsvollen Namen „ULTIMATE THIRD".

Nachdem wir am nächsten Morgen Utlängan an der westlichen Südspitze des Kalmarsundes passiert hatten, justierten wir unser Schiff mit der Eingabe eines entsprechenden Waypoints exakt auf den Breitengrad 56 ein und überließen unserem „dritten Mann" das Ruder. Wind gab es nicht und so ließen wir unsere Maschine bei 1.700 Umdrehungen laufen, was bei dem glatten Wasser eine Marschgeschwindigkeit von sieben Knoten bedeutete.

Ein holländisches Motorboot überholte uns. Wahrscheinlich wollte es auch zur Insel Hanö. Wir hatten wieder „Badehosenwetter" und genossen die Wärme bei wohligem Nichtstun. Die kleine Felseninsel Utklippan grüßte noch einmal aus der Ferne über das sich spiegelnde Wasser. Gegen Mittag briste es dann auf und später liefen wir unter Segeln mit bis zu acht Knoten auf Hanö zu.

Eine offensichtlich abgetriebene Untiefentonne konnte uns nicht besonders irritieren. Sie hatte dort, wo sie lag, wirklich nichts zu suchen. Um 16.15 Uhr machten wir das Schiff in dem romantischen kleinen Hafen von Hanö fest. Der Motorboot-Holländer nahm unsere Leinen an. Ihm ist mit sechzehn Jahren in Griechenland ein Schiff „unter dem Hintern weg abgesoffen". Alle 32 Mann wurden aus einem einzigen Rettungsboot gerettet. Das war seine Story. Ein Typ wie mein holländischer Freund Ton!

Mit Einkaufen war es nichts mehr. Der kleine Inselladen ist in der Nachsaison nur von 09.00 bis 16.00 Uhr geöffnet. Nicht sehr hilfreich, denn die Segler und Motorbootfahrer machen meistens erst später ihre Schiffe fest.

Die kleine Felseninsel Hanö hat der Hanö-Bucht ihren Namen gegeben. Sie wird seit dem 19. Jahrhundert ganzjährig bewohnt und übt mit ihren scheinbar ungeordnet erbauten, bunten Holzhäusern einen besonderen Reiz auf den Betrachter aus. Ungefähr einhundert Einwohner soll es dort geben. In einem kalten Schwedenwinter dürfte das auf der Insel eine verdammt einsame und ungemütliche Angelegenheit sein. 1956 hat man auf der Insel Damwild ausgesetzt, das offensichtlich günstige Lebensbedingungen vorfand, denn es hat sich zwischenzeitlich kräftig vermehrt. Die Bewohner haben zum Schutz ihrer Gärten gegen die Fresssucht dieser Tiere um den Ort herum hohe Maschendrahtzäune aufgebaut. Wir sahen die Hirsche in mehreren Rudeln auf einer steppenähnlichen Ebene äsen und konnten uns gut vorstellen, dass die freiwillig vor dem Gemüse der Gartenbesitzer nicht Halt machen würden.

Eine halbe Stunde bevor das Versorgungsschiff mit unseren Brötchen auf Hanö eintraf, verließen wir am nächsten Morgen den Hafen. Es wehte mit fünf bis sechs Windstärken, als wir bei strömendem Regen die Festmacher los warfen und das Schiff, nur mit einer Bugleine am Kai befestigt, frei schwoien ließen. Die Windrichtung ließ dieses Manöver zu. So hatten wir Zeit, das Großsegel mit zwei Reffs zu versehen und in der Windabdeckung des Hafens und bei ruhigem Wasser zu setzen. Die zwei Reffs waren eine richtige Entscheidung, wie wir bald bei acht Windstärken und ausgesprochen ungemütlichem Seegang feststellen sollten.

Wir hatten uns zuvor in unser Ölzeug eingepackt, zusätzliche Pullover angezogen und uns vor allem unsere Südwester aufgezogen, diese beste aller Kopfbedeckungen auf See. Mit Segelvergnügen hatte das, was da auf uns zukommen würde, nichts zu tun. Es galt also, die 33 Seemeilen bis Simrishamn so schnell und kompromisslos wie möglich zu überbrücken. Ine gab einen Waypoint ein, und mit Maschinenunterstützung konnten wir die kürzeste Route gerade anliegen.

Unsere Marschgeschwindigkeit über Grund spielte sich zwischen 3,2 und 6,6 Knoten ab, woraus man die Wellenhöhen entnehmen möge, die uns fast direkt entgegenliefen. Immer wenn eine Serie von „Kavenzmännern" von unserer UTHÖRN zu nehmen war, wurde die Fahrt so abgebremst, dass wir auf eine Durchschnittsgeschwindigkeit von nur fünf Knoten kamen. Immer wieder einmal steckte unser wackeres Schiff, wenn der Abstand der Wellen es so ergab, die Nase zu früh in die nächste Welle, was manchmal zur Folge hatte, dass das Deck bis zur halben Höhe der Windschutzscheibe von grünem Wasser überspült wurde. Dann erlebten wir selbst in unserem Mittelcockpit eine ausgiebige Duschorgie und wir taten gut daran, das Schiebeluk geschlossen zu halten. Leider kommen solche Erkenntnisse meistens erst nach den entsprechenden Negativerfahrungen.

Gegen Mittag klarte der Himmel auf. Bei Sonnenschein sah selbst dieses wilde Meer mit seinen Kreuzseen nicht mehr so beängstigend aus, weil seine Farbe sich dem Blau des Himmels anpasste, das nur von den weißen Schaumkronen der sich brechenden Wellen unterbrochen wurde. Direkt gegen die Sonne war die See in gleißendes Licht getaucht, was in diesem Chaos den Effekt einer scheinbar friedlichen Umwelt hervorgaukelte.

Solch ein Höllenritt ist physisch anstrengend! Ständig müssen die Bewegungen des Schiffes ausgeglichen werden und insbesondere, wenn man für die Logbuchführung und die Seekarteneinträge an den Navigationstisch muss, ist Vorsicht und volle Konzentration geboten. Während man im Cockpit von Angesicht zu Angesicht mit den Wellen lebt, die Bewegungen des Schiffes also im großen Ganzen vorhersehen kann, wird man innerhalb des Rumpfes von fast jedem Ausschlag des Schiffes mehr oder weniger überrascht. Man lebt dort unten nicht mehr mit seinen Bewegungen, weil man nicht sieht, was sich um das Schiff herum abspielt. Festhalten um jeden Preis ist das Gebot der Stunde, auch wenn das Schiff vermeintlich gerade einmal ruhig läuft. Die nächste Torkelbewegung kommt bestimmt, und wehe, wenn man darauf nicht vorbereitet ist. Bei solchen Gelegenheiten hat es schon die übelsten Verletzungen gegeben, bis hin zu Todesfällen!

Es war uns überaus recht, als wir endlich in den Vorhafen von Simrishamn einlaufen konnten. Erst hier, im ruhigen Wasser, nahmen wir das Groß weg. Im Stadthafen fanden wir einen passablen Platz an einer Pier, direkt gegenüber dem Restaurant „Maritim", in dem es, das wussten wir von unserem ersten Besuch vor drei Jahren, ausgezeichneten Fisch gibt.

Auch hier trafen wir die Traum-Baltic wieder. Der Eigner war mit seinem Skipper und seiner Frau den direkten Weg von Sandhamn nach Simrishamn gelaufen. Bei ihm versorgten wir uns mit den neuesten Wetterdaten, die in Farbe aus einem Wetterkartenschreiber kamen und mit Kommentar versehen waren. Ob bunt oder nicht, was es darauf zu lesen gab, war nicht besonders erfreulich! Ine übernahm mit Hilfe dieser neuesten Wetterdaten die weitere Törnplanung. Wie es schien, würde es weiterhin bei Starkwind „gegenan" bleiben...

Ein uralter Schwede mit Schnurrbart, Shorts und Rauhaardackel hielt mich am nächsten Vormittag in seiner freundlichseriösen Art von meinen Decksarbeiten ab. Er hatte mich ganz offensichtlich gezielt als Objekt seines Unterhaltungsbedürfnisses identifiziert und erzählte mir unter anderem, dass er auch Segler sei und nächste Woche mit seinem Segelschiff wieder unterwegs sein würde. Er sprach ein ausgezeichnetes Oxford-Englisch, was die Unterhaltung leicht und flüssig gestaltete. Interessant war seine Aussage, dass die Hanö-Bucht als die Biskaya des Nordens bezeichnet wird. Sei es aus Höflichkeit oder aus Überzeugung, jedenfalls erging er sich in großen Komplimenten ob unserer „Courage" und unserer seemannschaftlichen Fähigkeiten. Ein Stück Völkerverständigung am Rande...

Es regnete in Strömen, als wir unsere UTHÖRN gegen Mittag zum Ablegen klar machten. Als Ine gerade die letzte Leine an Bord nehmen wollte, kam der Eigner der ULTIMATE THIRD noch schnell unter einem Regenschirm angelaufen und übergab uns den aktuellsten Wetterbericht und wünschte uns eine gute Reise. Wir hatten am Abend zuvor noch ein wenig zusammen gesessen und unter anderem unser Mitbringsel, eine CD mit dem „Helgoländer Shantychor", angehört. Auf seiner 500-Watt-Anlage hörte sich das an, als ob der Chor im Salon Aufstellung genommen hätte.

Der Wind hatte auf Nord gedreht, was unserer Routen-Planung zwar deutlich entgegenkam, aber der nicht unerhebliche Schwell vom Vortag, gegen den wir auf unserem Weg von Hanö nach Simrishamn hatten ankämpfen müssen, lief jetzt gegen den Wind. Das brachte selbst unseren schweren Dampfer ganz gehörig ins Taumeln. Das war nicht besonders angenehm, zumal die Windstärke nicht ausreichte, unserem Schiff eine für diese Verhältnisse angemessene Geschwindigkeit zu ermöglichen, womit etwas mehr Ruhe ins Schiff gekommen wäre.

Auf dem Weg nach Ystad kamen wir an Käseberga vorbei, einem kleinen, relativ ungeschützten Hafen an der östlichen Südküste Schwedens. Ich hätte dort gerne einmal fest gemacht, aber der Wind sprang wieder auf Süd, und bei entsprechender Windstärke aus südlichen Richtungen kann es geschehen, dass man nicht mehr aus dem Hafen herauskommt, weil das Wasser davor flach ist und die Wellenbildung ein Auslaufen verbietet. In Käseberga hatte ich seinerzeit das sagenumwobene „Wembley-Tor" erlebt, als ich mit meinem Freund Richard in unserem Kimmkieler unterwegs war. Ich erinnere mich noch an die wilden Diskussionen, ob Tor oder nicht. Der Ort selber liegt geschützt hinter einer Dünenkette und ist in maximal einer Viertelstunde zu Fuß erreichbar.

Wir hatten damals versäumt, Schwedens größte Schiffssetzung zu besichtigen. Das Grab, mit einer Länge von 67 Metern und erbaut aus 58 hohen Findlingen, liegt nur ein paar hundert Meter westlich der Ortschaft auf der Steilküste. „Alesstenar" stammt aus der Wikingerzeit und es wird vermutet, dass dieser Ort auch als Kult- und Thing-Stätte benutzt wurde.

Gegen Abend machten wir unsere Yacht im Hafen von Ystad fest und legten einen gemütlichen „Bordabend" ein. Wir waren müde und uns war nicht nach Landgang zumute, außerdem sollte es am nächsten Morgen früh losgehen: Ein langer Törn nach Klintholm auf Mön in Dänemark war angesagt, vorausgesetzt, der Wind aus Nord würde durchstehen.

Er stand nicht durch! Um 06.00 Uhr, nach Urlaubermaßstäben in aller Herrgottsfrühe, klingelte der Wecker. Wir waren ausgeschlafen, und so fiel es uns nicht besonders schwer, die mollige Bettwärme gegen den neblig-feuchten, aber noch unverdorbenen Morgen an Deck einzutauschen. Ine bereitete das Frühstück vor, während ich schon mal die anstehenden Decksarbeiten verrichtete. Kein Lüftchen regte sich, das Wasser im Hafen lag da wie eine Öllache, leider unterbrochen von einem riesengroßen Teppich aus stinkendem Modder. Eine alte Oldtimer-Ketsch, außer dem Mann am Ruder konnte ich keine weitere Mannschaft entdecken, fuhr allzu forsch und viel zu dicht an unserem Schiff vorbei. Sie strebte zügig der Hafenausfahrt zu, mitten hindurch durch das Modderfeld.

Um 07.10 Uhr, so steht es in unserem Logbuch, warfen wir die Leinen los - und waren bereits unmittelbar vor der Hafeneinfahrt von einem urplötzlich aufgekommenen Seenebel umgeben. Die westlich von der Einfahrt verlaufende Mole aus großen Findlingen konnten wir gerade noch ausmachen. An ihr „hangelten" wir uns entlang bis zur Hafeneinfahrt, damit wir von dort aus den vorgegebenen Ausfahrtkurs von 216 Grad anlegen konnten. Mit Seenebel ist nicht zu spaßen, zu schnell hat man die Orientierung verloren. Zumindest kann sich sehr bald eine große Unsicherheit einstellen und es soll Leute geben, die eher ihren Gefühlen als ihrem Kompass vertrauen.

Selbstverständlich hatten wir sofort das Radar eingeschaltet. Aber bereits die zweieinhalb Minuten „Aufwärmzeit", das ist die Zeit, die das Gerät benötigt, um betriebsbereit zu sein, waren mir in dieser Situation fast schon zu lang. Prompt hörten wir das durchdringende Tuten einer Schiffssirene. Aber wir hatten alles im Griff: Wir kannten unseren exakten Standort, an Backbord, also an der gegenüberliegenden Seite der Fahrrinne, tauchte eine grüne Tonne auf, und voraus die dazu passende rote. Wir befanden uns, geradezu vorschriftsmäßig, genau auf dem Steuerbord-Tonnenstrich, also am Rande der Fahrrinne. Wieder ertönte die Schiffssirene. Mittlerweile hatte unser Radar aber die Arbeit aufgenommen und wir wussten, dass ein „dicker Pott" auf die Hafeneinfahrt zufuhr. Und dann tauchte auch schon die weiße Schiffswand einer „Stena Line"-Fähre aus dem Nebel auf.

Auch nach Passieren der Fähre hielten wir konsequent unseren Kurs über Grund und erwischten so auch die Ansteuerungstonne, 1,5 Meilen weiter draußen. Hier war es überall tief genug, fremde Schiffe waren auf dem Radarschirm nicht zu sehen, innere Ruhe löste die Anspannung ab.

Unsere zielstrebige Ketsch von vorhin sahen wir wieder, als der Nebel sich lichtete. Inmitten des Flachwassergebietes stand sie auf der Stelle, wie angenagelt. Der Skipper wird wohl vom Nebel überrascht worden sein und muss dann so ziemlich alles falsch gemacht haben. Aus der Karte ist ersichtlich, dass in diesem Flachwassergebiet große Steine liegen. Sie wird wohl einen touchiert haben, denn als sie sich endlich wieder von der Stelle bewegte, fuhr sie schnurstracks in den Hafen zurück, vielleicht zur Schadensfeststellung. Aber wir wissen natürlich nicht, was wirklich geschehen ist.

Solange der Wind ausblieb, liefen wir unter Maschine und nutzten diesen Umstand, um gleichzeitig Höhe zu gewinnen. Später setzte eine leichte Brise ein, aber aus Südost, also aus der Richtung, in die wir wollten. So durften wir erfreut feststellen, dass wir mit dem Höhelaufen das Richtige getan hatten. Gegen Mittag, nach der üblichen Flaute vor einem Windrichtungswechsel, drehte der jetzt heftige Wind auf Nordwest und schob uns in Sieben-Meilenstiefeln nach Klintholm. Keine neun Stunden haben wir für 63 Seemeilen gebraucht. Keine schlechte Zeit für unser schweres Schiff. Aber das kennen wir von unserer Yacht: Bei viel Wind läuft sie ausgezeichnet. Die Wellen bretterten in Lee wieder gehörig übers Deck. Ich kann mich an diesem Bild immer wieder aufs Neue begeistern und schoss eine Fotoserie mit dem festen Vorsatz, später nur das spektakulärste Foto zu verwenden, mit viel Seewasser im Vorsegel und so.

Vorbei an Möns Klint, den Kreidefelsen von Mön, und vorbei an den vielen Stellnetzen rauschten wir bis „vor die Tür" von Klintholm. Kurz vor dem Ziel stellte der Speedometer seinen Betrieb ein. Wahrscheinlich hatte sich Seegras um den Impeller gewickelt. Mich regte das nicht weiter auf. Durch Rückwärtsfahren würde ich das am nächsten Morgen schon wieder in Ordnung bringen. Wir liefen diesen Hafen nun schon zum vierten Mal an und freuten uns auf einen guten Fisch im Restaurant „Alekroen" am Fischereihafen. Ein gigantischer Ahornbaum steht direkt vor dem Haus und wirft im Sommer seinen Schatten auf die Terrasse.

Klintholm in seiner malerischen Umgebung verdankt seine Existenz ausschließlich dem Hafen, der Ende des neunzehnten Jahrhunderts von C. C. Scavenius, dem Besitzer des Gutes Klintholm, gebaut wurde. Einen Ortskern sucht man vergebens, vermisst ihn aber auch nicht. Als Fischereihafen angelegt, wurde er später von den Seglern entdeckt, was zu häufiger Überfüllung des Hafens und damit verbundener Belästigung der Fischer führte. Der heutige Yachthafen, wozu auch viele Gästehäuser gehören, wurde 1985 sehr aufwändig gebaut und bietet 250 Booten Platz.

Die weit über die Landesgrenzen hinaus bekannte Steilküste Möns Klint liegt 5 km östlich von Klintholm. In der Brandungszone finden sich immer wieder Fossilien aus prähistorischer Zeit.

Keine spektakulären Funde, aber versteinerte Tintenfischarme und Seeigel allemal.

Der Fisch war dann doch nicht so toll. Dazu noch „Salz"-Kartoffeln aus dem Glas... Es ist wohl sehr schwer, einen Standard zu halten. Vielleicht hat auch der Besitzer gewechselt. Eine Chance geben wir ihm noch - im nächsten Jahr.

Das Wetter hatte sich deutlich gebessert, was uns wieder einmal dazu verführte, im Cockpit zu frühstücken. Eine immer wieder beliebte Zeremonie bei uns. Der See-Wetterbericht über unseren Weltempfänger sagte vier Windstärken aus West voraus. Angenehmes Segelwetter! Im Vorhafen versuchte ich durch forsches Rückwärtsfahren den Impeller unserer Geschwindigkeitsanzeige wieder in Gang zu bringen. Aber es gelang mir nicht. Das bedeutet keine wesentliche Einschränkung, weil der Autopilot trotzdem funktioniert und wir die Geschwindigkeit über Grund ständig über Satellit gemeldet bekommen.

Wir setzten im Vorhafen das Großsegel und ab ging's Richtung Südwest zur Einfahrt in das „Tolke Dyb" zwischen den Inseln Mön und Falster. Aus den vier Windstärken wurden sechs und damit hatte ich das verkehrte Segelkleid gesetzt. Ich hatte längst festgestellt, dass unser Schiff hoch am Wind bei sechs Windstärken schneller mit einem Reff im Groß und der ungerefften Genua läuft. Außerdem muss ich den Großbaum bis zur Mittellinie des Schiffes trimmen, was ich, ohne das Großsegel fliegen zu lassen, aber nur kann, wenn der Schotwagen vorher auf die Luvseite geholt wurde. Aber der befand sich auf der Leeseite, weil ich ihn für den angekündigten Westwind dort platziert hatte. Aus dem Westwind war aber ein Südwestwind geworden…

Alles nicht so schlimm, wenn nicht kurz nach uns eine ähnlich große Yacht, allerdings ein Leichtbau, ausgelaufen wäre und zwischen uns umgehend eine kleine Privatregatta ausgefochten wurde.

Dass der Junge dort drüben am Ruder sein Handwerk verstand, realisierte ich sehr schnell. Und ehrgeizig war er auch. Er hatte seine Mannschaft sogar auf die hohe Kante gesetzt!

Wir schoben zu viel Lage und knallten zu heftig in die schräg gegenan laufende See. Zwei Faktoren, die zu Lasten der Geschwindigkeit gehen. Groß reffen ging nicht, also Genua verkleinern. Damit verschob ich aber den Schwerpunkt der Windeinfallskräfte zu weit nach hinten, was auch wieder Geschwindigkeit kostete. Es war zum Mäusemelken! Und die Bavaria kam auf. Allerdings tat sie sich schwer, unsere Höhe zu laufen.

Letztendlich zog sie an uns vorbei, zwar weit in Lee, aber ich fühlte mich nicht unbedingt als Sieger. Der Leser ziehe bitte keine falschen Schlüsse bezüglich meines Segel-Ehrgeizes. Der hält sich eher in Grenzen. Immerhin habe ich unserem Autopiloten „das Ruder nicht aus der Hand genommen". Das mache ich erst, wenn es wirklich ernst wird. Und „handgesteuert" fährt ein Schiff nun mal besser geradeaus, was weniger zurückgelegten Weg und damit höhere Geschwindigkeit bedeutet. Was mich an dieser Episode gewurmt hatte, war die Tatsache, dass ich mich, statt draußen die tatsächlichen Windverhältnisse selbst zu erkunden, auf Wetterprognosen verlassen hatte, die für das gesamte Gebiet der südlichen Ostsee galten, aber eine regionale Abweichung niemals berücksichtigen konnten.

Um die Mittagszeit herum zeigte unser Speedometer plötzlich wieder die Geschwindigkeit an! Also war doch Seegras im Spiel.

Ich hatte den Autopiloten auf den Windeinfallswinkel eingestellt, und weil der Wind dann doch mehr und mehr auf Nordwest drehte, entfernten wir uns immer mehr voneinander und irgendwann standen wir vor der Ansteuerungstonne zur Fahrrinne in das „Tolke Dyb", über das wir in den „Grönsund" fahren wollten. Nachmittags machten wir im Handelshafen von Stubbeköbing auf der Insel Falster fest. Eine Stadt, die zwar in der Literatur positiv beschrieben wird, uns aber wenig ansprach. Es war kein Leben in ihr. Auch am nächsten Morgen, als wir vergeblich versuchten, Brötchen zu beschaffen, war das nicht anders. Wir vermissten die Menschen in den Straßen.

Stubbeköbing blickt auf eine eher traurige Vergangenheit zurück: Als älteste Stadt auf der Insel Falster war sie lange Zeit auch die größte, mit ihrem Hafen am „Storström-Grönsund-Weg". Zu Zeiten der Hanse, also während der Heringszeit, spielte die Stadt eine wichtige Rolle. Das hatte aber zur Folge, dass sie, nicht zuletzt wegen ihrer günstigen strategischen Lage, häufig angegriffen und immer wieder zerstört wurde. Ihr Schicksal wurde allerdings erst besiegelt, als der dänische König Stubbeköbing fallen ließ, der Stadt den Auslandshandel untersagte und Nyköbing zur neuen Metropole erkor.

Obwohl Ine und ich Motorradfans sind, rafften wir uns nicht dazu auf, das Motorradmuseum zu besuchen. Dort sollen um die hundert Maschinen aus der ersten Hälfte des zwanzigsten Jahrhunderts stehen. Irgendwie hatten wir uns von dem deprimierenden Eindruck, den diese Stadt auf uns ausübte, anstecken lassen.

Der Wind kam mal wieder aus der falschen Richtung, daher fuhren wir am nächsten Tag erst gegen Mittag los und bemühten uns gar nicht erst, die Segel zu setzen. Durch den Grönsund und den Storstrom schlängelten wir uns in das „Smalandsfahrwasser", wobei wir zwei Brücken unterquerten. Uns blies ein heftiger Wind entgegen, der überraschend hohe Wellen aufbaute. Es war kalt und immer wieder einmal ging eine Schauerbö über uns hinweg. Im Smalandswasser fuhren wir ziemlich genau auf dem 56. Breitengrad bis nordwestlich der Insel Femö, die wir zu unserem Tagesziel auserkoren hatten. Bei Femö mussten wir Flachwasserstellen überqueren, woran ich mich wohl nie gewöhnen werde. Aber die See war jetzt ruhig, und wir hatten keine Orientierungsprobleme, so dass wir den Hafen von Femö in aller Ruhe anlaufen konnten.

Die 210 Bewohner der kleinen Insel, sie ist nur 1138 Hektar groß, leben im Wesentlichen von der Landwirtschaft. Heute bauen sie Getreide, Rüben und Chinakohl an, aber auch die Samenzucht für Trockenblumen ist zu einem Erwerbszweig geworden. Früher wurde im wesentlichen Obstanbau betrieben.

Die beiden Orte Nörreby und Sönderby teilen sich eine Kirche, die auf der halben Strecke zwischen den beiden Dörfern liegt. Sie macht einen massiven und wehrhaften Eindruck. Leider war sie verschlossen, wir hätten sie gerne besichtigt. Vielleicht hat der Pfarrer schlechte Erfahrungen gemacht, schade eigentlich.

Im Sommer 1971 wurde das erste Zeltlager der Welt nur für Frauen auf Femö veranstaltet, und damit soll der Name der Insel um die Welt gegangen sein. Ich hatte nie etwas davon gehört. Dieses Zeltlager findet seitdem jedes Jahr wieder statt. Ob das noch zeitgemäß ist? Gibt es eigentlich auch Zeltlager nur für Männer? Da finde ich das jährlich Anfang August stattfindende Jazz-Festival schon zeitgemäßer.

Die Bewohner von Femö sind stolz darauf, dass der Name ihrer Insel bis ins 12. Jahrhundert zurückverfolgt werden kann. Aber schon weit vor dieser Zeit wurde dieses Fleckchen Erde bewohnt. Ob es damals aber eine Insel war, bleibt dahingestellt. Bei Nörreby gab es bis ins vorige Jahrhundert drei Hünengräber, und es wurden viele Werkzeuge aus der Steinzeit gefunden.

Der kleine Hafen hatte sich im Laufe des Abends noch gut gefüllt. Der Hafenmeister holte sich seine Liegegebühr erst gegen 21.00 Uhr und nahm eine Brötchenbestellung mit. Leider klappte die Ausgabe am nächsten Morgen um 08.00 Uhr nicht. Weiß der Kuckuck warum, jedenfalls zog ich zur verabredeten Zeit ohne Brötchen davon. Wir hatten in Kalmar einen neuen Toaster gekauft, also wurde dänisches Weißbrot getoastet. Das war genau so gut.

Mittlerweile waren wir doch schon etwas routinierter im „Flachwasserfahren". Also nahmen wir am nächsten Morgen den kürzesten Weg in den „Großen Belt". Natürlich mit aller Vorsicht und von Wegepunkt zu Wegepunkt, wobei wir die jeweiligen Standorte auf der Seekarte akribisch genau nachvollzogen. Dabei fuhren wir zwei- dreimal in Schlangenlinien um extreme Flachstellen herum, was von Land oder einem anderen Schiff aus bestimmt seltsam ausgesehen haben dürfte. Aber Vorsicht ist die Mutter der Porzellankiste! Das Ganze spielte sich unter Maschine ab, Wind gab es sowieso nicht, und die See war spiegelglatt.

Leider wurde es eine reine Maschinenfahrt. Bis nach Bagenkop an der Südspitze von Langeland erreichte uns kein Windhauch. Wir kreuzten den Tiefwasserweg, der vom „Kiel-Ostsee-

Weg" in den „Kattegat" führt, fast genau auf dem 55. Breitengrad und konnten wieder einmal feststellen, mit welch hoher Geschwindigkeit die „Dickschiffe" ihre großen Distanzen überbrücken. Die Sonne brannte vom Himmel, und obwohl die Lufttemperatur eher niedrig war, genoss Ine diese Gelegenheit für ein ausgiebiges Sonnenbad.

In Bagenkop erlebten wir den einzigen wirklich schönen Sonnenuntergang auf diesem Törn. Wir saßen mit unserem Schiffsnachbarn, in ein Gespräch vertieft und bei einem Glas Wein, in unserem Cockpit, als der Himmel anfing, sich im Westen dunkelrot zu verfärben. Ein alter Top-Segelschoner lag zwischen uns und der untergehenden Sonne, was ihn wie einen Scherenschnitt auf rotem Papier erscheinen ließ. Vom Vorschiff aus verfolgten wir dieses beeindruckende Schauspiel bis zu Ende: Der strahlend rote Sonnenball verlor, als er den Horizont berührte, mehr und mehr seine Kugelform. Er löste sich förmlich auf und verschmolz mit der spiegelglatten See zu einer scheinbaren Einheit. Die tiefrote Spiegelung auf dem bleiern daliegenden Wasser übernahm irgendwann die Herrschaft über dieses grandiose Schauspiel. Unwillkürlich war unser Gespräch eingeschlafen. Jeder ließ sich von diesem Naturschauspiel einfangen und genoss es für sich allein.

Unser Gesprächspartner, ein Entwicklungsingenieur bei Porsche, war Einhandsegler. Nicht ganz freiwillig, aber so geht das manchmal. Einmal im Jahr macht er einen Törn mit seinem zwölfjährigen Sohn. Es scheint ihm zu gelingen, die richtige Symbiose zwischen Segelsport und kind-gerechter Freizeitgestaltung zu finden. Er hofft, dass ihm das auch in der Zukunft gelingen wird. Bei der Verabschiedung am nächsten Morgen räumte er ein, dass die Einhandsegelei auf Dauer wohl doch nicht seiner Vorstellung entspricht. Aber eine Landratte wird er wohl nicht akzeptieren, und dann wird es eben eng. Auch er kam übrigens aus Süddeutschland und uns verband die übergroße Entfernung vom Wohnsitz bis zum Liegeplatz unserer Schiffe.

Bei sprichwörtlichem Traumsegelwetter verließen wir kurz nach unserem „Einhänder" den Hafen von Bagenkop. Blister-Wetter! Wir fuhren die bunte Blase an zwei freien Schoten, der raume bis achterliche Wind gab das her. Er schob uns bei bis zu 22 Knoten Windgeschwindigkeit nordöstlich in Richtung Marstal auf Ärö zu. Wir ließen uns von diesem „Schiebewind" sogar noch durch das enge, aber gut ausgetonnte Fahrwasser direkt an der Hafeneinfahrt von Marstal vorbeischieben. Das machte Spaß! Da stimmte alles! Wir mussten eine grüne Tonne hart an Steuerbord liegen lassen und direkt dahinter stark anluven, weil uns in diesem engen Fahrwasser tatsächlich eine Yacht auf der Kreuz entgegenkam. Wir waren ausweichpflichtig, aber kein Problem, beide Skipper hatten die Sache im Griff.

Eine halbe Meile noch konnten wir diesen Rausch genießen, dann mussten wir nochmals stark anluven, und das gab der Blister nicht mehr her. Schoten los, Bergeschlauch runter, und... Maschine an. Solche Kompromisse muss man bereit sein einzugehen, wenn man zu zweit ein Schiff dieser Größe segelt. Eine Meile, und wir konnten abfallen und die Genua setzen. Bei dieser Windstärke und diesem Kurs zum Wind brauchten wir das Großsegel nicht. Der Wind hatte auf satte sechs Windstärken aufgebrist. Wir fummelten uns mit sechs bis sieben Knoten durch die Tonnen des Flachwassergebietes nordöstlich von Äro. Am Ende des Tonnenstrichs mussten wir die Genua auf die andere Seite nehmen und stark anluven, um die Ansteuerungstonne von Äorösköbing zu erwischen. Und das sollte der schnellste Kurs werden, den wir je hoch am Wind, nur unter Genua, gesegelt sind. Unsere Bugwelle verlief in einer einzigen gebogenen Linie bis zum Heck, wo sie nach hinten steil abfiel. Das heißt Rumpfgeschwindigkeit! Wir fuhren mit diesem Tempo in die Fahrrinne zur Hafeneinfahrt von Ärösköbing ein und bargen die Genua erst zwanzig Meter vor der Einfahrt. Das war Segeln vom Feinsten! Das war die Entschädigung für die letzten Tage, für die vielen Maschinenfahrten, für das schlechte Wetter.

Wir machten, wie üblich, im Stadthafen fest. Es lagen bereits überraschend viele Segler dort. Wir hatten keinen Wetterbericht gehört, und wie wir erfuhren, waren die meisten vor dem anrükkenden Sturm untergekrochen, der nachts dann auch kräftig durchs Rigg pfiff.

Beim Anlegen hatten wir eines dieser positiven Erlebnisse der besonderen Art! Wir schauten uns nach einem passenden Päckchen zum „Andocken" um, als wir bemerkten, dass die Crew einer 36-Fuß-Yacht, die bereits an einer sehr großen „Hallberg Rassy" festgemacht war, die Leinen wieder los warf und uns, als dem größeren Schiff, mit der größten Selbstverständlichkeit ihren Platz anbot um danach bei uns längsseits zu gehen. Eigentlich ein ganz normaler Vorgang, über den man sich aber freut, weil solch ein Verhalten heute eben doch nicht mehr ganz so selbstverständlich ist. Aus diesem zufälligen Zusammentreffen mit Angela und Waleri ist im Laufe der Zeit eine sehr belastbare Freundschaft entstanden.

Abends ging es ins „Mumm", unser Lieblingsrestaurant, in dem wir diesen herrlichen Segeltag mit einem guten Essen und einer Flasche Pinot Blanc krönen wollten.

Wir bemerkten schnell, dass sich seit unserem letzten Besuch die Küche geändert hatte. Sie war nicht unbedingt schlechter, aber eben anders. Und das bemerkte offensichtlich auch ein anderes Paar. Frage des männlichen Gastes an die Bedienung:

„Wo ist denn der Mumm?"

Die Antwort der Bedienung bestand lediglich aus einem nach oben gerichteten Daumen.

Zweite Frage des Gastes:

„Im Himmel? Ist er gstorben?"

Antwort der Bedienung:

„Nein, der wohnt jetzt im Obergeschoss!"

Und so erfuhren wir denn, dass er sich zur Ruhe gesetzt hatte und die Bemühungen seines Nachfolgers, dem von ihm vorgegebenen Standard nachzueifern, aus dem Obergeschoss kritisch verfolgte. Uns allen schien das eine unglückliche Lösung zu sein. Er wäre sicherlich besser beraten gewesen, wenn er seinen Alterswohnsitz woanders aufgeschlagen hätte. Sein Nachfolger würde in seinen Augen niemals seinen Ansprüchen genügen können. Wir machten ein großes Fragezeichen, ob diese Konstellation wohl lange halten könnte...

Am nächsten Morgen, nach dem obligatorisch ausgiebigen Frühstück, verholten wir an den gegenüberliegenden Kai, um

Treibstoff zu übernehmen. Der Wind blies uns selbst hier im Hafen mit satten sieben Windstärken ins Gesicht, was mich vor dem Verholen schon dazu bewogen hatte, in das Groß zwei Reffs einzubinden. Ab ungefähr zweihundert getankten Litern bemerkte ich den etwas sorgenvollen Gesichtsausdruck unseres Tankwartes und ich interpretierte das in Richtung seiner Bedenken, dass der Tank überlaufen könnte und dass er schon die schillernde Diesellache im Hafen vor seinem geistigen Auge sah. Aber weit gefehlt! Als ich rein zufällig bei ungefähr 240 Litern zur Hafeneinfahrt blickte, erschrak auch ich ganz gehörig. Direkt vor ihr bewegte sich ein für diesen kleinen Hafen gigantisch großer Frachter auf die Einfahrt zu, und mir war sofort klar, dass der genau an dem Kai würde festmachen müssen, an dem wir gerade lagen. Der Tankwart mochte uns wahrscheinlich deswegen nicht wegscheuchen, weil wir ihm zuvor ein kleines Geschenk überreicht hatten.

Es reichte dann sogar noch zum Bezahlen, bevor wir die Leinen los warfen. Wir verkrochen uns in das hinterste Eck des Hafens, um das Anlegemanöver nicht zu behindern und vor allem, um uns dem zu erwartenden Schraubenschwell nicht unnötig auszusetzen. Wenn nämlich der Steuermann in Hektik gerät und überhastete Maschinenmanöver fährt, kann man auf so beengtem Raum durchaus in eine gewisse Bedrängnis geraten. Wir verstauten die Fender und Leinen noch im relativen Schutz des Hafens und setzten das gereffte Großsegel. Ein kurzes Winken zu unseren Nachbarliegern und dann trieb uns der Wind aus der engen Hafeneinfahrt.

Der angekündigte Sturm aus Südost hielt dann aber nicht, was er versprach. Wir waren nicht scharf darauf! Wir ließen das ungemütliche Wetter mit Regen und böigem Wind aus wechselnden Richtungen, in unsere Segeljacken gehüllt, über uns ergehen und waren froh, als wir in Maasholm einliefen. Der Stadthafen war leider belegt. Auf unserem favorisierten Lieblingsplatz legte gerade die alte Segelyacht „Athena" aus Bremen an. Sie war mit vielen anderen Yachten zur „Reeder"-Regatta von Maasholm nach Ärösköbing gekommen, die am folgenden Samstag gestartet werden sollte.

Zum ersten Mal lagen wir direkt neben einem Schwesterschiff unserer Yacht. Der Eigner aus Berlin wollte an der Regatta teilnehmen. Wie er erzählte, wurde dazu auch Dr. Conijn, der Firmenchef von Conyplex, mit seiner neuen 48-Fuß-Yacht erwartet. Ihm begegneten wir am nächsten Vormittag auf der Schlei, auf unserem Weg nach Eckernförde. Aber zunächst einmal ging es abends ins Restaurant „Störtebeker" zum „Dorsch-mit-Senfsauce-Essen". Unserer Meinung nach das Beste, was es diesbezüglich gibt. Vom Preis-Leistungs-Verhältnis gar nicht zu sprechen.

An den letzten Urlaubstagen gönnte uns Petrus, oder war es Ekkenekkepenn, nochmals Segeln wie aus dem Bilderbuch: Sonne, Wärme, reichlich Wind! Es war eine Freude, bei Starkwind Vollzeug – und damit übertakelt – hoch am Wind bei ruhiger See unter Land dahinzufliegen. Ich konnte mich erst sehr spät dazu durchringen, die Genua um eine Nummer zu verkleinern. Erst als ich feststellte, dass der Mast sich über der zweiten Saling zu sehr nach Lee bog. In Kiel würde ich die Oberwanten ein wenig straffer durchsetzen.

Mit dem Anlegen im Stadthafen von Eckernförde, wo wir bereits von Freunden erwartet wurden, setzten wir quasi den Schlusspunkt unter unseren diesjährigen Sommertörn. Vor dem Schiffsausrüster Nielsen, direkt vor der Fußgängerbrücke, finden wir immer einen Platz. Dieses Mal lag schon eine „Swan 45" am Kai und wir legten uns daneben. Das hatte den Effekt, dass ich eine ausgezeichnete Ankersicherung zu Gesicht bekam, die ich umgehend fotografierte. Von Stund an würde ich bei meinen Besuchen entsprechender Fachgeschäfte ganz gezielt nach eben dieser Ankersicherung Ausschau halten.

Ein wunderschöner Segeltörn war zu Ende. Wir wollten das noch gar nicht so richtig wahrhaben. Wir waren an einem Samstag in Schilksee wieder eingelaufen und so verbrachten wir das Wochenende noch an Bord.

Aber schließlich mussten wir nach Hause. Haus und Hund warteten...

VII

Auf halbem Weg zwischen Cuxhaven und Helgoland lagen früher Feuerschiffe, die für die Navigation der Schifffahrt in der Deutschen Bucht eine wichtige Rolle spielten. Das Feuerschiff „Elbe 1" ging 1936 während eines Herbststurmes mit seiner gesamten Besatzung verloren. Wohl nicht nur wegen der hohen Unterhaltskosten dieser Feuerschiffe hat man sie nach und nach gegen feste Leuchttürme ausgewechselt. Auch der Sicherheitsgedanke wird dazu beigetragen haben.

Einer dieser vollautomatischen Türme ist der Leuchtturm „Großer Vogelsand" zwei Meilen nordöstlich der Insel Scharhörn. Er wurde als Ersatz für das Feuerschiff „Elbe 2" gebaut. Aber in unserer schnelllebigen Zeit wurde dieser Riese unter den Leuchttürmen nur von 1975 bis 1999 für die Sicherheit der Seefahrt genutzt. Heute bemüht man sich, die Kosten für seinen Unterhalt so gut es eben geht über die Nutzung als „Hotel" für besondere Anlässe wie Hochzeiten, Managementseminare, usw. abzudecken. Reich kann man damit aber wohl nicht werden.

Helgoland taucht zunächst als eine Verdichtung der grauen Atmosphäre am Horizont auf. Wieder einmal erleben wir das Auftauchen dieser eigenartigen Insel als ein zwar mittlerweile bekanntes, für uns aber immer wieder schönes Erlebnis. Die Insel stellt mit der ihr vorgelagerten Düne eine Einmaligkeit im gesamten Nordseeraum dar.

Nicht uninteressant ist die erdgeschichtliche Entstehung Helgolands. Erst mit der „Reichsbohrung" im Jahre 1938 wurden die aufgestellten Hypothesen über die Entstehung dieser seltsamen Insel bestätigt. Mehr als 3.000 Meter wurde seinerzeit vom Oberland aus in die Tiefe gebohrt.

Am Ende der Eiszeit dürfte Helgoland ein Fels inmitten einer grünen Landschaft gewesen sein. Zu dieser Zeit gehörte selbst England noch zum europäischen Festland und die Nordseewogen dürften an der heutigen Doggerbank an das Festland gebrandet sein. Die Nordsee in ihren heutigen Ausmaßen ist erst vor einigen

Jahrtausenden entstanden. Erdgeschichtlich ist sie ein „Neuling". Die Entstehung Helgolands dürfte in die Zeit der Auffaltung der großen Faltengebirge in den Alpen fallen, als die letzte große Evolution unserer Erdkruste auch im Nordseebecken gewaltige Kräfte freisetzte. Man stelle sich vor, dass tief unterhalb der Erdoberfläche, unterhalb der Kreide- und Muschelkalkschichten, eine mächtige, waagerechte Buntsandsteinschicht verlief. Unterhalb dieser Buntsandsteinschicht besteht die Erdrinde, bis hinunter in größte Tiefen, aus Zechsteinsalz. Durch die auftretenden Bewegungen dieses Materials wurde die Buntsandsteinplatte schräg nach oben gedrückt, so dass an ihrem oberen Ende das heutige Helgoland durch die Kreide- und Muschelkalk-Schichten hindurch „ins Freie" gedrückt wurde.

Man kann die schräg nach unten verlaufende Felsformation an der Steilküste der Insel gut erkennen. Die Schichten verlaufen von Nordwest nach Südost. Während der großen Eiszeit ging das Meer zurück und später hobelten die auf dem Helgoländer Kern liegenden Gletscher die Inseloberfläche eben.

Während der Entstehung Helgolands bildeten sich auch die „Helgoländer Düne" und das „Witte Kliff". Sie bestehen aus Kreide und Muschelkalk. (Von diesem Kalkvorkommen habe ich bei der Schilderung des „Kalkabbaus" berichtet.) In der Zwischeneiszeit entstand ein Süßwassersee, der begrenzt wurde durch den Muschelkalk im Osten und den Buntsandstein im Westen.

Erst nach der letzten Eiszeit, vielleicht vor 8.000 bis 10.000 Jahren, senkte sich das Land, so dass das Nordseewasser nachströmen konnte und die Landverbindung mit England unterbrochen wurde. Mit dem englischen Kanal entstand eine neue Verbindung zum Atlantik. Helgoland blieb noch eine ganze Weile über eine Landbrücke zur Halbinsel Eiderstedt mit dem Festland verbunden. Aber der „Blanke Hans" hat irgendwann auch diese Verbindung weggenagt und Helgoland damit zur einzigen deutschen Hochseeinsel gemacht.

Immerhin hat die Landbrücke den auf dem Festland lebenden Steinzeitmenschen die Möglichkeit gegeben, den roten Felsen trockenen Fußes zu erreichen. Der Nachweis, dass die älteste

Besiedelung Helgolands auf die ältere Bronzezeit datiert werden kann, wurde bereits 1845 und 1893 durch die Öffnung der Helgoländer Hünengräber geführt. In diesen Gräbern wurden Skelette aus eben dieser Zeit gefunden.

Ganz gegen unsere Gewohnheit sind wir in aller Frühe von Schilksee aus in Richtung Kiel-Schleuse gestartet. Wir hatten uns vorgenommen, in einem Rutsch am ersten Tag bis nach Cuxhaven zu fahren. Das haben wir auch geschafft, auch wenn ein unfreundlicher Schleusenmeister meinte, das Tor direkt vor unserer Nase schließen zu müssen. Er war wohl mit dem falschen Bein aufgestanden. Jedenfalls fühlte er sich auch noch bemüßigt, uns einen unverständlichen Text durch seinen Lautsprecher zukommen zu lassen. Und das bei den unmöglichen, ja geradezu gefährlichen Anlegestegen in den Schleusenkammern. Ist eigentlich kein Gewerbeaufsichtsamt für so etwas zuständig?

Aber ich will mich nicht ärgern! Schließlich starten wir ja zu unserem diesjährigen Sommertörn. Durch den Kanal wieder mal bei wolkenverhangenem Himmel – allerdings ohne Regen. Die Tide in der Elbe war günstig, so dass wir bereits kurz nach 18:00 Uhr im Yachthafen von Cuxhaven festmachen konnten. Wir hatten in diesem Jahr für unseren wichtigsten Jahrestörn leider nur vierzehn Tage Zeit. Allein aus diesem Grund wollten wir uns ausschließlich in heimatlichen Gewässern aufhalten: Helgoland, Sylt, Unterweser.

Zwei Meilen vor Cuxhaven erreichte uns via Handy ein Anruf:

„Zimmermann! Fahren mit 25 Knoten auf dem Katamaran VARGOY elbaufwärts! Sind in cirka zehn Minuten vor Cuxhaven! Ende!"

So ist er, mein Kollege aus Hamburg. Immer hektisch, immer laut, aber immer gut gelaunt. Wir kamen tatsächlich zeitgleich vor der Hafeneinfahrt an, wo die Helgoland-Fähre einige Passagiere ausbootete. Es reichte uns gerade Grüße zuzuwinken, für einige Fotos von unserer UTHÖRN, dann startete die Fähre schon wieder durch – und wir liefen in den Yachthafen von Cuxhaven ein.

Auf die Fotos, die mein Kollege bei dieser Gelegenheit von der UTHÖRN gemacht hat, warten wir heute noch.

Dafür hatte er aber für uns und unsere Helgoländer Freunde für den ersten Abend auf der Insel im Restaurant „Zum Hamburger" einen Tisch reserviert und das Menü vorbestellt. Den Aperitif hatte er schon bezahlt! Er hatte es sogar arrangiert, dass unsere Firmen-Flagge am Mast vor dem Restaurant gehisst war!

Volker, wie er leibt und lebt!

Typisch auch, dass wir uns eigentlich auf Helgoland am Ende seines Urlaubs treffen wollten und dass das nicht geklappt hat, weil wieder irgendein Termin dazwischen gekommen ist... Aber das vorbestellte Abendessen war traumhaft:

Als Vorspeise hatte er „Dijoner Senfsuppe mit Lachsstreifen" ausgewählt. Als Hauptgang gab es: „Seeteufel mit Citron-Pfeffer-Butter" und als Nachspeise: „Helgoländer Eiergrog Parvait". Selbst mein Freund Günter, der Biertrinker, meinte, dass dazu natürlich nur ein guter Weißwein passen würde. Da konnte uns das schlechte Wetter doch gestohlen bleiben!

Um noch einmal nach Cuxhaven zurückzukehren: Unser Start dort wäre uns beinahe in schlechter Erinnerung geblieben! Nach der Ausfahrt aus dem Hafen stellten wir einen ziemlich regen Schiffsverkehr fest, was mich dazu bewog, das Fahrwasser – unter Maschine – auf dem kürzesten Weg zu kreuzen. Bei der Beobachtung der vielen Schiffe und bei dem Bemühen, ihnen deutlich sichtbar auszuweichen, habe ich den Tonnenstrich überfahren und war ganz gehörig erschrocken, als wir plötzlich nur noch 80 cm Wasser unter dem Kiel hatten. Bedenklich war, dass ich das mehr oder weniger zufällig feststellte, weil ich meine Aufmerksamkeit einem sehr schnellen und tief liegenden Binnenschiff widmete, das uns von See her entgegen kam. Ich konnte die UTHÖRN unmöglich vor diesem Schiff wieder ins tiefe Wasser steuern; das hätte niemals gereicht. Also mogelte ich uns – bei erhöhtem Adrenalinpegel – so dicht wie möglich an ihm vorbei.

Alles ist gut gegangen und der Skipper des Binnenschiffes blieb offensichtlich relaxed. War auch alles nicht so schlimm bei auflaufendem Wasser. Trotzdem hatte ich mich wieder bei einer Unaufmerksamkeit erwischt.

Man muss eben ständig an sich arbeiten!

Und das alles, obwohl wir die UTHÖRN zwischenzeitlich mit einem elektronischen Kartenplotter ausgerüstet haben und damit „punktgenau" navigieren können. Das heißt, ein richtiger Kartenplotter ist das gar nicht: Ich habe auf meinen Laptop „IBM ThinkPad" eine Software mit dem Navigationssystem von „Tsunamis" aufgespielt. Der Laptop hat den Vorteil, dass der Bildschirm sehr groß ist. Wenn man so will, hat er den Nachteil, dass er auf dem Kartentisch steht. In der Ostsee verwenden wir bei Gelegenheit außerdem das System „Vista". Für unsere Reviere finde ich „Tsunamis" fast ein wenig zu aufwändig und damit zu teuer. Aber von „Vista" gab es keine Karten für die Nordsee und so sind wir zu dem zweiten System gekommen. Angenehm ist der Umstand, dass man von unterwegs ohne weiteres zusätzliche Karten ordern kann. Innerhalb von Stunden bekommt man die Code-Nummern zu den gewünschten Karten per Telefon übermittelt und hat nach der Eingabe Zutritt zu den neuen Karten.

Der Wettergott hielt sich nicht an unsere Vereinbarung: Nichts war es mit „Sonne über Helgoland". Im Gegenteil, Helgoland war dieses Mal kein Vergnügen! Sieben Windstärken aus Südwest, in Böen auch deutlich darüber! Und das bei den überaus dürftigen Anlegemöglichkeiten im bundeseigenen Hafen. Und dann lag unser Schiff auch noch im Päckchen am Nordanleger. Tagsüber ging der Wind zwar zurück auf vier, aber in der zweiten Nacht kam es dann umso heftiger. Es war gut, dass wir im Laufe des Vormittags in unserem Päckchen bis an die dritte Position nach innen „gewandert" waren.

Am Steg lag eine schwere Stahlketsch, fünfzehn Meter lang und fast fünf Meter breit. Zwischen der UTHÖRN und diesem Koloss lag eine 12m-Yacht und nach außen lagen die unterschiedlichsten Größen in bunter Reihenfolge. Neun Segelschiffe, an vorletzter Position eine Yacht unserer Größe.

Der Wetterbericht war eindeutig: Es wurde Starkwind mit sieben bis acht Windstärken aus Südwest angekündigt, für die Nacht Sturmböen bis neun! Das schien aber keinen der hinzu gekommenen Skipper weiter zu interessieren. Für mich ein immer wieder beobachtetes Phänomen: Statt sich zu bemühen, ein halbwegs nach Schiffsgröße sortiertes Päckchen zusammenzubauen wird einfach am Ende des Päckchens angelegt, ohne Rücksicht auf die Schiffsgröße. Ein Problem dabei ist, das erkenne ich natürlich auch, dass die Initiative von den bereits im Päckchen liegenden Skippern ausgehen müsste. Man erntet im Regelfall Unverständnis für das Ansinnen, sich „dazwischen" legen zu dürfen. Dabei wird vergessen, dass man sich für diesen geringen Aufwand - zumindest bei Starkwind – eine unter Umständen wesentlich ruhigere Nacht einhandelt.

Im Stadthafen von Ärösköbing auf der dänischen Insel Ärö entstand aus einem dieser Anlegemanöver, bei dem „schulmäßig" vorgegangen wurde, eine richtig belastbare Freundschaft zu dem Segler-Ehepaar, das seine Yacht los werfen musste, um uns dazwischen zu lassen. Aber auch hier ging die Initiative von den bereits dort liegenden Skippern aus!

Es gibt zwar unheimlich dickfellige Menschen, aber zur Ehre der vielen anderen sei gesagt, dass der Grund für die vermeintliche Trägheit wohl auch in der Scheu davor liegt, sich durch den „Aktivismus" scheinbar in den Vordergrund zu spielen – oder damit schuldig an der entstehenden Hektik zu werden. Selbstverständlich kommt es auch vor, dass einfach keiner an Bord ist, wenn eine weitere Yacht festmacht.

Sei es, wie es sei, unser Päckchen war ein „Katastrophen-Päckchen"!

Als wir abends von unserem Abschiedsbesuch bei unseren Freunden zurück an Bord kamen, hatte es schon gehörig aufgebrist und die Fender wurden bereits auf die Hälfte ihres Durchmessers zusammen gepresst. Drückte der Wind zunächst ziemlich genau im rechten Winkel auf die Breitseiten der Schiffe, so drehte er jetzt doch langsam aber beständig mehr und mehr auf Süd. Das bedeutete, dass unser Päckchen bereits am späteren Abend einen deutlichen Bogen bildete.

Eine Leinenverbindung zu einer Mooring-Tonne, die in einem Abstand von ungefähr zwanzig Metern in Luv von den äußeren Schiffen lag, war nicht gelegt worden! Dazu hätte man ja ein Beiboot klar machen müssen…

Bei den Sturmböen, die immer wieder in den Hafen einfielen, fühlte ich mich so langsam nicht mehr wohl. Ich konnte mich auf meine Bettlektüre schon lange nicht mehr konzentrieren, las dieselben Absätze immer wieder, ohne sie wirklich aufzunehmen. In Wirklichkeit dachte ich fast nur noch an die Kräfte, die auf den Klampen der UTHÖRN lasten würden, und lauschte auf die Geräusche des Sturms und der unruhigen Schiffe, die an ihren Leinen zerrten und immer wieder in sie hinein ruckten. Um Mitternacht reichte es mir! Ich zog mich wieder an und ging zu einem Kontrollgang an Deck.

Die Krümmung unseres Päckchens hatte sich unter der Windlast und der veränderten Windrichtung jetzt so sehr verstärkt, dass das Ende bereits bedrohlich nahe an die Schiffe in Lee kam, die dort zwar unruhig, aber sicher zwischen den Fingern ihres Steges lagen. Weit und breit kein Mensch an Deck irgendeiner Yacht! Die Jungs haben Nerven!

Ein Blick auf die Stahlyacht direkt am Anleger ließ meinen Adrenalinspiegel einen Sprung nach oben hüpfen: Sie lag nicht mehr parallel zum Steg, sondern in einem Winkel von annähernd dreißig Grad, was ich aus meiner Position aber nicht eindeutig bewerten konnte. Also turnte ich zunächst einmal an Land um mir ein klares Bild von der Situation zu machen. Und das war schlicht und ergreifend erschreckend! Der gute Skipper hatte sein Schiff lediglich mit einer Vor- und einer Achterleine fest gemacht! Die Achterleine hatte zwar die richtige Länge, aber erstens war sie viel zu schwach und zweitens konnte sie das Schiff ohne eine zusätzliche Spring keinesfalls stabil fixieren.

Die schwarze Sisalleine war gespannt wie eine Geigensaite und bereits bis auf die Hälfte ihrer Ursprungsdicke auseinander gezogen, während die äußeren Fasern begannen sich senkrecht zu stellen, weil sie gerissen waren! Keine Frage: Eine weitere schwere Bö oder ein weiteres Zuwarten würde diese Spielzeugleine zum Zerreißen bringen. Kurzzeitig ging mir relativ kühl durch den Kopf, dass in diesem Fall das Päckchen sehr schnell und auf direktem Wege in die leeseitigen Yachten treiben und einen immensen Schaden anrichten würde. Genau so „distanziert" ging mir aber auch durch den Kopf, dass unserer UTHÖRN bei diesem Ramming nichts weiter geschehen würde. Trotzdem bin ich natürlich sofort los gespurtet.

Ich glaube, dass ich bis dahin noch nie so schnell über zwei Schiffe zu unserer Achterpiek geklettert bin, um die stärkste Leine zu holen, die sich auf unserem Schiff befand! Als erstes habe ich diese Leine als Sicherung zusätzlich zu der schwarzen Sisalleine gesetzt. Natürlich konnte ich sie in keinem Fall dicht genug durchholen, aber im Falle des Reißens der Sisalleine hätte sie sofort den Zug übernommen. Während ich noch mit dieser Arbeit beschäftigt war, überlegte ich, ob es nicht besser gewesen wäre, gleich eine Landleine vom Heck der UTHÖRN aus zu legen.

Wahrscheinlich wäre es sogar klüger gewesen. Allerdings dauerte das Legen dieser Landleine mindestens zehnmal länger als das Sichern der Achterleine, wie ich es gerade erledigt hatte. Wer weiß, ob die überhaupt noch so lange gehalten hätte? Das Ausbringen der Landleine machte dann wirklich noch sehr viel Mühe, zumal das Stahlschiff ein Beiboot in den Davits hängen hatte, um das ich herumturnen musste. Auf der UTHÖRN führte ich die Landleine durch die Rollen für die Heckankerleine und legte sie über eine große Elektrowinsch. Mit Hilfe der Technik zog ich dann unser Schiff mitsamt dem Päckchen soweit zurück, dass das Stahlschiff parallel zum Anleger zu liegen kam. Aber was viel wichtiger war: Das Päckchen lag nach dieser „Operation" wieder annähernd rechtwinklig zum Steg und damit auch weiter entfernt von den Yachten des Helgoländer Yachtclubs.

Am Schluss dieses Abenteuers habe ich mich dann aber doch noch über mich selber geärgert! Ich hatte im Laufe des Tages zwar eine Landleine nach vorne ausgebracht, weil die Windrichtung das so vorgab, aber nach achtern nicht. Da hatte ich mich darauf verlassen, dass das einer der Nachbarlieger machen würde... Ich sehe heute noch meine vordere Landleine nach der Winddrehung schlaff im Wasser hängen. Kein Problem, wenn denn achtern die straffe zweite Landleine zu sehen gewesen wäre. Peinlich!

Für diesen Fehler musste ich, von der Nachtarbeit einmal abgesehen, endlich einmal nicht bezahlen. Und er passiert mir ganz bestimmt nicht wieder. Fazit: Verlass dich niemals nur auf andere! Bis zum Schluss meiner nächtlichen Wühlerei habe ich übrigens, außer dem Skipper der Yacht neben uns, keinen anderen an Deck irgendeines Schiffes gesehen. Das nennt man Gottvertrauen! – Oder Ahnungslosigkeit? Oder Dummheit?

Am nächsten Tag wollten wir wieder einmal nach Sylt segeln. Der Wind hatte sich bis auf konstante sechs Beaufort beruhigt. Allerdings hieß das erstmal, dass wir uns aus dem Päckchen befreien mussten. Denn es sah so aus, dass kein anderer den „vermeintlich sicheren" Hafen verlassen wollte. Nur der Stahlschiff-Skipper machte auch Anstalten abzulegen. Er verlor übrigens kein Wort über die fremde Leine an seinem Schiff.

Unser außen liegender Nachbar war ein Holländer, was unser Ablegemanöver vereinfachte. Die Holländer kennen sich damit aus. Außerdem sind sie nicht besonders zimperlich. Zu unserer Ysselmeer-Zeit haben wir es nicht nur einmal erlebt, dass morgens ein ganzes Päckchen frei im Hafen trieb, weil ein Innenlieger raus wollte und einfach die Leinen los geworfen hatte. Darüber hat sich kein Mensch aufgeregt.

Ine und ich hatten uns „wettergemäß" in unser rotes Ölzeug gehüllt und bereiteten in aller Ruhe das zweifellos nicht ganz einfache Ablegemanöver vor. Das Wichtigste war, dass der Holländer die Funktion der UTHÖRN übernahm und eine Landleine nach achtern ausbrachte, wobei ich ihm natürlich half. Auch wurden die zwei nächsten Skipper über unser Vorhaben informiert und der äußere startete ebenfalls seine Maschine, um das restliche Päckchen mit Hilfe der Landleine des Holländers an den Steg zu manövrieren. Denn bis zum endgültigen Loswerfen unserer Leinen war klar, dass das Stahlschiff zusammen mit uns ablegen würde.

Unglücklicherweise kam just in diesem Augenblick ein Schiff aus einem anderen Päckchen von seinem Versuch, den Hafen zu verlassen, wieder zurück. Das verunsicherte unseren Stahlschiff-Skipper sichtbar und die Handzeichen des Rückkehrers, die eindeutige Schlüsse auf die ruppige See zuließen, bewogen ihn dazu, nun doch an seinem Liegeplatz zu verbleiben. Nun, uns sollte es recht sein.

An beiden Längsseiten waren die Leinen gelöst, ich gab vorsichtig Gas voraus und während Ine immer schön auf die Fender achtete, schob sich die UTHÖRN aus dem Päckchen. Nach vorne war wenig Raum, aber mit dem Bugstrahlruder war es kein Problem, unseren Bug nach Backbord zu drücken. Dadurch wurde das Heck nach Steuerbord gedrückt und Ine hielt den Kissenfender zwischen die beiden Schiffe. Alles lief prima! Während wir zügig durch die enge Gasse zwischen unserem Päckchen und den Schiffen des Helgoländer Yachtclubs hindurch fuhren, schlossen der Holländer und sein Nachbar die entstandene Lücke.

Perfekt!

So hätte sich der Stahlschiff-Skipper sein Manöver auch gewünscht, als er zwei Stunden später doch ablegen wollte. Das kam dann leider anders, wie uns die Holländer später auf Sylt erzählten, wo wir sie im Hörnumer Hafen wieder trafen.

Nach dem obligatorischen „Diesel-Fassen" machten wir uns bei ungemütlichem Wetter auf den Weg nach Norden. Wenigstens stimmte die Windrichtung, so dass wir mit dem doppelt gerefften Großsegel und der großen Genua zügig vorankamen. Ine hatte die Tonne „Lister Tief" als Waypoint eingegeben; der relativ beständige Südwest und unser „dritter Mann" machten den Rest. Ich spielte hin und wieder an den Segeln, was aber im Grunde keine höhere Geschwindigkeit brachte. Sieben bis acht Knoten reichen doch auch!

Weit im Westen, südlich von Büsum, liegt das Wattenmeer, an das ich aus meiner „Segel-Sturm-und-Drangzeit" besondere Erinnerungen habe. Bevor ich meine leichtsinnigen Segelabenteuer mit dem 7m-Boot in der Ostsee bestand, hatte ich mich redlich bemüht, mich diesbezüglich auf der Unterweser und in den Wattengebieten der Nordsee auszutoben. Mein Heimatrevier in dieser aufregenden Zeit war die Unterweser, und zwar von Vegesack weserabwärts. Nicht das tollste Revier, aber wenn man nichts anderes hat, begnügt man sich als junger Kerl mangels anderer Gelegenheiten eben auch damit. Das war eine Zeit, in der wir zu den, häufig selbst gebauten, „Niedersachsenjollen" noch aufblickten. Von anderen Schiffen ganz zu schweigen!

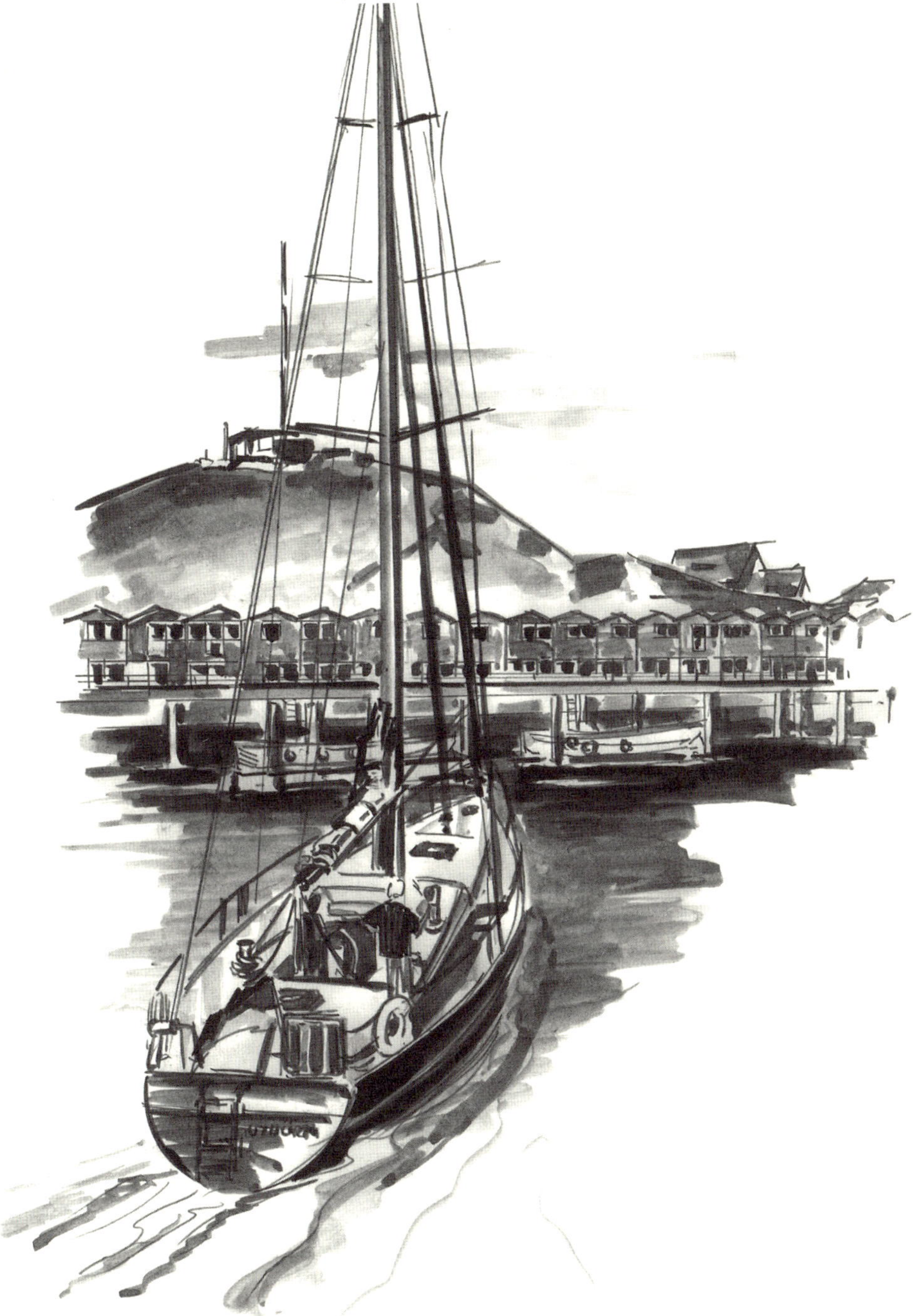

Einer meiner Segelfreunde war Peter Skalicky, dessen Bruder eine „H-Jolle" von De Dood sein Eigen nannte. Mit einer Länge von 6,36 und einer Breite von 1,67 Meter war diese Jolle für unsere Begriffe, die wir nur „Piraten" gewöhnt waren, ganz schön groß. Und wir zwei schmiedeten den Plan, mit dieser Jolle nach List auf Sylt zu segeln! Immer schön in Sichtweite der Küste... So hatten wir uns das vorgestellt. Rückblickend war dieser Versuch wohl mindestens so gefährlich wie der spätere Ostseetörn. Der Kimmkieler hatte wenigstens einen Kajütaufbau, während es sich bei der H-Jolle um einen offenen Kielschwerter handelte, nur mit einer Spritzpersenning hinter dem Mast. Aber dafür hatte Peter sein Banjo im Gepäck. Mahnende Worte fanden bei uns kein Gehör und so segelten wir bei guter Laune und schwachem Wind Weser abwärts Richtung Bremerhaven.

Der Sea-Gull-Außenborder war unsere Versicherung für den Fall, dass die ablaufende Tide uns nicht in einem Rutsch bis Bremerhaven schieben würde. So kam es dann auch. Aber mit unserem Moppel war es kein Problem, doch noch vor dem Dunkelwerden durch den Vorhafen in den Geestehafen zu gelangen. Unser weiterer Weg würde uns über die Geeste und den „Hadelner Kanal" in die Unterelbe führen. Deswegen legten wir in der Abenddämmerung schnell noch den Mast, bevor wir unseren Spirituskocher in Gang setzten. Peter zauberte ein schmackhaftes Büchsen-Abendessen auf den Tisch und mit ein paar Flaschen Bier und musikalischer Untermalung ließen wir den Tag satt und zufrieden ausklingen.

Wenn ich an die Fahrt durch die Geeste und den „Hadelner Kanal" zurückdenke, fallen mir eigentlich nur Wiesen mit Kühen und die vielen niedrigen Brücken ein. Bevor wir uns am nächsten Morgen in Otterndorf durch die Schleuse in die Unterelbe wagten, wurde abends noch der Mast aufgerichtet und alles durchgecheckt – einschließlich Außenborder. Ich erinnere mich noch sehr genau an die Situation, als sich das Schleusentor öffnete und wir mit der Weite der Unterelbe konfrontiert wurden. Bis dahin kannten wir aus der „Jollen-Perspektive" nur die Weser. Uns schien, dass hier alles um Einiges weitläufiger war, und irgendwie auch feindlicher.

Wir hatten den Ebbstrom abgewartet und kreuzten bei richtig ungemütlichem Wetter nach Cuxhaven. Ich schätze, dass der Wind aus West mit fünf Beaufort blies, mit steigender Tendenz. Zum Glück hatten wir unser Ölzeug angezogen. Die ursprüngliche Idee war allerdings, dass wir uns lediglich vor dem Regen schützen müssten. Vor der Einfahrt zum Hafen von Cuxhaven erlebten wir dann jedoch einen Schwell, wie wir ihn bis dahin noch nicht kannten. Und Schaumkronen auf den Wellen hatten wir als Jollensegler bis dahin auch noch nicht erlebt! Da werden uns wohl die ersten Bedenken wegen unseres weiteren Törns gekommen sein. Jedenfalls waren wir froh, als wir endlich die Hafeneinfahrt passierten… Vertieft haben wir das „Törn-Thema" an diesem Abend aber nicht.

Damals gab es offensichtlich noch keinen Yachthafen, denn ich erinnere mich, dass wir in einem zwar kleinen, aber ganz normalen Fischereihafen lagen. Der Starkwind und die dichte Wolkendecke hatten sich für die nächsten Tage festgesetzt und an ein Auslaufen war nicht zu denken. Wir vertrödelten die Zeit unter unserer Baumpersenning bei Lektüre, Banjo und Kochen – hin und wieder von einem Stadtbummel unterbrochen. Endlich begannen die Wolken aufzureißen und der Wind nachzulassen. An einem frühen Nachmittag, wir waren gerade auf dem Weg nach Dunen, riss die Bewölkung vollends auf und der Westwind wurde deutlich schwächer. Das war das Signal für uns zum Aufbruch zumal die Tide gerade gekentert war und der Flutstrom eingesetzt hatte.

Wir machten auf dem Absatz kehrt und liefen im Dauerlauf zurück zum Hafen, um unseren Entschluss unmittelbar in die Tat umzusetzen. Schlafsäcke eingerollt und Kochutensilien zusammengeräumt und unter dem Vorschiff verstaut, Ölzeug übergezogen, das Großsegel mit einem gehörigen Reff versehen und gehisst, und schon ging es los.

Später würde der Hafenmeister meinem Vater sagen, dass ein offenes Boot mit stark gerefften Segeln, bei Windstärke fünf, um 16.00 Uhr den Hafen mit nördlichem Kurs verlassen habe…

Selbst im Nachhinein möchte ich den Törn übers Watt nicht dramatisieren, obwohl er ausgesprochen ungemütlich war. In

Erinnerung sind mir die kurzen Wellen geblieben, die recht bald aufziehende Gewitterfront und die ständige Ungewissheit über den jeweiligen Standort und die Wassertiefe. Außerdem hatten wir keine Ahnung, wie stark uns die Flut versetzen würde. Die Sicht war saumäßig schlecht und wir hatten überhaupt keine andere Wahl, als so schnell wie möglich quer übers Watt auf dem direkten Weg nach Büsum zu segeln. Der Wind verhielt sich fair und schwächte unserer Meinung nach weiter ab, vielleicht hatten wir uns aber auch nur an ihn gewöhnt.

Im Osten sahen wir schon bald den flachen Küstenstrich auftauchen und irgendwann passierten wir in großer Entfernung den „Trischendamm", einen an der Spitze des Friedrichskoogs in die See hinein gebauten Damm. Offensichtlich hatten wir zu sehr gegen den Flutstrom gehalten. Eigentlich hätten wir uns wesentlich näher an der Küste befinden müssen. Unser Problem war die fortgeschrittene Uhrzeit! Deswegen vergrößerten wir irgendwann das Segel und versuchten so, die Jolle noch schneller zu machen.

Zeitgleich mit dem Passieren einer grünen Tonne, die wir aber nicht identifizieren konnten, sahen wir zum ersten Mal ein Leuchtfeuer nordöstlich voraus. Das musste Büsum sein! Es wurde aber auch Zeit, denn die Dämmerung nahm sichtbar zu. Und endlich sahen wir auch am Horizont das nördliche Ufer der „Meldorfer Bucht" aus dem Dunst auftauchen. Die wirklichen Gefahren wie Strandung oder hoffnungsloses „Verfransen" haben wir überhaupt nicht bedacht. Das wird in dieser Situation wohl auch gut gewesen sein. Den „point of no return" hatten wir längst überschritten, es konnte nur noch die Losung geben: weiter und irgendwo ankommen! Und nach dem Motto: „Das Glück ist bei den Dummen" (oder Leichtsinnigen) tauchten endlich die Lichter der Hafeneinfahrt von Büsum vor uns auf. Nebenbei stellten wir dann auch noch fest, dass wir inmitten des roten Sektors des Büsumer Leuchtfeuers auf die Hafeneinfahrt zuhielten!

Viele Menschen auf der Westmole – endlich gab es mal etwas zu sehen – und irgendein freundlicher Fischer, der uns zu einem Liegeplatz im Nordhafen durchwinkte, das sind meine nachhaltigsten Erinnerungen an den Augenblick unseres „Erfolges".

Der Büsumer Hafen war damals noch nicht durch eine Schleuse vor den Tiden der Nordsee geschützt und so mussten wir uns erst einmal von den Fischern abschauen, wie ein Schiff in diesem Fall an einer Kaimauer befestigt wird: Mit möglichst langen, gekreuzten Leinen, wobei die Vorleine am Achterschiff und die Achterleine am Vorschiff befestigt wird.

Am ersten Abend wurden wir von unserem Fischer in die Büsumer „Hafenszene" eingeführt und es war ihm auch nicht auszureden, auf seine Kosten unsere „Wiedergeburt", wie er sagte, tüchtig zu feiern. In einem Alter von Anfang zwanzig fiel es uns nicht schwer, diesen Einstieg ein paar Tage fortzusetzen, wobei wir leider vollkommen vergaßen, uns einmal bei unseren Eltern zu melden. Erschwerend war allerdings, dass weder Peters Mutter noch meine Eltern ein Telefon hatten. Eine Ansichtskarte hätte aber drin sein müssen!

In seiner Not hat mein Vater dann Himmel und Hölle in Bewegung gesetzt, um herauszufinden, wo sein Sohn abgeblieben war. Bis nach Cuxhaven hat er sich durchgefragt, aber weil wir es versäumt hatten, einen Zielhafen anzugeben, ist er von dort aus nicht weiter gekommen. Durch seine Tätigkeit in der Flugzeugindustrie hatte er häufiger mit Testpiloten zu tun und in seiner Angst um seinen Sohn hat er es tatsächlich fertig gebracht, dass ein geplanter Werkstattflug einer „Transall"-Transportmaschine über die Deutsche Bucht verlegt wurde. So spulte denn eine Transall ihr Testprogramm im Tiefflug über der Außenelbe ab, natürlich ohne Erfolg. Der Filius ließ es sich derweil in dem aufstrebenden Kurort Büsum gut gehen…

Die Leiden meines Vaters wurden dann aber doch noch durch die ersehnte Postkarte beendet. Erst viel später, mittlerweile war ich selber Vater geworden, konnte ich seine Ängste so richtig nachempfinden.

Auf die Fortsetzung unserer Reise nach Sylt verzichteten wir wohlweislich und starteten acht Tage später bei herrlichstem Wetter, spiegelglatter See und einer lauen Brise zurück nach Cuxhaven. Bis auf ein paar Orientierungsschwierigkeiten verlief die Rückreise ohne Probleme.

Mit unserer UTHÖRN wollten wir zum ersten Mal den Hafen von Hörnum auf Sylt anlaufen, obwohl er unserer Meinung nach nicht so „gemütlich" wie der Lister Hafen ist. Wir wollten auch nur eine Nacht dort bleiben und am nächsten Tag weiter nach List segeln. Mit unserer Schlechtwetter-Erfahrung am „Lister Tief" im Hinterkopf verzichteten wir wegen des starken Windes dann aber doch auf die Passage durch das „Holtknobsloch", obwohl wir die Ansteuerungstonne schon „zu fassen" hatten. Ohne Revierkenntnisse war mir bei diesem Wetter nicht wohl in meiner Haut und so „starteten wir durch", direkt nach List.

Heute war unsere Ankunftszeit an der „Lister-Tief-Tonne" mit der Tide und dem starken Westwind im Einklang. Die Wellen waren zwar hoch, vielleicht drei Meter, aber sie waren nicht steil und die Schaumkronen waren nichts im Vergleich zu unserem früheren Abenteuer. Die Erklärung war einfach: Der Flutstrom lief mit dem Wind! Genau das war es, was ich seinerzeit beim Ebbstrom nicht bedacht hatte.

Aber es war wohl alles zu glatt gelaufen! Auf halber Strecke zwischen den beiden Leuchttürmen auf dem Ellenbogen nahmen wir die Genua weg und wollten auch das Großsegel bergen. Dazu starten wir im Regelfall den Motor und steuern das Schiff in den Wind. So auch heute - aber der Motor sagte keinen Piep. Zum ersten Mal seit wir auf unserer UTHÖRN IV fuhren, schwieg die Maschine nach einem Startversuch… Auch wiederholte Startversuche änderten nichts daran. Am Anlasser kam einfach kein Strom an, sonst hätte der Motor doch bestimmt ein Startgeräusch von sich gegeben! Vor dem Lister Hafen steht immer, außer bei Stauwasser, ein starker Querstrom von zwei bis drei Knoten. Wir würden auf keinen Fall ohne fremde Hilfe in den Hafen gelangen können.

Was blieb mir schon anderes übrig, als den Seenotkreuzer „Minden" um Hilfe zu bitten? Wir verabredeten, dass das Tochterboot uns in einer halben Stunde entgegen kommen sollte, um uns „auf den Haken" zu nehmen. Die „Margarete" war dann wohl doch gleich losgefahren, jedenfalls tauchte sie sehr bald hinter der Ellenbogenspitze auf und hielt auf uns zu. Wir einigten uns durch Zuruf darauf, dass wir die Verbindung zwischen den beiden Schiffen erst ein paar hundert Meter vor dem Hafen herstellen würden. So begleitete uns die „Margarete" noch ein bis zwei Meilen, bevor sie die UTHÖRN längsseits nahm. Vorher hatten wir die Segel eingeholt und alles erfolgte wieder in der uns bereits geläufigen Ruhe und Besonnenheit der Seenotretter.

Wie er uns erzählte, war der Steuermann des Tochter-Bootes früher Schlepperkapitän gewesen, was mich besonders beruhigte. Ist doch der Lister Hafen sehr klein und eng, und das würde besondere Fähigkeiten unseres Steuermanns erfordern. Und das Hineinbugsieren in eine Box war dann auch tatsächlich ein Bravourstück dieses Künstlers am Ruder. Der Service unserer „Retter" ging sogar noch soweit, dass sie für den nächsten Morgen bereits einen Monteur für uns bestellt hatten.

Ausgerechnet heute wurden wir im Hafen von zwei ehemaligen Klassenkameraden empfangen, die es auch im Urlaub in ihre alte Heimat gezogen hatte. Wer fährt in solch einem Fall nicht lieber mit eigener Kraft in den Hafen? Aber so spielt nun mal das Leben... Den einen der beiden hatte ich über vierzig Jahre nicht mehr gesehen. Ihn hatte es nach Frankfurt verschlagen, während der andere in München lebt.

Der Monteur kam, wie vereinbart, pünktlich am nächsten Morgen um 09:00 Uhr an Bord. Das Ergebnis seiner Tätigkeit hat ihn selber nicht zufrieden gestellt, weil der Motor irgendwann zwar wieder lief, er aber nicht genau wusste, warum. Er bastelte uns noch ein Überbrückungskabel zusammen, mit dem wir im Notfall eine Brücke zwischen zwei Kontakten herstellen sollten.

„Der Motor ist in Ordnung!"

Das war jedenfalls eine klare Aussage. Es könne sich nur um einen Fehler in den elektrischen Zuleitungen handeln. Na prima! Mit dieser Unsicherheit haben wir den gesamten restlichen Törn abgespult – ohne Probleme. Im Heimathafen hat unser Motoren- und Elektrospezialist Eckart dann herausgefunden, dass es sich um einen Kabelbruch gehandelt hat und eine Überbrückung herzlich wenig geholfen hätte...

Auf Sylt spulten wir ansonsten unser übliches Insel-Programm ab. Wir mieteten uns dieses Mal einen „Dünenflitzer" – ein Smart-

Cabrio – statt des üblichen Motorrollers. 35 Euro pro Tag waren zwar zu teuer, aber alles hat eben seinen Preis und bei schlechtem Wetter sitzt man doch lieber geschützt. So kamen wir denn doch noch zum Hörnumer Hafen, wo wir unsere holländischen Bootsnachbarn von Helgoland wieder trafen. Und die erzählten uns ihre kleine Story von dem Ablegemanöver unseres „Stahlschiff-Skippers":

Er hatte wohl Terminprobleme und musste dringend nach Hause, so dass er sich zwei Stunden nach uns entschloss, doch auch abzulegen. Er wird unser Manöver noch im Kopf gehabt haben und gedachte wohl, es genauso zu machen: Das Nachbarschiff los werfen, nachdem vorher vom Achterschiff des Holländers eine Landleine gelegt worden war, Bugstrahlruder betätigen und den Bug nach Backbord drücken. Fahrt voraus und ab durch die Gasse zwischen dem Päckchen und den Schiffen des Helgoländer Yachtclubs.

Und jetzt muss irgendetwas falsch gelaufen sein! Sein Schiff ist immerhin einen Meter breiter als unseres; das wird zumindest mitgeholfen haben, ihn in Schwulitäten zu bringen. Vielleicht ist er auch nicht zügig genug geradeaus gefahren und hatte dadurch nicht genügend Druck auf dem Ruder. Jedenfalls hat er zu weit nach Backbord gehalten, vielleicht auch im Bestreben, gegen den Seitenwind zu halten, und schlichtweg drei der Päckchenlieger demoliert.

Er scheint in Panik geraten zu sein, denn er gab Gas und machte zunächst keine Anstalten umzukehren. Das hat er sich dann allerdings anders überlegt und weit entfernt, in einer ganz anderen Ecke des Hafens, wieder angelegt.

Die Schäden waren beträchtlich!

Der arme Kerl! Und die armen anderen Skipper!

Wie uns unser Holländer erzählte, endete die Geschichte mit viel Geschrei und dem Einsatz der Helgoländer Polizei.

Richtig wäre es sicher gewesen, wenn er die Mühe auf sich genommen hätte und den Skipper des letzten Schiffes zusätzlich für sein Manöver eingespannt hätte. Der hätte ihm mit seiner Maschine die Gasse mit Leichtigkeit weit genug öffnen können!

Die alte Leier: Vor einem Manöver genau überlegen, welche Faktoren berücksichtigt werden müssen. Welche Faktoren beeinflussen wie das Manöver?

Aber hinterher ist man immer schlauer...

Das ist aber nichts gegen die Story, die in unserem eigenen Verein geschehen ist!
In ihm gehen Motorbootfahrer und Segler einträchtig miteinander ihrem Hobby nach, wobei erwähnt werden soll, dass der Verein ursprünglich ein lupenreiner Motorboot-Verein war. Die Vereinsmitglieder haben sich darauf verständigt, dass das Wasser das verbindende Element ist und dass jeder für sich selbst entscheiden soll, ob er sein Hobby unter Maschine oder unter Segeln ausleben will. – Eine vernünftige und sehr entspannende Philosophie! Und schön ist es auch, dass Spaß verstanden wird und dass über „Ausrutscher" gelacht werden darf.

So erging es einem Vereinskameraden, der auffallend selten mit seinem Schiff aus dem Hafen fuhr und entsprechend ungeübt in der Schiffsbedienung gewesen sein dürfte. Als er sich doch wieder einmal raffen wollte, sein großes Motorboot aus der Box zu manövrieren, muss ihn sein Gefühl für die Kraft seiner 2 x 350 PS starken Maschinen verlassen haben! Jedenfalls brachte er es fertig, mit Schmackes vorwärts zu fahren, statt langsam und vorsichtig rückwärts. Dabei hat er dann den Stromkasten auf dem Steg umgenietet. Mehr gab es da nicht zu versenken, der Steg ist immerhin aus Beton... In seinem panischen Versuch, dieses Unheil in letzter Sekunde vielleicht doch noch abzuwenden, hat er ganz offensichtlich die Hebel in der entgegengesetzten Richtung „auf den Tisch" geknallt. Das hat dann leider bewirkt, sein Schiff mit voller Kraft rückwärts nicht nur aus der Box, sondern auch noch quer über die ungefähr 15 Meter breite Boxengasse hinweg schießen zu lassen und eine 12-Meter Segelyacht am anderen Ende seines Kurzausflugs zu versenken!

Sein späterer Kommentar:

„Diese Kunststoffeimer halten einfach nichts aus! Die sinken immer gleich."

Es war wohl mehr eine glückliche Fügung des Schicksals, dass er nicht auch noch sein eigenes Schiff vom Grund des Hafenbeckens hat bergen lassen müssen. Humor hatte der gute Mann jedenfalls! Wenn er später zu seinen seltenen Bootsausflügen startete, sprach er grinsend davon, „mal wieder Schiffe versenken zu wollen". Man sieht sein Schiff seit einiger Zeit nicht mehr am Steg. Es ist anzunehmen, dass ihm sein Hobby zu teuer geworden ist.

Das Wetter erholte sich nicht so richtig, jedenfalls wurde es kein typisches „Sylt-Wetter". Wobei ich damit – im Gegensatz zu manch anderem – durchaus schönes Wetter im herkömmlichen Sinne meine. Auch diese Insel haben wir überwiegend bei Sonnenschein erlebt, sowohl als „konventionelle" Urlauber als auch als Segler. Aber in diesem Jahr war das nun mal anders, deswegen machten wir uns schon sehr bald wieder auf den Weg südwärts, Richtung Außenweser.

Der Wind wehte für Nordseeverhältnisse eher schwach aus Nordost mit drei bis vier Windstärken. Das waren beste Voraussetzungen, um endlich einmal den Weg durch das „Lister Landtief" zu wählen und nicht erst den Umweg bis zur „Lister-Tief-Tonne" zu segeln. Unser Kurs führte uns unmittelbar unter Land vorbei am nordwestlichen Ende des „Ellenbogens" und als Fremder braucht man gute Nerven, um in einem Tidengewässer bei so wenig Wasser unter dem Kiel nicht nervös zu werden. Aber vor allem braucht man die richtige Windrichtung und die richtige Tide! Und das passte dieses Mal alles.

Nicht zu vergessen unser elektronischer Kartenplotter! Mit dieser Entwicklung hat die Sicherheit bei der Standortbestimmung, und damit die Sicherheit auf See im Allgemeinen, eine geradezu unglaubliche Dimension erreicht. Seitdem die UTHÖRN mit dieser Technik ausgerüstet ist, haben wir so manches Flachwassergebiet durchfahren, wobei wir natürlich die Kontrolle mit dem Echolot nicht vergessen. Achtzig Zentimeter Wasser unter dem Kiel machen uns heute nicht mehr nervös.

Wir hielten uns auf unserem Südkurs weiterhin in Landnähe, ein paar Meter westlich der vorgelagerten Sandbank. Diese zieht sich, mit Unterbrechungen, entlang der gesamten Insel hin und ist schon so manchem Schiff zum Verhängnis geworden.

Den „Ur-Syltern" wird nachgesagt, dass sie bei den Strandungen der Segelschiffe häufig ihre Finger im Spiel gehabt haben sollen. Mit Strandfeuern sollen die Brüder die Seeleute in die Irre geführt haben! Bei Weststurm und schwerer See rauschten die armen Teufel auf die Sandbank und mussten hilflos zusehen, wie ihr Schiff von den Brechern kurz und klein geschlagen wurde. Im Regelfall ertranken sie bereits in dieser Phase ihres Unglücks. Sollten sie die achtzig bis hundert Meter durch die Brandung bis an den Strand wider Erwarten doch geschafft haben, wurden sie spätestens bei Erreichen des Strandes von den Friesen erschlagen... Um an ihre Beute heranzukommen, mussten diese Schlitzohren sich nicht besonders anstrengen. Sie warteten einfach, bis ihre Beute von der See an den Strand gespült wurde. Aber reich sind sie auf diese Weise nicht geworden. Das Leben auf der Insel zeichnete sich damals durch den ständigen Kampf um den Lebensunterhalt aus.

Eigentlich hat sich das nie geändert. Man sagt den Syltern, nicht ganz zu Unrecht, auch heute noch eine gewisse seeräuberische Veranlagung nach. Sie schlagen zwar keine Leute mehr tot, aber „Beute machen" ist immer noch nichts Ehrenrühriges. Natürlich sind die Holzkeulen für diesen Erwerbszweig mittlerweile verpönt. Das lässt sich viel eleganter mit den Preiskeulen bewerkstelligen!

Wir passierten die Lister Strandhalle und später „Buhne 16", nördlich von Kampen. Dieser Strandabschnitt ist wohl eine der bekanntesten „Schickimicki-Ecken" in ganz Deutschland. Die seinerzeit dazu gehörige Imbissbude ist mittlerweile zu einem, zwar aus Holz gebauten, ansonsten aber „richtigen" Strand-Restaurant mutiert. In unserer Zeit als „konventionelle" Sylt-Urlauber hatten wir unseren Strand-Stammplatz ein paar hundert Meter südlich von „Buhne 16", aber direkt dorthin hat es uns nie gezogen.

Mit dem bunten Blister und dem dunkelblauen Schiffsrumpf bot die UTHÖRN den Badegästen sicher ein schönes Bild. In der fast bewegungslosen See rauschte sie mit fünf Knoten ihrem nächsten Ziel entgegen. Bei Sonnenschein wäre das noch viel schöner gewesen! Leider begann der Wind gegen Mittag zu schwächeln und es war absehbar, dass uns eine Nachtfahrt bevorstand, wenn wir spätabends nicht doch Helgoland anlaufen würden.

Aber das wollten wir nicht.

Eine unserer Nachtfahrten mit einem besonderen Erlebnis führte uns einmal an der dänischen Westküste entlang. Das Wetter war durchwachsen, der Wind blies aus Südwest und wir hielten uns gut frei von der Küste. Die Nacht war pechschwarz. Wegen der großen Entfernung sahen wir fast keine Lichter am östlichen Horizont. Um Mitternacht standen wir ungefähr zehn Meilen querab von Hvidesande, als ich auf dem Radarschirm beobachtete, wie sich ein Punkt aus dem Küstenbereich löste und direkt auf uns zu hielt.

„Das wird wohl ein Fischer sein", war Ines Reaktion und auch ich hatte keine andere Meinung. Damit ließen wir die Sache zunächst auf sich bewenden. Aber dieser Punkt hatte nun mal unsere Aufmerksamkeit erregt und wir verfolgten ihn weiterhin auf dem Schirm. Nach zehn Minuten bestand dann auch kein Zweifel mehr, dass da ein Schiff ganz gewollt auf uns zu hielt. Und obwohl wir uns doch mitten im zivilisierten Europa bewegten, war das ein eigenartiges Gefühl. Außer diesem Schiff, von dem wir mittlerweile die Positionslichter erkennen konnten, war auf dem Radarschirm nur noch ein einziges Schiff zu erkennen. Und das fuhr seewärts, war also mit großer Wahrscheinlichkeit ein Fischkutter. Wir begannen uns unsicher zu fühlen, als kein Zweifel mehr bestand, dass unser Verfolger tatsächlich direkt auf uns zu hielt. Wir erkannten das an den Positionslichtern, von denen abwechselnd das rote und das grüne Licht zu erkennen waren.

Obwohl es sich eigentlich nur um einen Zollkreuzer handeln konnte, wollte ich Klarheit haben und sprach ihn auf Kanal 16 an:

„This is the German vessel UTHÖRN IV on the way from the German island Sylt to the Danish harbour Skagen. You are following us with your ship. Please tell me the reason why, over".

Warten, keine Antwort.

Ist es doch ein Zollkreuzer?

Das fremde Schiff näherte sich weiterhin auf direktem Kurs unserer UTHÖRN. Man glaubt es nicht, aber in einer stockdunklen Nacht und allein auf weiter See beschleicht einen in solch einer Situation ein beklemmendes Gefühl! Ich sprach unseren Verfolger noch einmal auf Kanal 16 an und kündigte ihm an, dass ich die Coastguard um Hilfe bitten würde.

Wieder keine Antwort.

Ich machte noch einen dritten Versuch, erwartete aber eigentlich keine Antwort. Jetzt hatte das fremde Schiff aufgestoppt und lag in einer Entfernung von vielleicht einhundert Metern hinter uns. Bei dieser Dunkelheit konnten wir die Konturen nicht erkennen. Plötzlich wurden wir von einem grellen Lichtstrahl aus einem überdimensionierten Scheinwerfer angestrahlt. Nichts weiter. Keine Ansprache über Funk oder Megaphon. Minutenlang fuhren wir in diesem Lichtkegel. Uns wurde klar, dass es sich wohl doch nur um ein „offizielles Schiff" handeln konnte.

Solche Deppen!

Das erinnerte uns an das unmögliche Verhalten des dänischen Zolls bei der Kontrolle in Hvidesande vor ein paar Jahren. Das muss wohl an der eintönigen Gegend liegen. Mir fielen nicht viele freundliche Gedanken oder Wünsche ein, als die Herren ihren Scheinwerfer abstellten und sich in Richtung offene See entfernten.

Ein saudummes Verhalten!

Von unserer Yacht aus gesehen wurde der schwarzweiße Kampener Leuchtturm immer kleiner, während der rotweiße Hörnumer Leuchtturm größer wurde. Wir segelten den Südwestkurs noch, bis wir querab von Hörnum standen, und legten dann, als wir uns zwischen den Tonnen „Amrumbank Nord" im Nordwesten und „Theeknobs" im Südosten befanden, Südkurs an. Den Blister hatten wir weggenommen, dafür die Genua voll ausgerollt. So segelten wir bei mäßigem Wind und mäßiger Geschwindigkeit in die Dunkelheit hinein. Der Sonnenuntergang fiel aus wegen zu dichter Wolken. Die Tonne „Holtknobsloch" konnten wir östlich von uns gerade noch ausmachen, dann war es vorbei mit der Sicht. Dafür konnten wir jetzt sehr schön die verschiedenen Leuchtfeuer ausmachen:

Hörnum, Norddorf und Amrum. Später grüßten die Leuchtfeuer Süderoogsand, Westerhcuersand und St. Peter herüber.

Der Wind wehte weiterhin gleichmäßig aus Nordost, das Wasser war tief und Schiffsverkehr gab es hier nicht, so dass wir uns ohne Bedenken unserem Autopiloten anvertrauen konnten. Ine hatte einen Waypoint einprogrammiert. Sie hatte ihn eine Meile westlich der „Außenelbe Reede" festgelegt. Von da an war erst mit Seeschiffsverkehr zu rechnen. Ich kann mich immer wieder an der Satelliten-Technik begeistern! Ein unsicheres Herumrechnen wegen des Tidenversatzes war überflüssig geworden. Der Autopilot steuerte uns „bolzgerade" auf unser fiktives Ziel zu.

Um 24:00 Uhr zog Ine sich in ihre „Gemächer" zurück und überließ mir die erste Wache. Nur so zum Zeitvertreib schaltete ich das Radargerät ein und hangelte mich durch die unterschiedlichen Distanzringe. Als Ine um 03.00 Uhr wieder an Deck erschien, war Helgoland bereits auf dem Radarschirm zu erkennen. Bis zum Waypoint sollte es laut GPS noch gut zwei Stunden dauern, gerade richtig für eine Skipper-Pause.

Gerade als wir den Waypoint passierten, sahen wir östlich des Reede-Gebietes den neuesten und größten Seenotkreuzer der „Deutschen Gesellschaft zur Rettung Schiffbrüchiger" mit hoher Geschwindigkeit seinem Heimathafen Helgoland zustreben. Uns war dieser Gigant unter den Rettungskreuzern bereits im Helgoländer Hafen aufgefallen. Er ist der Nachfolger der „Wilhelm Kaisen". Dieses Schiff soll eine der Antworten der „DGzRS" auf die ständig heftiger werdenden Stürme in der „Deutschen Bucht" sein.

Die Entwicklung der DGzRS und ihrer Seenotkreuzer ist eine interessante Geschichte: Die ersten Vorläufer der „DGzRS" gehen bis in das Jahr 1802 zurück, als die „Memeler Kaufmannschaft" an der Ostsee ein erstes Ruderrettungsboot stationierte. Insbesondere für die Nordsee wuchs der Druck im neunzehnten Jahrhundert, etwas für die Rettung der vielen Opfer der sich häufenden Schiffskatastrophen zu tun. Die Initiatoren der Seerettungs-Idee waren unter anderen Bermpohl, Kuhlmay, Emminghaus und Breusing. Sie riefen 1861 den „Verein zur Rettung Schiffbrüchiger" ins Leben und richteten auf den Inseln Langeoog und Juist die ersten Rettungsstationen ein. 1865 wurde dann die heutige „DGzRS" gegründet. Der Sitz der Gesellschaft ist seit Anbeginn Bremen. Die offenen Ruderboote waren bei ihren Rettungsmissionen den Naturgewalten schutzlos ausgeliefert und die Rettungsmannschaften riskierten für die Rettung der in Seenot geratenen Seeleute häufig ihr eigenes Leben. Leider ist das auch in unserer Zeit noch nicht sehr viel anders, auch wenn die Rettungsschiffe immer sicherer geworden sind.

Heute unterhält die „DGzRS" 61 Rettungseinheiten in Nord- und Ostsee, die alle von der Seenotleitung in Bremen koordiniert werden. Seit einem schweren Seenotfall im Jahr 1995, bei dem das Rettungsschiff „Alfried Krupp" in einer Grundsee durchkenterte und dabei ein Besatzungsmitglied verlor, lässt man nur noch Seenotkreuzer mit gedeckten Steuerständen bauen. Das ist auch eine Antwort auf das Phänomen der vielen starken Stürme und die daraus resultierenden sehr hohen Wellen.

So langsam kehrte das Tageslicht zurück – zunächst als kaum erkennbarer grauer Schimmer im Osten über der Außenelbe. Wir haben uns bemüht, die Verkehrstrennungsgebiete annähernd rechtwinklig zu kreuzen, um ja keinem Polizeiboot unangenehm aufzufallen. Der Schiffsverkehr hielt sich in Grenzen; das hatten wir schon ganz anders erlebt. Wir hielten zunächst Kurs auf die „Schlüsseltonne" an der Einfahrt zur „Alten Weser". Alle Segelmanöver konnten wir ohne Wende oder Halse durchführen. Der Wind kam genau aus der richtigen Richtung, so dass wir unseren Plan, unter Segeln sehr nahe am Leuchtturm „Roter Sand" vorbeizusegeln, ohne weiteres umsetzen konnten.

Der „Rote Sand" – ein Bild von einem Leuchtturm!

Da steht er mit seinen geschwungenen Konturen in den Farben rot-weiß-rot-weiß und den drei verspielten Erkern an der Turmspitze, mit seinen zwei schwarzen „Zipfelmützen" und dem schwarzen Sockel. Er steht auf in dem Sand „Roter Grund" – daher sein Name. Leider ist er nicht mehr in Betrieb. Er hat den Anforderungen der modernen Seeschifffahrt nicht mehr genügt.

Für uns stellt er schlichtweg das Urbild aller Leuchttürme dar. Das geht soweit, dass wir in unserem Garten sogar ein 1,50 Meter hohes Modell von ihm aufgestellt haben, das allabendlich seine Lichtsignale aussendet. Im Winter früher, im Sommer später – je nach Sonnenstand. Der Originalturm hat eine Höhe von gerade einmal 28 Metern, was ihn in der Tat sehr zierlich erscheinen lässt. Der Aufbau machte seinerzeit gehörige Probleme: Schuld daran waren schwere Herbststürme, die den ersten Gründungsversuch glatt scheitern ließen. Erst im zweiten Versuch, 1000 Meter nördlich des ersten Standorts und mit wesentlich höheren Kosten, gelang die Gründung in 22 Metern Tiefe. Er gilt als das erste Offshore-Bauwerk der Welt. Der Turm wurde 1885 in Betrieb genommen und hat so manchem Auswanderer seine letzten Heimatgrüße zugeblinkt.

Der Wachdienst wurde von drei Mann erledigt, die im Wechsel jeweils drei Monate „am Stück" auf dem Turm verbrachten und dann für einen Monat nach Hause durften. Natürlich konnte sich solch ein Wachturnus bei schwerer See auch deutlich verlängern. Selbstversorgung war angesagt! Wahrscheinlich ist in dieser Einsamkeit so mancher Wachmann zum Hobbykoch mutiert. Einen Herd hatten sie jedenfalls, eine Heizung allerdings nicht. Erst 1986 wurde der „Rote Sand" außer Betrieb genommen und durch den hochmodernen Turm „Alte Weser" ersetzt. Dessen Standort ist ungefähr eine Meile nordöstlich von ihm.

Während die Nutzung und damit der Unterhalt des Leuchtturms „Großer Vogelsand" in der Elbmündung durch einen Hamburger Unternehmer übernommen wurde, bemüht sich um Pflege und Unterhalt des Leuchtturms „Roter Sand" eine Interessengemeinschaft. Auch ihn kann man besichtigen und für besondere Anlässe nutzen.

Wir hielten uns an den nördlichen Tonnenstrich der „Hohewegrinne" und segelten bei beginnendem Flutstrom in die Außenweser hinein. Beiderseits der Fahrrinne ragten Sandbänke aus dem Wasser und verdeutlichten uns, dass es sich hier um ein ziemlich kompliziertes Revier handelt. Als wir am Container-Terminal „Wilhelm Kaisen" in Bremerhaven vorbei segelten,

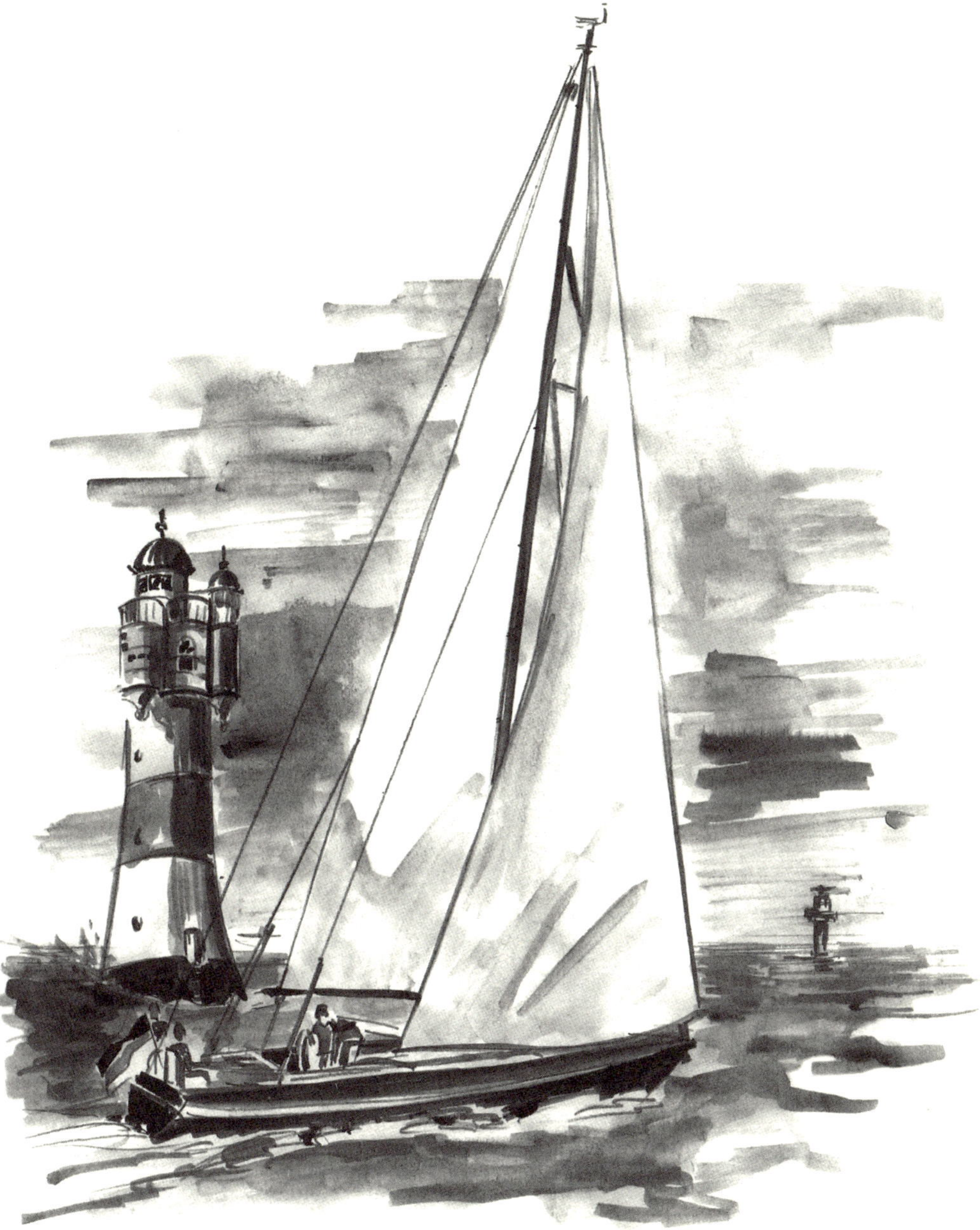

konnten wir beobachten, wie zwei riesengroße Containerschiffe mit Schlepperhilfe gedreht und an der Kaje fest gemacht wurden. Was wir „im Kleinen" machen, praktizierten die Schlepperkapitäne „im Großen": Sie nutzten sehr geschickt den Flutstrom für ihre Wendemanöver.

Weser aufwärts ging es an Nordenham vorbei Richtung Brake und Vegesack. Wir befanden uns jetzt inmitten meines Segelreviers meiner Jugendzeit. Und mit ein wenig Wehmut musste ich doch feststellen, dass ein Fluss für einen Segler einfach kein optimales Revier sein kann. Mit unseren Jollen – und in unserer anspruchslosen Jugend – war das wohl leichter zu ertragen. Aber für einen „Dickschiffskipper" kann das auf Dauer nicht befriedigend sein.

Die Bojen meines ehemaligen Segelclubs vor Aumund fand ich nicht mehr wieder. Sie lagen seinerzeit unterhalb des Ufers im Weserstrom, was jedes Ab- und Anlegen zu einem Abenteuer werden ließ, insbesondere, wenn ich einmal allein los wollte, weil kein Vorschoter zur Verfügung stand. Aber eine andere Möglichkeit hatte ich damals nicht und ich war zufrieden damit, dass ich überhaupt eine Boje für meine UTHÖRN hatte! Ein Bootsname, der natürlich in keiner Weise zu einer Jolle passte! Aber ich hatte damals bereits die Vision, dass ich irgendwann einmal ein „Dickschiff" besitzen würde. Und klar war für mich, dass meine Schiffe immer denselben Namen haben würden.

Ungefähr fünfzig Meter hinter der Einfahrt zum Vegesacker Hafen hat man eine hypermoderne, aber trotzdem architektonisch ansprechende Fußgängerbrücke gebaut. Sie hat eine Spannweite von 42 Metern und wurde als Klappbrücke mit einem ganz raffinierten Klappmechanismus ausgestattet. Man spricht von der modernsten Fußgänger-Klappbrücke der Welt! Wir mussten für die Öffnung der Brücke einen ehrenamtlichen Brückenwärter via Telefon anrufen. Das hat ganz prima funktioniert! Als wir auf sie zu fuhren, öffnete sie sich bereits. Und dann lagen wir sehr geschützt und „heimelig" an einem Steg zwischen lauter Oldtimern.

Und wir lagen in einem traditionsreichen Hafen! Er wurde bereits im Jahr 1619 gebaut. Mit seiner Inbetriebnahme gewann

Vegesack damals schlagartig an Bedeutung. Die Weser litt seit jeher unter ihrer häufigen Versandung und der geringen Wassertiefe. Von Stund an legten die Seesegler hier an und schlugen ihre Waren auf kleine Kähne um. Diese wurden dann mit Pferdekraft in die Stadt Bremen getreidelt. Bereits 1645 entstand das „Havenhaus", das heute noch, äußerlich fast unverändert, dort steht und als Restaurant genutzt wird. Ursprünglich wurde es als Verwaltungsbau für den Hafen gebaut.

Man kann es kaum glauben, dass die Schweden in Vegesack einmal das Sagen hatten: Im „Westfälischen Frieden" hatten sie sich das Erzbistum Bremen unter den Nagel gerissen und flugs wollte das Königreich sich auch noch der Stadt Bremen bemächtigen. Immerhin hatten sie ihre Truppen schon bis nach Vegesack geschickt, um die Kontrolle über die Bremer Handelswege zu erlangen. Der schwedische Feldmarschall Karl Gustav Wrangel („Papa Wrangel") zog 1712 gegenüber den Dänen aber letztendlich den Kürzeren und musste Bremen samt Vegesack wieder herausrücken. Das Interesse der Dänen an dieser Region wiederum hielt sich in Grenzen und sie verscherbelten Vegesack mitsamt seinem Hafen an den englischen König, der auch Kurfürst von Hannover war. Und so kam es, dass „Vegebüdel" bis zum Beginn des 19. Jahrhunderts zum Königreich England-Hannover gehörte. 1804 wurde Vegesack „bremisch", aber erst 1939 wurde es in die Stadt Bremen eingemeindet.

Nun hätte eigentlich Ruhe einkehren können, aber die fortschreitende Versandung der Weser machte der Region einen Strich durch die Rechnung, weil die Seeschiffe jetzt nicht einmal mehr Vegesack anlaufen konnten. Das führte zu einer ernsten wirtschaftlichen Krise und die Entscheidung des Bremer Senats mit Bremerhaven einen allzeit erreichbaren Seehafen zu bauen bedeutete das endgültige Aus für den Vegesacker Hafenbetrieb. Also musste etwas anderes her! Und was lag näher, als sich dem Schiffbau zuzuwenden?

Und so entwickelten sich die Vegesacker Bootsbaubetriebe und Werften sehr schnell zu den wichtigsten in ganz Bremen. Die expandierenden Reedereien ließen den Großteil ihrer Überseeschiffe dort bauen und verhalfen der Region damit zu einem gewissen Wohlstand. Und auch die innovativen Techniken im Schiffbau spielten schon bald eine wichtige Rolle. So lief das erste Dampf getriebene Passagierschiff bereits im Jahr 1817 vom Stapel bei der „Lange"-Werft, der Vorgängerin der späteren „Vulkan"-Werft. Keine Frage, dass in einer solch See orientierten Gemeinde viele Seeleute zu Hause waren und viele Kapitäne und Steuerleute hier ihre Heimat hatten oder fanden.

Später, die Fahrrinne in der Weser wurde längst regelmäßig ausgebaggert, so dass auch wieder seegängige Schiffe bis nach Bremen fahren konnten, begann sich die Heringsfischerei in Vegesack zu entwickeln. 1895 wurde die „Bremen-Vegesacker-Fischereigesellschaft" gegründet. Von da an bis in die frühen sechziger Jahre des 20. Jahrhunderts war die Heringsfischerei ein wichtiger Arbeitgeber in der Region. In ihrer Blütezeit hatte die Fischereigesellschaft etwa 600 Beschäftigte in der Fischfabrik und 1200 Besatzungsmitglieder. Ich erinnere mich noch sehr gut an die rostrot gestrichenen Logger. Aber ich erinnere mich auch an den rapiden Niedergang dieser Epoche.

Zwei Tage und drei Nächte verweilten wir in diesem romantischen Hafen. Die Zeit verging im Fluge mit Besuchen und Gegenbesuchen alter Freunde und Bekannter und unser Abschied gestaltete sich zu einem regelrechten Auftrieb auf dem Kai. Irgendwann muss man dann sehen, dass man weg kommt, sonst nimmt solch eine Verabschiedung kein Ende. Der Brückenmeister hatte bereits darauf gewartet, dass wir die Leinen los werfen würden, und schon verschwanden wir aus dem Blickwinkel unserer Freunde.

Der starke Weserstrom nahm uns mit nach Westen. Über Grund liefen wir teilweise eine Geschwindigkeit von sage und schreibe elf Knoten. Auf diese Weise würden wir schnell nach Cuxhaven kommen. Auf dem Rückweg wählten wir den Kurs nördlich des Hauptfahrwassers durch den „Wurster Arm". In der Außenweser war jetzt Niedrigwasser und für uns Ostseeschipper war es zuerst ein wenig gewöhnungsbedürftig, zwischen den Sandbänken herumzufahren. Wir ließen den „Kleinen Knechtsand" an Steuerbord liegen, die Leuchttürme „Tegeler Plate" und den „Rote Sand" an Backbord. Wir hatten bisher auf das Setzen der Segel verzichtet. Das erledigten wir dann direkt am Leuchtturm „Alte Weser" und fummelten uns bei leichtem Südwestwind mit Hilfe unseres Kartenplotters durch die „Untiefen", die aber für unseren Tiefgang – zumal bei dieser ruhigen See – allemal ausgereicht hätten.

Immer schön am grünen Tonnenstrich entlang ging es an den kleinen Inseln Scharhörn und Neuwerk vorbei Richtung Elbe. Als Bleibe für die Nacht hatten wir Cuxhaven ausgewählt. Wir hatten die Segel bereits weggenommen und näherten uns den Kugelbaken am Bauhafen, wovon die eine auf der Uferbefestigung und die andere im Wasser, am Rande der Fahrrinne steht. Wir steuerten die UTHÖRN ziemlich mittig zwischen den Kugelbaken hindurch und befanden uns damit eindeutig außerhalb der Fahrrinne. Deshalb glaubten wir unseren Augen nicht zu trauen, als ein Berufsmotorschiff aus der Fahrrinne kommend mit hoher Geschwindigkeit direkt auf uns zuhielt!

Wie verhält man sich in solch einer Situation? Wir fuhren bereits äußerst rechts, mit gerade noch zwei Metern Wasser unter dem Kiel. Unser Gegner baute eine gehörige Bugwelle vor sich auf und der von ihm erzeugte Schwell konnte uns, wegen der geringen Wassertiefe, in große Schwierigkeiten bringen. Wir waren davon überzeugt, dass der Rudergänger auf dem Schiff entweder pennte oder, schlimmer noch, sturztrunken war! Ich wich noch weiter zum Land hin aus – mehr ging nicht! Endlich erfolgte die längst überfällige Kurskorrektur dieses Wahnsinnigen und das Schiff rauschte in einem Abstand von vielleicht zehn Metern an uns vorbei. Auf der Außenbrücke tobte ein Bekloppter herum und schrie uns in unflätigster Weise an. Der musste total die Übersicht verloren haben! Ich riss unser Schiff hart nach Backbord, um schnellstens wieder in tieferes Wasser zu gelangen. Das Echolot zeigte 80 Zentimeter an – und das bei der Heckwelle dieses Geistesgestörten!

Nach diesem Abenteuer war ich wild entschlossen, den Steuermann der „Jan Cux" bei der Cuxhavener Hafenbehörde oder bei der Wasserschutzpolizei anzuzeigen. Aber wie es so ist: Der Zorn verraucht irgendwann und dann lässt man die Sache auf sich beruhen. Wenn er tatsächlich betrunken gewesen wäre, hätte ich vielleicht einen Familienvater um seinen Job gebracht. Das wollte ich nun auch wieder nicht. Selbstverständlich haben wir den Vorfall akribisch in unserem Logbuch festgehalten.

Sachen gibt's!

Unser Sommertörn war schon wieder zu Ende! Die Heimreise elbaufwärts und durch den Kanal war reine Routine und wurde wie eh und je zum Großreinemachen genutzt. In unserer Box lag eine fremde Charteryacht mit einer lauten und unfreundlichen Mannschaft. Unsere Stegnachbarn hatten diverse vergebliche Versuche gemacht, die Herrschaften davon zu überzeugen, rechtzeitig vor unserer Rückkehr den Platz zu räumen. Fast zwei Stunden haben wir quer vor den Dalben gelegen, bevor wir unseren endgültigen Liegeplatz einnehmen konnten…

Was soll's? Dadurch lässt man sich seinen Urlaub nicht vermiesen. Im nächsten Jahr würden wir wieder mindestens fünf Wochen „auf Tour" gehen!

Epilog

Als ich vor drei Jahren begann, unsere Logbuch-Eintragungen aufzuarbeiten, dachte ich nicht daran, dass daraus ein Buch werden könnte – oder vielleicht sogar sollte. Aber wie das so geht, im Laufe der Zeit fiel mir das Schreiben immer leichter, und irgendwann bedeutete es keine Überwindung mehr, mich an den Computer zu setzen oder Recherchen anzustellen, um wieder ein paar Seiten zu vollenden. Nicht zuletzt meiner Familie, und hier insbesondere meiner Frau Ine habe ich den Motivationsschub zu verdanken, doch gleich ein ganzes Buch zu schreiben. Erleichternd kam hinzu, dass Ine bereit war, mein Manuskript kritisch zu lesen und zu korrigieren, wann immer es nötig war. Aber erst als sie feststellte, dass mir das Schreiben relativ „locker von der Hand" ging und ich zu einem Stil fand, den auch sie gerne las, fand sie den richtigen Spaß an der Sache.

So verdanke ich nicht zuletzt auch ihr mein Durchhaltevermögen und die Freude am Schreiben. Hilfreich für mich war auch der Umstand, dass sie mir als Historikerin bei meinen Ausflügen in die Geschichte immer eine kompetente und geduldige Gesprächspartnerin war.

Auch Bobby und Carla Schenk, mit denen uns eine herzliche Freundschaft verbindet, motivierten mich, das Buch „zu Ende zu bringen". Obwohl ihn in dem vom Tsunami heimgesuchten Malaysia sicher andere Gedanken beschäftigten, nahm Bobby die Mühe auf sich, mir nach einer Leseprobe seine positive Meinung über mein Buch per E-Mail zu begründen. Dafür danke ich ihm nochmals an dieser Stelle. Wie überall im Leben hatte auch für mich nur eine objektive und ehrliche Meinung einen Sinn. Ohne sein positives Urteil wäre dieses Buch nicht erschienen!

Ein besonderer Dank gilt auch dem Verleger Dr. Bernhard Maleck, insbesondere für seine ausgeprägte Geduld während unserer Zusammenarbeit.

Ine und ich lieben das Segeln auf Nord- und Ostsee. Auf unseren Heimatgewässern, die Abenteuer bereithalten und Geschichten über Menschen, Natur und Landschaften erzählen. Wir genießen jedes Mal und immer wieder neu die unvergänglichen Schönheiten und die Einmaligkeit unserer Nord- und Ostsee.

Literatur

- Sigrid Kiedel; Bremerhaven, Edition Temmen, Bremen 1999
- Evelin Schultheiß, Franz Schensky; Das alte Helgoland, Worpsweder Verlag 1988
- August Wilhelm Vahlendieck, Das witte Kliff von Helgoland, Verlag Nordfriisk Instituut, Bredstedt 1992
- E. W. Petrejus, De Bomschuit, Verlag De Boer Maritiem, Rotterdam 1977
- Michael Heidbrink, Heinz Teufel; Der Nord-Ostsee-Kanal, Ellert & Richter Verlag, Hamburg 1996
- Walter Schulz, Der Nord-Ostsee-Kanal, Westholsteinische Verlagsanstalt Boyens & Co., Heide 1986
- DGzRS Jahrbuch, Bremen 2003
- Bernt Hoffmann, Nikolaus Schmidt; Die schönsten Leuchttürme Deutschlands, Heel Verlag GmbH, Königswinter 2003
- Pastorin Elisabeth Wallmann, Die Zerstörung Helgolands durch die Bombardierung am 18. April 1945, Niederelbe-Druck H. Huster, Otterndorf 1997
- Bernt Kure, Berth Nilsson; Guide Fregatten Jylland, Ebeltoft / Dänemark
- HB Bildatlas 183 Bornholm, HB Verlag
- Dr. James Packroß, Peter Rickmers; Helgoland ruft, Ludwig Schultheis Verlag, Hamburg 1952
- Siebs und Wohlenberg, Helgoland und die Helgoländer, Verlag Ferdinand Hirt in Kiel 1953
- Anders Johansson, Im Herzen von Kalmar, Verlag Barometern, Kalmar 1992
- Timm Stütz, Jerzy Kulinski, Kalmarsund, Öland, Gotland mit der Yacht, Verlag Busse Seewald, 1998
- Gerd Stolz, Kleine Kanalgeschichte, Westholsteinische Verlagsanstalt Boyens & Co., Heide 1995
- Michael Brandenburg, Küstenhandbuch Mecklenburg-Vorpommern, Edition Maritim, Hamburg 1993
- Heinz Müller, Lohme auf Rügen, Verlag Helios, Aachen 1992

- Bernt Federau, Jan Werner; Mecklenburg-Vorpommern – Küste aus der Luft, Delius Klasing Verlag, Bielefeld
- Christel Hudemann-Schwartz, Erich Maletzke; Nord-Ostsee-Kanal Impressionen, Verlag H. Lühr & Dircks, 1995
- Hans Jürgen Stöver, Orkan über Sylt, Syltbild Stöver, Wenningstedt / Sylt 1993
- Detlef Klose, Jürgen Borchert; Rostock, Verlag C. J. Bucher, München
- Angelika Heim, Detlef Hamer; Rostock & Ostseebad Warnemünde, Konrad Reich Verlag, Rostock1996
- Manfred Wedemeyer, Sylter Schmöker-Lexikon, Verlag Peter Pomp, Essen 1991
- Uwe Sönnichsen, Hans-Werner Staritz; Trutz, blanke Hans, Husum Druck- und Verlagsgesellschaft, Husum 1978
- Uwe Ramlow, Vegesack 1860 – 1945, Edition Temmen, Bremen 1998
- Roland Piechulek, Warnemünde in alten Ansichten und kurzen Texten, Verlag Suum cuique, Reutlingen 1996
- Jürgen Borchert, Was ich von Wismar weiß, Verlag Hinstorff

288,-

Teuscher · Lindequist
Biogene Gifte